高等职业教育"十三五"精品规划教材（汽车制造类专业群）

汽车营销技术

主　编　赵培全

副主编　杨　君　韩广德　山云霄　景　艳　仲崇阳　房　敏

中国水利水电出版社
www.waterpub.com.cn
·北京·

内 容 提 要

本书注重理论与实践相结合，主要介绍汽车营销的基础理论和实务操作技能，共包括八个项目，项目一至项目五为汽车营销技术的基本理论，包括市场观念、了解消费者、细分市场准确定位、汽车市场营销策略、汽车营销模式；项目六至项目八为汽车营销技能，包括汽车销售流程、客户服务、汽车营销礼仪。通过对汽车营销相关知识和操作技能的学习，读者可以比较系统而完整地掌握现代汽车市场营销的基本原理和营销技能的训练方法及策略。

本书可作为汽车营销专业、汽车营销与服务专业、汽车运用技术专业、汽车运用与维修专业等相关专业的教材，也可作为汽车类其他相关专业的参考用书和从事汽车销售等工作的相关从业人员的学习、培训参考用书。

本书配有免费电子教案，读者可以从中国水利水电出版社网站以及万水书苑下载，网址为：http://www.waterpub.com.cn/softdown/或http://www.wsbookshow.com。

图书在版编目（CIP）数据

汽车营销技术 / 赵培全主编. -- 北京：中国水利水电出版社，2017.6
高等职业教育"十三五"精品规划教材. 汽车制造类专业群
ISBN 978-7-5170-5540-2

Ⅰ. ①汽… Ⅱ. ①赵… Ⅲ. ①汽车－市场营销学－高等职业教育－教材 Ⅳ. ①F766

中国版本图书馆CIP数据核字(2017)第150011号

策划编辑：祝智敏　责任编辑：李　炎　加工编辑：高双春　封面设计：梁　燕

书　名	高等职业教育"十三五"精品规划教材（汽车制造类专业群） **汽车营销技术** QICHE YINGXIAO JISHU
作　者	主　编　赵培全
出版发行	中国水利水电出版社 （北京市海淀区玉渊潭南路1号D座 100038） 网　址：www.waterpub.com.cn E-mail：mchannel@263.net（万水） 　　　　sales@waterpub.com.cn 电　话：（010）68367658（营销中心）、82562819（万水）
经　售	全国各地新华书店和相关出版物销售网点
排　版	北京万水电子信息有限公司
印　刷	北京瑞斯通印务发展有限公司
规　格	184mm×240mm　16开本　18.25印张　396千字
版　次	2017年6月第1版　2017年6月第1次印刷
印　数	0001—3000册
定　价	48.00元

凡购买我社图书，如有缺页、倒页、脱页的，本社营销中心负责调换

版权所有·侵权必究

丛书编委会

主　任　于明进

副主任　祝智敏

委　员　（按姓氏笔画）

刁立福　王　磊　王林超　王国林

王宝安　叶　芳　田秋荣　冉广仁

白秀秀　刘家琛　刘照军　孙　菲

李清民　吴芷红　何全民　张玉斌

陈　聪　郑　磊　赵长利　赵培全

郭荣春　曾　鑫　颜　宇　潘　毅

前 言

2000 年，我国汽车年产销量仅仅 206 万辆，2002 年中国汽车市场发生"井喷"现象，汽车产量达到 300 万辆，随后在 21 世纪的第一个十年内，每年以两位数的速度高速增长。2009 年由于金融危机的影响，在全球经济复苏举步艰难的情况下，全世界汽车工业受影响很大，我国的汽车产销量却分别达到 1379.10 万辆和 1364.48 万辆，产销量位居世界第一；2015 年我国汽车产销量分别达到 2450.33 万辆和 2459.76 万辆，创历史新高，并连续 7 年蝉联全球第一；我国已成为世界汽车生产、消费大国，且私人购车比例占到 80% 以上，私人消费正在成为我国汽车市场的主导因素。

汽车市场的高速增长，引起各大汽车公司之间以及各品牌经销商之间的激烈竞争，汽车市场每时每刻都在发生价格战、品牌战、服务战、促销战、广告战……每天战事不断，战略战术层出不穷。在竞争激烈的汽车市场上，消费者越来越挑剔，卖方市场已经演变为买方市场，使原有的汽车市场营销体系受到巨大的冲击，汽车市场营销模式发生了深刻的变化。

作为汽车营销人员，需要研究消费者的消费心理、购车动机，了解消费者的购车行为模式，不断地提高服务层次，满足消费者的需要，提高消费者的忠诚度，最终提高企业的市场占有率。

根据国家对应用技能型人才培养的要求，结合汽车产业的发展趋势，考虑汽车市场对营销人才的需求，中国水利水电出版社策划出版了一套高等职业教育"十三五"精品规划教材（汽车制造类专业群），本书是其中之一。

本书注重理论与实践相结合，主要介绍汽车营销的基础理论和实务操作技能，共包括八个项目，项目一至项目五为汽车营销技术的基本理论，包括市场观念、了解消费者、细分市场准确定位、汽车市场营销策略、汽车营销模式；项目六至项目八为汽车营销技能，包括汽车销售流程、客户服务、汽车营销礼仪。本教材列举了较多的实践案例，注重学生营销技能的训练，教材知识体系完整，内容编排合理、深浅恰当、条理清晰，理论联系实际，便于学生理解所学知识。

本书由赵培全任主编，杨君、韩广德、山云霄、景艳、仲崇阳、房敏任副主编。本书是集体智慧的结晶，参加编写工作的有山东建筑大学的赵嘉茗，山东劳动职业技术学院的逄吉玲，中国重型汽车集团有限公司的何平和仲崇阳，济南公交公司的殷长浩，中国人民财产保险股份有限公司济南分公司中级核赔师段红杰，山东技师学院的张希亮，山东交通学院的杨君、韩广德、山云霄、景艳、房敏、赵培全；最后，由赵培全对全书进行统稿。

本书可作为汽车营销专业、汽车营销与服务专业、汽车运用技术专业、汽车运用与维修专业等相关专业的教材，也可作为汽车类其他相关专业的参考用书和从事汽车销售等工作的相关从业人员的学习、培训参考用书。

本教材编写过程中参阅了大量教材和相关资料，吸取了许多有益的内容，在此谨向其作者致以诚挚的谢意；曹鑫、陈业辉、万盛超、于洪顺、赵尚殿、李朋、宋健、王玲、朱玉林、宋甘霖等在校对、插图编辑和修改中做了大量工作，同时，本书的编写得到了中国水利水电出版社领导和编辑的大力支持与帮助，在此表示衷心感谢。

由于编者水平有限，书中难免有错误和不当之处，恳请使用本教材的广大师生和读者予以批评指正。

编者
2017年3月

目录 CONTENTS

前言

项目一　市场观念
【项目导读】 001

任务一　市场营销与汽车营销 002
【任务描述】 002
【相关知识】 002
　一、市场的概念 002
　二、汽车市场的概念及分类 003
　三、汽车市场营销的含义 004
　四、汽车市场营销观念 006
【任务实施】 011

任务二　我国汽车市场的现状 012
【任务描述】 012
【相关知识】 012
　一、我国汽车工业的发展历程 012
　二、影响我国汽车工业发展的主要因素 .. 015
　三、我国汽车工业未来的发展趋势 016
　四、我国汽车市场的发展现状 019
【任务实施】 024
【项目总结】 025
【知识拓展】 025
【项目训练】 027

项目二　了解消费者
【项目导读】 031

任务一　消费者购车行为影响因素 ... 032
【任务描述】 032
【相关知识】 032
　一、文化因素 032
　二、社会因素 035
　三、个人因素 036
　四、心理因素 038
【任务实施】 041

任务二　消费者购车动机 042
【任务描述】 042
【相关知识】 042
　一、生理性购买动机 042
　二、心理性购买动机 043
【任务实施】 044

任务三　消费者购车行为模式 045
【任务描述】 045
【相关知识】 045
　一、消费者购买程序 045
　二、消费者购买行为类型 049
　三、汽车消费者购买行为研究方法 051
【任务实施】 053
【项目总结】 054
【项目训练】 055

项目三　细分市场　准确定位
【项目导读】 057

任务一　市场细分 058
【任务描述】 058
【相关知识】 058
　一、汽车市场细分的概念和作用 058
　二、汽车市场细分的标准 059
　三、汽车市场细分原则 062
【任务实施】 063

任务二　市场选择 064
【任务描述】 064
【相关知识】 064
　一、目标市场选择 064
　二、目标市场的评估 065
　三、制定目标市场营销战略 067
【任务实施】 069

任务三　市场定位 070
【任务描述】 070
【相关知识】 070
　一、市场定位的概念 070
　二、市场定位的战略类型 071
　三、市场定位的方法 072
　四、市场定位的步骤 072
　五、汽车市场定位常见策略 074
【任务实施】 078
【项目总结】 079
【项目训练】 080

项目四　汽车市场营销策略
【项目导读】 085

任务一　汽车产品策略 086
【任务描述】 086
【相关知识】 086
　一、产品及整体产品概念 086
　二、寻找品牌价值认同 088
　三、品牌策略思路设计 089
　四、品牌形象广告创意 089

　　　　五、产品的分类 090
　　　　六、产品组合 091
　　　　七、汽车产品生命周期 093
　　　　八、汽车产品组合策略的运用 094
　　【任务实施】 095

任务二　汽车价格策略 096
　　【任务描述】 096
　　【相关知识】 096
　　　　一、汽车价格概述 096
　　　　二、汽车定价目标 098
　　　　三、汽车定价方法 101
　　　　四、汽车定价策略 103
　　【任务实施】 109

任务三　汽车分销渠道策略 112
　　【任务描述】 112
　　【相关知识】 112
　　　　一、汽车分销渠道概述 112
　　　　二、汽车分销渠道的分类 113
　　　　三、影响汽车分销渠道选择的因素 116
　　　　四、汽车分销渠道的管理 117
　　【任务实施】 124

任务四　汽车促销策略 125
　　【任务描述】 125
　　【相关知识】 125
　　　　一、促销与促销组合 125
　　　　二、促销策略的制定与实施案例 129
　　【任务实施】 132

任务五　4P 与 4C 的关系 133
　　【任务描述】 133
　　【相关知识】 133
　　　　一、4C 理论概述 133
　　　　二、4C 理论对 4P 理论的导向作用 134
　　【任务实施】 136
　　【项目总结】 136
　　【知识拓展】 137
　　【项目训练】 140

项目五　汽车营销模式
　　【项目导读】 142

任务一　汽车营销模式 143
　　【任务描述】 143
　　【相关知识】 143
　　　　一、代理制模式 143
　　　　二、特许经营制 144
　　　　三、品牌专营制 148
　　　　四、自营自销 150
　　　　五、汽车超市模式 151
　　　　六、展卖制 152

　　　　七、汽车大道 157
　　　　八、汽车工业园区模式 157
　　　　九、汽车网络营销 158
　　【任务实施】 158

任务二　我国汽车营销模式
　　　　　　经典案例 159
　　【任务描述】 159
　　【相关知识】 159
　　　　一、乘用车营销模式案例——广州本田
　　　　　　汽车的销售模式 159
　　　　二、商用车营销模式案例——中国重汽
　　　　　　的营销模式 162
　　【任务实施】 165
　　【项目总结】 165
　　【知识拓展】 166
　　【项目训练】 170

项目六　汽车销售流程
　　【项目导读】 171

任务一　新车销售流程 172
　　【任务描述】 172
　　【相关知识】 172
　　　　一、汽车销售业务流程 172
　　　　二、新车上牌流程 191
　　【任务实施】 192

任务二　六方位绕车 195
　　【任务描述】 195
　　【相关知识】 195
　　　　一、FAB 介绍 195
　　　　二、六方位绕车介绍法 196
　　【任务实施】 200
　　【项目总结】 202
　　【项目训练】 203

项目七　客户服务
　　【项目导读】 204

任务一　客户服务与客户满意度 205
　　【任务描述】 205
　　【相关知识】 205
　　　　一、客户服务的含义 205
　　　　二、客户需求分析 207
　　　　三、了解客户需求的途径 208
　　　　四、顾客满意战略 211
　　　　五、顾客让渡价值与提升顾客
　　　　　　满意水平 213
　　　　六、客户满意的意义 217
　　【任务实施】 219

任务二　客户异议处理 221
　【任务描述】 221
　【相关知识】 221
　　一、客户异议的概念及产生原因 221
　　二、处理客户异议的原则 224
　　三、处理客户异议的方法和技巧 226
　【任务实施】 228
　【项目总结】 229
　【知识拓展】 230
　【项目训练】 231

项目八　汽车营销礼仪
　【项目导读】 232

任务一　汽车营销人员的个人礼仪 ... 233
　【任务描述】 233
　【相关知识】 233
　　一、礼仪的意义 233
　　二、礼仪的原则 233
　　三、服饰礼仪 234
　　四、仪表礼仪 236
　　五、举止礼仪 237
　　六、谈吐礼仪 237
　【任务实施】 238

任务二　汽车营销人员的商务礼仪 ... 239
　【任务描述】 239
　【相关知识】 240
　　一、相识的礼仪 240
　　二、电话礼仪 241
　　三、陪同引导的礼仪 242
　　四、语言礼仪 242
　　五、访问礼仪 244
　　六、宴请礼仪 246
　【任务实施】 249
　【项目总结】 250
　【项目训练】 251

附录

参考文献

项目一
市场观念

【项目导读】　　为了能够更好地把握市场营销,首先要树立正确的营销观念,正确地看待市场发展,了解汽车营销观念的演变历程,掌握我国汽车市场的发展现状,掌握汽车营销人员的基本要求。

任务一　市场营销与汽车营销

【任务描述】

掌握市场与市场营销的基本概念，用正确的营销观念引导消费者的购车用车理念。了解营销观念随着市场的发展而进行的演变历程，正确看待不同阶段的营销观念的市场基础。

【相关知识】

一、市场的概念

市场是商品经济的产物，哪里有商品生产和商品交换，哪里就会有市场。随着商品经济的发展，关于市场的含义和理解也在不断发展，我们可以从下面几个角度去理解市场的含义。

1. **市场是商品交换场所**

最初，在商品经济尚不发达的时候，市场的概念总是与时间概念和空间概念相联系的，人们总是在某个时间聚集到某个地方完成商品的交换，因而市场被看作是商品交换的场所。这种市场的形式至今仍很普遍，如农贸市场、北京亚运村汽车交易市场、杭州汽车城等。

2. **市场是各种商品交换关系的总和**

在现代社会里，商品交换关系渗透到社会生活的各个方面，交换的商品品种和范围日益扩大，交易方式也日益复杂，特别是金融信用业和交通、通信事业的发展，交换的实现已经突破了时间和空间的限制，可以说在任何时间和任何地方都可以实现商品的交换。因此，现代的市场已经不再仅仅是指具体的交易场所，而更代表着各种商品交换关系的总和。显然，这一市场概念丰富和发展了前一市场概念，更为深刻地揭示了现代经济生活的实质。这一市场概念不仅包括着"供给"和"需求"两个相互依存的方面，还包括着供给和需求在数量上的含义，即供求是否相等，所以经济学等学科就是在这个意义上理解和运用"市场"这一术语的。

3. 市场是现实的和潜在的具有购买能力的总需求

市场营销通常是在这个意义上理解和运用市场概念的。在市场营销者看来，市场是指某种产品的现实购买者与潜在购买者需求的总和。站在销售者市场营销的立场上，同行供给者即其他销售者都是竞争者，而不是市场。销售者构成行业，购买者构成市场。

尽管市场营销更多地是在需求意义上认定市场概念，但这并不是说企业的市场营销活动的全部工作仅仅在于正确地评估需求的大小，企业还必须认真研究本企业可以满足和能够占领的市场需求有多大，以及应该如何去占领竞争对手的市场份额和策略等问题，这就是营销活动。所以对企业而言，市场与营销不可分割，市场营销就是要研究如何去适应买方的需要，如何组织整体营销活动，如何拓展销售，以达到自己的经营目标。

4. 市场三要素

市场包含三个主要因素，即有某种需要的人、为满足这种需要的购买能力和购买欲望。用公式来表示就是：

$$市场 = 人口 + 购买力 + 购买欲望$$

市场的这三个因素是相互制约、缺一不可的，只有三者结合起来才能构成现实的市场，才能决定市场的规模和容量。例如，一个国家或地区人口众多，但收入很低，购买力有限，则不能构成容量很大的市场；又如，购买力虽然很大，但人口很少，也不能成为很大的市场。只有人口既多，购买力又高，才能成为一个有潜力的大市场。但是，如果产品不适合需要，不能引起人们的购买欲望，对销售者来说，仍然不能成为现实的市场。所以，市场是上述三个因素的统一。

市场是指具有特定需要和欲望，而且愿意并能够通过交换来满足这种需要或欲望的全部潜在顾客。因此，市场的大小，取决于那些有某种需要，并拥有使别人感兴趣的资源，同时愿意以这种资源来换取其需要的东西的人数。

5. 市场是买方、卖方和中间交易机构（中间商）组成的有机整体

在这里，市场是指商品多边、多向流通的网络体系，是流通渠道的总称。它的起点是生产者，终点是消费者或最终用户，中间商则包括所有取得商品所有权和协助所有权转移的各类商业性机构（或个人）。平时大家所说的"市场建设"和"市场覆盖面"多是在此意义上讲的。市场营销经常在销售渠道意义上理解和运用"市场"这一概念。

二、汽车市场的概念及分类

1. 汽车市场的概念

汽车及其相关服务（劳务）在市场经济条件下自然就可能作为一种商品进行交换，

围绕着这一特殊的商品运用市场概念就形成了汽车市场。汽车市场是将汽车作为商品进行交换的场所，是汽车的买方、卖方和中间商组成的一个有机的整体。它将原有市场概念中的商品局限于汽车及与汽车相关的商品，起点是汽车的生产者，终点是汽车及相关商品的消费者或最终用户。

作为汽车营销者，通常将汽车市场理解为现实的和潜在的具有汽车及相关商品购买能力的总需求。

2. 汽车市场的分类

汽车市场营销的起点和终点都在汽车市场，如果没有市场，市场营销业务活动就无从谈起。毫无疑问，市场是任何企业开展市场营销业务活动所必须具备的前提条件。另外，随着社会的进步，商品经济的发展，交换领域和交换对象的不断扩大，市场上的交换关系越来越复杂，由此也决定了现代社会市场具有多种类型。

（1）按地理位置不同，可以把汽车市场分为国内汽车市场和国际汽车市场。
（2）按交换对象不同，可以把汽车市场分为有形商品市场和无形商品市场。
（3）按竞争程度不同，可以把汽车市场分为完全竞争市场、完全垄断市场、不完全竞争市场和寡头垄断市场。
（4）按购买汽车用途不同，可以把汽车市场分为汽车消费市场和汽车组织市场。
（5）按汽车商品的流通环节，可以把汽车市场分为批发市场和零售市场。
（6）按汽车商品交易时间不同，可以把汽车市场分为现货市场和期货市场。

从以上汽车市场的分类可以看到，市场的类型随着人们所选择的划分标准不同而千差万别，人们总是根据研究的需要而选择划分依据，从而将市场分门别类地研究，目的是为了在瞬息万变、错综复杂的市场中，认识市场、驾驭市场，使企业在市场竞争中求生存、求发展。

三、汽车市场营销的含义

1. 市场营销的概念

市场营销是一个与市场紧密相关的概念。了解了市场的含义之后，就可以进一步来理解市场营销的含义。

关于市场营销的概念，很多学者从不同的角度对其作了定义，综合前人的观点，本书将市场营销的概念表述如下：

市场营销是与市场有关的人类活动，即以满足人类各种需要和欲望为目的，通过市场变潜在交换为现实交换的活动。

可以从以下几个方面去理解这一概念：

（1）市场营销是一种人类活动，是有目的、有意识的行为。对企业来说，这种活动非常重要。

（2）市场营销的研究对象是市场营销活动和营销管理。

（3）满足和引导消费者的需求是市场营销活动的出发点和中心。企业必须以消费者为中心，面对不断变化的环境，作出正确的反应，以适应消费者不断变化的需求。满足消费者的需求不仅包括现在的需求，还包括未来潜在的需求。现在的需求表现为对已有产品的购买倾向，潜在需求则表现为对尚未问世产品的某种功能的愿望。

例如，第二次世界大战后，IBM 公司的总裁曾向一家非常有名的咨询公司打听未来美国所有公司、研究所及政府单位对电子计算机的需求量，得到的回答是不到 10 台。后来他的儿子做了总裁，不同意这个预测，坚持要生产电子计算机，这才有了 IBM 公司的今天。

这个例子表明，尽管人们有减轻办公室劳动强度、提高工作效率的愿望，但由于不知道计算机是什么样，也不知道如何使用计算机，因此，调查时没有表现出对计算机的需要。人们的潜在需求常表现为某种意识或愿望，企业应通过开发产品并运用各种营销手段，刺激和引导消费者产生新的需求。

（4）分析环境，选择目标市场，确定和开发产品，确定产品定价、分销、促销和提供服务以及它们间的协调配合，进行最佳组合，是市场营销活动的主要内容。

市场营销组合中有 4 个可以人为控制的基本变数，即产品、价格、（销售）渠道和促销方法。由于这 4 个变数的英文均以字母"P"开头，所以又叫"4P's"。企业市场营销活动所要做的就是密切注视不可控制的外部环境变化，恰当地组合"4P's"，千方百计使企业可控制的变数（4P's）与外部环境中不可控制的变数迅速相适应，这也是企业经营管理能否成功、企业能否生存和发展的关键。

（5）实现企业目标是市场营销活动的目的。不同的企业有不同的经营环境，不同的企业也会处在不同的发展时期，不同的产品所处生命周期的阶段亦不同，因此，企业的目标是多种多样的，利润、产值、产量、销售额、市场份额、生产增长率、社会责任等均可能成为企业的目标，但无论是什么样的目标，都必须通过有效的市场营销活动完成交换，与顾客达成交易方能实现。

（6）市场营销与销售或促销的区别。市场营销不同于销售或促销。现代企业市场营销活动包括市场营销研究、市场需求预测、新产品开发、定价、分销、物流、广告、人员推销、销售促进、售后服务等。

销售仅仅是现代企业市场营销活动的一部分，而且不是最重要的部分。

促销只是一种手段，而营销是一种真正的战略，正如我国某著名企业家所概括的那样，营销意味着企业应该"先开市场，后开工厂"。

（7）市场营销的核心是交换。市场营销的含义不是固定不变的，它随着企业市场营销实践的发展而发展，但核心却是交换。

2. 汽车市场营销的含义

汽车市场营销就是汽车企业为了更好、更大限度地满足市场需求，为实现企业经营目标而进行的一系列活动。其基本任务有两个：一是寻找市场需求；二是实施一系列更好地满足市场需求的活动（营销活动）。

在汽车市场营销产生的一个较长的时间内，很多人都认为汽车市场营销主要是指汽车推销。在我国，甚至在汽车市场营销十分发达的美国，仍有很多人持有这种看法。其实，汽车市场营销早已不是汽车推销的同义语了，汽车推销只是汽车市场营销的一个职能（并且常常不是最重要的）。其研究的对象和主要内容是识别目前尚未满足的市场需求和欲望，估量和确定需求量的大小，选择和决定企业能最好地为之服务的目标市场，并且决定适当的产品、劳务和计划（或方案），以便为目标市场服务。也就是说，汽车市场营销主要是汽车企业在动态市场上如何有效地管理其汽车商品的交换过程和交换关系，以提高经营效果，实现企业目标。换句话说，汽车市场营销的目的，就在于了解消费者的需要，按照消费者的需要来设计和生产适销对路的产品，同时选择销售渠道，做好定价、促销等工作，从而使这些产品可以轻而易举地销售出去，甚至使推销成为多余。汽车市场营销活动应从顾客开始，而不是从生产过程开始，应由市场营销部门（而不是由生产部门）决定将要生产什么汽车产品，诸如产品开发、设计、包装的策略，定价、赊销及收账的政策，产品的销售地点以及如何做广告和如何推销等问题，都应由营销部门来决定。

汽车市场营销是一种从汽车市场需求出发的管理过程。它的核心思想是交换，是一种买卖双方互利的交换，即双方都得到满足，双方各得其所。汽车市场营销是一门经济学方面的、具有综合性和边缘性特点的应用学科，是一门将汽车与市场营销结合起来的"软科学"。在某种意义上说，它不仅是一门学科，更是一门艺术。其研究对象是汽车企业的市场营销活动和营销管理，即如何在最适当的时间和地点，以最合理的价格和最灵活的方式，把适销对路的汽车产品送到消费者手中。因此，汽车企业必须面向汽车市场，并善于适应复杂多变的汽车市场营销环境。汽车企业的营销管理过程，也就是汽车企业同营销环境相适应的过程。

四、汽车市场营销观念

汽车营销观念是汽车企业在开展市场营销活动过程中，在处理企业、用户需要和社会利益三者之间关系时所持的根本态度、思想和观念。在许多情况下，这些利益是相互矛盾的，也是相辅相成的。汽车企业必须在全面分析汽车市场环境的基础上，正确处理三者关系，确定本企业的经营原则和基本价值取向，并将其用于指导营销实践，以实现企业经营目标。

汽车市场营销观念是企业领导层对于汽车市场的根本态度和看法，是一切汽车经营活动的出发点。汽车市场营销观念的核心问题是，以什么为中心来开展汽车企业的生产经营活动。所以，汽车市场营销观念的正确与否，对汽车企业的兴衰具有决定性作用。

现代汽车企业的营销观念是随着汽车市场的产生而产生，并随其发展而演进、变化的。汽车营销观念的发展变化大体上经历了5个阶段，即生产观念、产品观念、推销（销售）观念、市场营销观念及社会营销观念。其中，生产观念、产品观念和推销观念合称为传统营销观念，是"以企业为中心的观念"，这种汽车营销观念是以汽车企业利益为根本取向和最高目标来处理营销问题。而后两种观念则合称为现代汽车营销观念，分别是"以用户为中心的观念"和"以社会长远利益为中心的观念"。

随着市场的发展，现代市场营销学研究也不断深入，新的观念与理论不断涌现，如顾客满意营销、绿色营销、大市场营销等观念。

1. 生产观念

生产观念也称为生产导向。这种观念是西方国家在20世纪20年代以前主要流行的经营思想，它的基本特征是"以产定销"，企业生产什么就卖什么，生产多少就卖多少。

在这一经营观念指导下，汽车企业经营的中心是生产，表现就是如何提高生产效率，扩大生产规模。规模一扩大，产品成本和价格就会下降，用户就能买得到和买得起，从而又有利于产量进一步扩大，并形成良性循环。这种观念是在汽车市场处于卖方市场的条件下产生的。生产观念能够作为汽车企业经营的指导思想的主要原因在于当时生产力水平还不够高，社会普遍存在物质短缺现象，这种观念可以达到以低价为竞争手段的市场扩张的策略目的。

20世纪初期，美国福特汽车公司总裁亨利·福特决定只制造经济实惠的单一品种——黑色的T型车，不管消费者需要什么样的汽车，但销路不愁。这就是典型的生产观念的具体表现。应当看到的是，随着现代社会生产力的提高，作为传统产业的汽车工业，其企业间的实力越来越接近，世界汽车市场竞争日益加剧，汽车企业在规模和成本上的竞争空间已越来越小（受最小极限成本制约），因而以这种生产观念作为指导汽车企业经营的普遍观念已逐步退出历史舞台，用户对汽车产品质量产生了不同层次的要求，汽车企业就必须运用新的营销观念来指导自己的生产经营。

2. 产品观念

生产观念注重以量、低成本取胜，另一种观念则表现为以质取胜，这种观念称作产品观念。其基本理念是：当社会物质短缺、市场供不应求的局面得到缓和后，只要企业生产的汽车产品质量过硬，经久耐用，就一定会有良好的市场反应，受到用户的欢迎，企业就会立于不败之地。这种观念在商品经济不是很发达的社会时期有一定的合理性,在现代市场经济高度发达的条件下,这种生产观念也是不适宜的。因为现代汽车市场上卖方竞争激烈,用户需求的层次是不断提高的,质量再好的老的汽车产品,如不能及时得到更新以满足汽车市场的更高要求,也不能保证企业永远独占市场。

上述两种生产观念都已不能很好地满足现代汽车市场营销的要求,但并不是说汽车企业就可以不重视提高生产效率、降低成本、狠抓产品质量等基本工作,而是说,仅仅做好了这些工作还远远不够,还不能保证企业达到自己的经营目标。

3. 推销观念

推销观念或销售观念产生于 20 世纪 30 年代初期。当时,由于资本主义世界经济大危机,包括汽车在内的大批产品供过于求,销售困难,卖方竞争加剧,资本主义经济从卖方市场逐渐转向买方市场。在激烈的市场竞争中,许多企业的经营思想发生改变,不光是重视生产问题,也开始逐渐重视产品的销路问题,各种促销技术在企业得到运用,并逐步形成了一种推销经营哲学。其基本理念是:企业经营的中心工作从生产领域转向流通领域。以销售为中心就必须大力施展推销和促销技术,达到引导顾客的需求、培养需求和创造需求,努力扩大销售。促销的基本手段就是广告和人员推销。

推销观念是以推销为重点,通过开拓市场,扩大销售来获利。这种观念的产生是企业经营思想的一大进步,但它仍没有脱离以生产为中心、"以产定销"的局限。因为它只是注重对现有产品的推销,至于用户需要什么,购买产品后是否满意等问题,则未给予足够的重视。因此,在经济进一步发展、产品更加丰富、竞争更加激烈的条件下,只是针对现有产品的推销,其效果越来越有限,推销观念也就不合时宜了。但推销观念为市场营销观念的形成奠定了基础。

4. 市场营销观念

市场营销观念或市场主导观念,是一种以汽车用户需求为导向、"一切从汽车用户出发"的观念,通过整体的营销手段满足用户的需求,从而获得利润。它把企业的生产经营活动看作是一个努力理解和不断满足用户需要的过程,而不仅仅是生产或销售产品的过程;是"发现需要并设法满足之",而不是"将产品制造出来并设法推销之"的过程;是"制造适销对路的产品",而不是"推销已经制造出来的产品"的过程。"顾客至上""顾客是上帝""顾客永远正确"等口号是其营销观念的反映。

市场营销观念是汽车企业经营思想上的一次根本性的变革。市场营销观念与传统营销观念相比,根本区别有以下 4 点:

(1)起点不同。传统营销观念是在产品生产出来之后才开始经营活动,而市场营销观念则是以市场为出发点来组织生产经营活动。

(2)中心不同。传统观念是以生产或卖方的需求为中心,以产定销;而市场营销观念则是以用户或买方需求为中心,以销定产。

（3）手段不同。传统观念主要采用推销及促销手段，而市场营销观念则主张通过整体营销（营销组合）的手段来满足顾客的需求。

（4）终点不同。传统观念以将产品售出获取利润为终点，而市场营销观念则将利润看做是顾客需要得到满足后愿意给出的回报。

市场营销观念有4个主要支柱：用户需求、目标市场、整体营销、通过满足用户需求达到盈利率。这一观念使得用户与公司的关系趋向双赢，即在满足用户需求的同时也实现了企业自身的目标。

5. 社会营销观念

市场营销观念自其产生后的几十年里得到企业界的广泛接受，但随着社会经济的发展，这种观念的局限性逐渐表现出来，主要表现为：一个企业在市场观念的指导下，其最大利益的获取是建立在极大地满足自己用户的基础上，该企业在满足自己的用户和追求自己最大利益的同时却不能满足用户总体需求以及损害社会的利益。比如，在这种观念下，企业只从用户需要出发，产品适销对路，达到企业的盈利率，而极少考虑大量不可再生资源日益枯竭、生态环境的破坏、社会效益等，这样就严重威胁着社会公众的利益和消费者的长远利益。20世纪70年代，作为市场营销观念的补充又出现了社会营销观念。

社会营销观念认为，企业的任务在于确定目标市场的需要、欲望和利益，比竞争者更有效地使用户满意，同时维护与增进社会福利。

社会营销观念与市场营销观念并不矛盾，前者不是对后者的否定，而是一种补充和完善。这种观念要求企业将自己的经营活动与满足用户需求、维护社会公众利益和长远利益作为一个整体对待，不急功近利，自觉限制和纠正营销活动的副作用，并以此作为企业的根本责任。

社会营销观念的决策主要有4个组成部分：用户的需求、用户利益、企业利益和社会利益。它要求企业用系统方法把这4个方面的因素适当协调起来，拟出最佳营销策略。

几种营销观念的区别见表1-1。

表1-1 市场营销观念的区别

市场观念	出发点	方法	目标
生产观念	增加产量	降低成本，提高生产效率	在销量增长中获利
产品观念	产量质量	生产更加优质的产品	用高质量的产品推动销售增长
推销观念	产品销售	加强推销和宣传活动	在扩大市场销售中获利
市场营销观念	顾客需求	运用整体营销策略	在满足顾客需求中获利
社会营销观念	社会利益	运用整体营销策略	维护社会长远利益，满足消费者需求

现代营销观念的确立与发展，固然是资本主义经济发展的产物，但也是市场经济条件下企业经营经验的总结和积累。按照传统的营销观念，企业仅仅生产价廉物美的产品，仅仅靠生产出产品后再千方百计地去推销。这种是以企业为中心的市场营销观念，是以企业利益为根本取向和最高目标来处理营销问题的观念，这种营销观念在现代经济环境下，并不能保证商品价值的实现。而只有深入地理解和适应消费者的需要，以消费者为中心组织营销活动，同时维护公众长远利益，保持经济的可持续发展才是真正的经营之道。这就是促使营销观念变化发展的综合因素，也应该成为我国经济改革的基本认识之一。但目前，我国仍然有许多企业经营观念不能适应现代经济发展的要求，营销管理落后，长期只重视生产，不懂得经营，不研究有效的经营方法，行动步伐不能跟上市场变化的节奏，造成这些企业效益不佳，在激烈的市场竞争中处于非常被动的地位。事实上，营销观念不是一些空洞的概念，而是具有非常具体的内涵。

下面一个案例可以说明企业的营销观念能否适应时代的要求，对企业的生存和发展具有重要意义。

【案例1-1】在世界汽车工业的发展史上，亨利·福特曾经是一位叱咤风云的大人物。他发明的汽车生产流水线使得寻常百姓买得起汽车，他的生产实践也推动了人们对生产管理的研究，为早期管理科学的发展奠定了基础。然而，即使是如此的世界级人物，在市场营销中因缺乏远见，只看到自己的产品质量好，而看不到市场需求在变化，致使公司逐步陷入困境。

美国汽车大王福特曾先后于1899年和1901年与别人合伙经营汽车公司，但均因产品（高价赛车）不适合市场需要，无法经营而失败。福特汽车公司创办于1903年，第一批福特汽车因实用、优质和价格合理，生意一开始就非常兴隆。1906年福特又面向富有阶层推出豪华汽车，结果普通大众都买不起，福特汽车的销售量直线下降。1907年福特总结了过去的经验教训，及时调整了经营指导思想和经营战略，实行"薄利多销"，于是生意又魔术般回升。当时，美国经济衰退已渐露头角，许多企业纷纷倒闭，唯独福特汽车公司生意兴隆。到1908年初，福特按照当时百姓（尤其是农场主）的需要，作出了明智的战略性决策：从此致力于生产规格统一、品种单一、价格低廉、大众需要又买得起的"T型车"，并且在实行产品标准化的基础上组织大规模生产。此后10余年，由于福特车适销对路，销售迅速增加，产品供不应求，获得了巨大的商业成功。到1925年福特汽车公司一天就能造出9109辆"T型车"，平均每10秒生产一辆。在20世纪20年代前期的几年中，福特汽车公司的年利润竟高达6亿美元，成为当时世界上最大的汽车公司。

到20世纪20年代中期，随着美国经济增长，人们收入及生活水平的提高，形势又发生了变化。公路四通八达，路况大大改善，马车时代坎坷、泥泞的路面已经消失，用户也开始追求时髦。可是，简陋而千篇一律的"T型车"，在技术、产品革新上没有突破性进展，虽然价格低廉，但已不能满足用户需求，因此福特"T型车"销量开始下降。面对这种现状，福特仍自以为是，一意孤行，坚持其生产中心观念，置用户的需求变化于不顾，诚如他宣称"无论你需要什么颜色的汽车，我只有黑色的"，顽固不变地坚持生产中心观念。1922 年，他在公司推销员全国年会上听到关于"T型车"需要根本改进的呼吁后，静坐了两个小时后说："先生们，依我看福特车的唯一缺点是我们生产得还不够快。"就在福特固守他那种陈旧观念和廉价战略的时候，通用汽车公司（GM）却时时刻刻注视着市场的动向，并发现了良机，及时地作出了适当的战略性决策：适应市场需要，坚持不断创新，增加一些新的颜色和式样的汽车，即使因此须相应提高销售价格。于是"雪佛兰"车开始排挤"T型车"，1926 年"T型车"销量陡降。到 1927 年 6 月，福特不得不停止生产"T型车"，改产"A型车"。这次改产，福特公司不仅耗资 1 亿美元，而且这期间通用汽车公司乘虚而入，占领了福特车市场的大量份额，致使福特汽车公司的生意陷入低谷。后来，福特公司虽力挽狂澜，走出了困境，但福特公司从此失去了车坛霸主地位，永远让通用汽车公司占据了车坛的首席宝座。

福特没有认识到：在动态市场上，消费者的需要是不断变化的，正确的经营指导思想是正确经营战略和企业兴旺发展的关键。如果经营观念正确，战略得当，即使具体计划执行得不够好，经营管理不善，效率不高，也许尚能盈利；反之，如果经营指导思想失误，具体计划执行得越好，就赔钱越多，甚至破产倒闭。

【任务实施】

将学生按照班级学号单双号分开，每组单号双号各一人，相互合作，制作 PPT，内容为各种汽车营销观念的异同，要求清晰明了，简单易懂，单号成员为讲解者，时间 6 分钟，单号成员讲解完毕，双号成员进行点评并回答老师提问，时间 2 分钟，教师考察学生讲解过程，并完成表 1-2 的考核记录单。

表 1-2 教师用考核记录表

实训项目：汽车营销观念的 PPT 制作及讲述
组号：   姓名：

项目	评分重点	必要的记录	分值	评分
PPT 讲解过程	PPT 内容是否全面		10	
	PPT 的布局		8	
	PPT 的色彩、字体、字号的安排		8	
	讲解者仪表		5	

续表

项目	评分重点	必要的记录	分值	评分
PPT 讲解过程	多媒体设备的使用		8	
	讲解者的语言是否规范		10	
	讲解者的肢体动作		10	
	讲述效果		10	
	时间安排		10	
双号成员点评及回答提问	表达能力		10	
	思维能力		5	
	回答问题准确性		6	
总分			100	

任务二　我国汽车市场的现状

【任务描述】

要成为一名优秀的汽车营销人员，必须对汽车市场有充分的认识和了解。该任务就是通过相关内容的学习，了解汽车工业发展历史和汽车工业的发展方向。

【相关知识】

一、我国汽车工业的发展历程

1. 起步阶段（1953～1984 年）

1953 年以前，中国一直处于无汽车工业时代。新中国成立后，建立自己的汽车工业被提到重要的议事日程上。1950 年初，毛泽东主席和周恩来总理在莫斯科与斯大林会谈时，把建设汽车制造厂作为第一个五年计划期间前苏联援助中国的重要项目之一。1950 年 4 月，中央人民政府重工业部成立了汽车工业筹备组，确定在吉林省长春市建立第一汽车制造厂（简称"一汽"）。1953 年 7 月 15 日正式破土动工。1956 年 7 月 14 日，第一批解放牌 CA10 型 4t 载货汽车出厂。

起步初期的中国汽车发展还是很平稳的。1960年时，全国汽车总产量已从1955年的61辆提高到22574辆。"大跃进"之后，进入3年经济困难时期，汽车产量从1960年的22574辆下降到了1961年的3589多辆。中国汽车工业在逆境中谋求发展，到1963年又恢复到年产2万多辆，1965年一汽达到年产3万辆的能力，其他一些汽车厂也达到年产数千辆的生产能力。直到1971年，全国汽车年产量才突破10万辆，1980年，才突破20万辆。

1965年，出于国际形势和国家安全等各方面因素的考虑，开始在湖北十堰筹建第二汽车制造厂（简称"二汽"）。4年之后，二汽破土动工，并从一汽抽调人员援建二汽。二汽的建成标志着中国已具备自己设计制造汽车和建设大型货车制造厂的能力。

在中国汽车的起步阶段，轿车也曾短暂地繁荣过。1958年，一汽相继生产了"东风""红旗"两种轿车，并在"乘东风，展红旗，造出高级轿车去见毛主席"的口号中，把小轿车送进了中南海。同样在1958年，北京汽车制造厂研制的"井冈山"牌小轿车和上海打造的"凤凰"牌轿车也被作为向共和国献礼的礼物生产出来。从1958到1983年，中国轿车用了25年的时间才使年产量突破5000辆。其中，1961年全国轿车产量仅5辆。

客观地说，1953～1984年，中国汽车工业基本上是卡车工业，是中国汽车工业的起步阶段。

2. 合资合作阶段（1984～1994年）

1984年1月，中国汽车的第一个中外合资企业——北京吉普汽车公司诞生了。当时的北京吉普可是国内越野车企业绝对的"老大"。此后的19年里，这块中国汽车改革的试验田经历了很多的兴衰荣辱。

有了问路石的中国汽车很快就进入了第一轮合资浪潮。1985年，上海大众汽车公司成立；南京汽车制造厂引入了意大利菲亚特的依维柯汽车；广州汽车与法国标致的合资项目也获批准，被桎梏了30余年的轿车工业开始大步向前。

在1986年的全国六届四次人大会议上，"把汽车制造业作为重要支柱产业"被写进了"七五"计划。当年，全国轿车总量就突破了1万辆，是1985年的2.3倍。此后，连年大幅度上升，上海大众这样的单一轿车生产企业也逐渐超越了一汽、二汽等集团，成为中国汽车行业的领头羊。

良好的形势使国务院开始谨慎研究轿车的发展。在1987年的北戴河会议上，确定了"三大三小"的总体格局，尽管现在来看计划经济的味道过浓，但其毕竟确立了轿车产业向规模化的方向发展。

1990年，轿车产业的三大基地进一步形成。当年，上海汽车工业总公司宣告成立；同时投资上百亿、规划15万辆的一汽大众和二汽神龙项目也正式签约。但因种种原因，直到20世纪80年代中后期，捷达、富康才在市场上初露锋芒。

3. 快速发展阶段（1994年~2001年）

在这20年的发展中，又可以分为两段过程，一是快速发展初期（1994年~2000年）。

1994年，是中国汽车史，特别是轿车史上值得纪念的一年。在这一年，《汽车产业发展政策》出台了。虽然这个产业政策有许多局限之处，但它还是解决了汽车发展中的许多问题，特别是将汽车和家庭联系到了一起。家庭汽车概念所引发的热情迅速扩散至全国，当时有20多个省、市将汽车作为支柱产业。而全国的主要工科大学也都开设了汽车专业，一批又一批带着汽车设计师梦想的青年人走进了汽车的殿堂。

1994年之后，汽车消费不再受限制，但事实上，在要不要发展汽车工业，特别是是否鼓励轿车进入家庭的问题上还是有很大争议的，由于当时并没有明确鼓励汽车消费的政策，各种税费以及地方保护现象仍十分严重。

同时，汽车工业本身散、乱、规模小的劣势也越发明显。如在1995年，全国汽车产量只有144万辆，尚不如国外一家汽车企业的产量多，而且分散在122家整车生产企业生产。其中年产量超过10万辆的企业只有5家，产量在1万~10万辆的有14家，剩下的企业平均年产只有1700辆左右。

到了1998年，中国汽车的总产量达到了162.8万辆，从而成为世界上第十大汽车制造国。就在这一年，中国轿车的第二轮合资热潮开始了，上海通用、广州本田破土动工，而后别克、雅阁在中国的问世，使国产汽车的词典里又多了个"中高档轿车"的名词。

在此期间，一汽大众、二汽神龙公司也站稳了脚跟，开始向连续多年位居国内汽车企业榜首的上海大众发出挑战。后来，又陆续成立了北京现代、华晨宝马、东风日产等合资汽车公司，使中国的汽车产品水平和生产能力进一步提高。

4. 井喷阶段（2001年~至今）

在2001年的"十五"计划中，汽车进入家庭已经被明确提出。赛欧、夏利2000等一批旨在重新定义家庭轿车的新车型涌入了市场。一时间10万元成为了界定家庭轿车的分水岭。同时，国家发展与改革委员会也将汽车价格放开，汽车终于从高高在上的生产资料，还原成了走进平民百姓家庭的消费商品。在企业层面，像吉利、奇瑞这样的民营企业也得以进军轿车生产领域。

"十一五"期间，我国汽车企业年产规模达到100万辆的就达5家，超过百万辆摩托车生产企业就有9家。汽车工业承接了本世纪初的高速发展态势，产销规模逐年迅猛增长。2009年我国汽车产量和销量双双跨越千万辆大关，并打破世界产销记录，直到2016年，连续八年产销量位居世界第一，具体数据参见表1-3。

中国汽车业"十二五"规划中，新能源汽车被列为中国汽车行业发展的重中之重。新能源汽车的发展重点将以汽车电动化和动力混合化两大技术结合为标志，进行产品换代与产业升级。我国正在从汽车大国走向汽车强国，而在向汽车强国转变的过程中，最显著的变化将发生在以下三个方面：第一，中国汽车工业已经成为世界汽车体系的重要组成部分；第二，汽车产品结构进一步优化，产品结构的调整基本完成；第三，自主创新能力在逐步提高。

表 1-3　2001~2016 年度我国汽车产量

年份	汽车产量（万辆）	同比增长（%）	世界排名	世界汽车产量（万辆）	我国产量占世界产量比例（%）
2001	234.15	13.22	6	5630	4.2
2002	325.37	38.95	5	5899	5.5
2003	444.35	36.57	3	6066	7.3
2004	507.07	14.13	3	6450	7.9
2005	570.77	12.56	3	6648	8.6
2006	727.97	27.6	2	6922	10.5
2007	888.24	22.02	2	7327	12.1
2008	934.51	5.21	2	7.53	13.3
2009	1379.10	47.57	1	6300	21.9
2010	1826.47	32.44	1	7761	23.5
2011	1841.89	0.8	1	8006	23.0
2012	1927.18	4.6	1	8414	22.9
2013	2211.68	14.76	1	8738	25.3
2014	2372.29	7.3	1	8975	26.4
2015	2450.33	3.3	1	9068	27.02
2016	2811.9	14.75	1	9078	30.97

资料来源：作者根据各种数据库自己整理，由于资料来源于不同的部门，统计口径不一，具体数据可能略有差别。

二、影响我国汽车工业发展的主要因素

1. 国民经济增长因素对汽车市场的影响

国民经济增长因素是影响汽车市场发展最为关键的因素，汽车市场全面增长，必须在国民经济各领域及消费环境均有所好转的条件下才能实现。

2. 国家有关政策对汽车市场的影响

（1）近年来国家为扩大内需、刺激消费、活跃市场，出台了一系列积极的财政、

金融等宏观政策，这些政策的实施将有力地推动汽车市场的发展。

（2）《中华人民共和国公路法》的实施，特别是燃油税的改革使乱收费现象逐步得到遏制，使汽车消费环境趋向宽松。

（3）国家新出台的汽车尾气排放标准，在短期内对我国汽车工业的发展有一定影响，如果谁能率先推出适合环保要求的新产品，谁就将赢得市场的主动权。

（4）公务用车的改革抑制了集团消费。这对我国汽车市场的运行和发展产生了直接的影响，并最终改变了我国汽车市场消费结构的既有格局。

3. 汽车企业和产品对市场的适应性

我国汽车工业已具有相当规模的生产能力，其中轿车的生产能力扩展很快，但是，这种生产能力常常得不到有效的发挥和利用。这种状况主要由以下原因引起：一是价格高，而且各种附加税费名目繁多，占车价的比例过高；二是市场定位问题，有些车型若用作公务、商务显得档次过低，若私人购买，现阶段又显得档次偏高，因此，亟须企业开发出适合我国现阶段国情的多款轿车，以满足人们对轿车日益增长的需求。

4. 汽车更新市场对汽车需求的影响

汽车更新市场是汽车市场的重要组成部分。发达国家的汽车更新需求已成为汽车市场的主导性需求。与世界发达国家相比，我国的汽车更新市场一直处于"陪衬"角色，这一市场的开拓将会大大扩充汽车市场的需求容量。

三、我国汽车工业未来的发展趋势

对于我国汽车工业未来的发展趋势，仁者见仁，智者见智。在此，可以从以下几个方面来谈谈我国汽车工业未来的发展趋势。

1. 汽车产品结构发生明显变化

在汽车产品结构上，轿车继续呈现"井喷"式增长，产销再创新高；轻型客车保持较高增长，微型客车增幅明显下降；载货车行业产销增长整体呈下滑趋势，其中重型载货汽车增幅下降趋势最为明显。

2. 汽车行业的暴利时代已过，汽车行业发展的经营风险逐渐突出

受汽车市场规模以及行业高利润的吸引，各地纷纷争上汽车项目，形成了汽车行业投资的热潮，不仅原有的汽车厂商通过追加投资扩大生产规模，而且其他行业，如家电、房产企业等纷纷涉足汽车行业。汽车业的暴利时代已经过去，汽车生产能力过剩和扩大出口将成为现实压力。

汽车行业发展的外部性日益明显，经营风险逐渐突出。伴随着国内建筑及汽车用钢的快速增长，矿石焦炭等已经成为制约钢铁业持续发展的瓶颈，这必然波及汽车行业，

汽车保有量的大幅度增加,加大了我国对国外石油资源的依赖,汽车燃油问题将越来越突出,国内燃油需求拉动国际油价上涨,会反过来抑制汽车消费;此外,对汽车牌照、停车和尾气排放的政府管制也将对汽车行业发展产生深远的影响。

3. 汽车服务行业逐步完善和发展

(1) 我国汽车零部件工业发展趋势

1) 零部件工业与汽车工业同步发展。世界各主要汽车生产国发展汽车零部件工业的进程表明,零部件工业与汽车工业基本上是同步发展的。美、欧零部件工业尚超前汽车工业,日、韩汽车零部件工业滞后于汽车工业,但经过采取措施,也赶上来了。中国的经验也表明,建设了整车厂,若零部件生产上不去,不能及时保证零部件供应,整车厂就难以发挥作用。如果靠长期大量进口零部件,不仅要花费大量外汇,也难以使汽车工业处于强有力的地位。因此,不能只重视发展整车生产,忽视零部件生产,需要把零部件与整车置于同等重要的地位,使零部件工业与汽车工业同步发展。

2) 以联合、兼并、收购等方式进行产业结构调整。近年来,汽车零部件企业兼并之风盛行,如德国的罗伯特·博世(Bosch)公司,是欧洲最大汽车零部件公司,1996年兼并了联合公司的防抱制动分部,规模进一步扩大,每年总销售额已达100亿美元以上。在我国,汽车工业是规模经济效益最显著的产业之一。治理零部件行业的散、乱和经济效益差的问题,必须借助市场经济的力量,充分利用规模经济的效应。同时,也依赖于国家制定更完善、更具有操作性的政策与法规,以促进优秀企业发展,限制低劣企业生存,规范零部件工业市场竞争秩序。在国家宏观政策引导下,有选择地扶持具有相当规模且在产品和技术上拥有一定实力的骨干零部件企业,通过资产划拨、兼并、参股及控股等方式,联合其他有一定优势的企业,形成零部件大企业集团,提高零部件产业的规模效益和整体实力。

3) 零部件企业与整车企业之间的相互独立与剥离。整车企业对所需的零部件实行全球采购,谁家产品的质量好、价格低就买谁的,不必拘泥于必须采购本集团公司的。

(2) 汽车分销服务业的发展趋势

汽车分销服务业是汽车服务行业的一个重头戏,随着汽车市场竞争的加剧,一些原有的市场格局势必被打破,汽车分销服务行业将面临着相应的变革,主要体现在以下几个方面:

1) 汽车制造商向服务领域延伸。随着汽车市场的发展,汽车公司的销售网络将突破3S和4S的模式,功能将更加丰富,服务也将更加全面,新的营销模式将逐步覆盖汽车使用的全过程和全方位,包括汽车展览、汽车及配件销售、汽车美容、汽车维修、汽车保险等各种功能。这是汽车厂商将盈利点逐步转向服务贸易的一种努力。

2) 大型独立汽车经销商出现。汽车专卖店投资巨大,在激烈的市场竞争中,单一业务存在很多的不确定性，靠一个品牌盈利越来越难。近年来，国内的一些汽车经销商已经形成了规模化经营，开始投入巨资，获得了很多汽车品牌的授权，力图营造独立经销商的氛围。以上海永达集团为例，自20世纪90年代从事品牌汽车分销以来，目前已经在扬州、嘉兴等十多个地方建立分公司，从事十多个汽车品牌的代理，并有机动车检测、二手车、汽车租赁、汽车用品、道路设施、驾驶员培训、汽车俱乐部等相关服务行业。这一类汽车流通巨头的出现，将对汽车流通业的格局产生巨大影响，并为汽车消费者带来实惠。

3）进口车与国产车并网销售有加强趋势。我国一直坚持进口车和国产车两网分离的政策，但一些品牌共网销售的情况一直存在。

（3）汽车维修保养业的发展趋势

1）专卖店＋特约维修将成为重要的维修服务模式。虽然专卖店方式存在某些弊端，但根据我国的情况，大力发展并促其规范是有利的，它可以提高我国汽车制造企业的服务理念，彻底消除长期形成的只管造车不管服务的不良倾向。

2）连锁汽车专修店与快修店将得到迅速发展。近几年，汽车快修因为提供快速、便利、优质的服务，受到了广大车主的欢迎，成为了汽车行业的一个新的亮点。其中，快修连锁的发展也是抑制马路修车、无证修车的一个重要手段。

3）汽车维修业向电子化与信息化发展。随着汽车技术的发展，汽车的电子化水平越来越高，汽车的保修越来越复杂，仅凭工人的经验判断故障的时代早已过去，大批高科技检测维修设备被应用到汽车维修行业，如四轮定位、扫描仪、汽车专用示波器等，经验维修在维修过程中的作用将越来越小，汽车维修业将进一步向电子化与信息化的方向发展。

4）汽车维修逐步向养护过渡。随着汽车大众消费时代的到来，人们对汽车消费的观念由汽车坏了才维修转变为提前进行汽车定期养护。谁能抓住汽车时代引发的"养护商机"和"服务商机"，谁就能够挖到中国汽车时代最大的财富金矿。但是我国的汽车养护业还没有形成严格的行业标准和服务体系。

（4）二手车交易服务市场的发展趋势

1）汽车制造企业介入二手车交易。随着二手车市场的逐步扩大，很多汽车厂商纷纷提出了"以旧换新"的业务，并提供了二手车认证、二手车置换和质量保证。二手车交易将逐步呈现品牌化趋势，汽车厂商具有保证质量、确保售后服务独特的品牌优势。

2）二手车交易市场强化竞争优势。面对汽车制造企业开始介入二手车市场和二手车交易品牌化的巨大压力，二手车交易市场仍有自己的独特优势。目前，二手车市场只管交易不管服务的状况必须要有所改善，以适应市场竞争的要求。

3）二手车交易受到新车市场的影响越来越大。新世纪的第一个十年，汽车市场的突出特点就是"新车降价，新车型上市"并进，几乎所有中、低档车型都加入到不断降价的行列，许多大公司、著名品牌也参与到其中。由于二手车价格受到新车价格的影响非常明显，因此，二手车的价格也大幅度下降。

随着全国各地环保要求越来越高，新车的降价以及人们收入的不断增加，人们对于汽车更新换代的时间也逐渐缩短。成新率较高的二手车因符合环保要求，款式和车况都比较好而具有竞争力，目前已经占据了二手车市场的半壁江山，比例达到70%以上；同时，使用1年左右的"准新车"占总量的9%，成为二手车市场的"生力军"，是备受关注的"新"二手车。

四、我国汽车市场的发展现状

1. 我国汽车市场的发展历程

我国汽车市场的建立与发展是同我国汽车工业的发展相一致的，其不同点在于，不同的经济体制下表现出的经济运行模式也不一样。党的十一届三中全会以后，我国汽车工业的产销系统由较为封闭的状态逐渐转为开放的系统，汽车生产的市场导向取代了计划指导，目前，汽车作为商品进入市场交换体系，多渠道、少环节的汽车商品市场流通体系已初步形成。

（1）汽车产品流通体制的变迁

建国60多年来，我国汽车市场的经济运行模式经历了由计划经济向市场经济过渡的关键时期。汽车产品的产销量发生了巨大的变化，"六五"期间，我国汽车的年产量从1980年的22万辆提高到44万辆，累计生产137.2万辆；到"八五"期间，汽车年产量增加到150万辆；2002年汽车年产量突破300万辆大关，即使在2008～2009年经济危机的影响下，全世界汽车工业大幅下滑的情况下，2009年我国的汽车产销量却分别完成1379.10万辆和1364.48万辆，成为全球汽车工业产销量第一的国家，成为全世界关注的焦点。纵观我国汽车产品流通的历史，随着汽车工业的发展，汽车流通体制大致经历了三个不同的发展阶段。

1）第一阶段（1953～1978年）。这一阶段以严格的计划控制的分配制度为汽车产品流通的形式，从生产到消费的流通过程深深地刻着计划经济的痕迹。这一阶段又可以分为三个时期，即中央统一控制时期、以中央管理为主、地方管理为辅时期和中央地方两级管理时期。

①中央统一控制时期（1953～1966年）。1953年，我国开始进行大规模的经济建设，实施第一个五年计划，在全国建立了国民经济计划管理制度，统一编制国民经济计划；同时，实行对重要生产资料在全国范围内由国家统一平衡分配的制度。

在这一时期，我国的汽车工业由单纯制造载货汽车发展到可以生产轿车、旅行车、轻型车等，除了一汽解放牌汽车大量投放市场外，上海、北京、红旗轿车也相继投入生产。

②以中央管理为主、地方管理为辅时期（1967～1976年）。1966年5月至1976年10月的十年动乱中，汽车的生产、销售和管理遭到了严重的破坏。1970年撤销物资部，此后23个省市自治区撤销了物资厅（局），汽车的订货和销售工作交由各行业部门管理，实行产销合一，下放地方经营，汽车统配数量大大减少。汽车计划管理体制实行在"国家统一计划下，地区平衡，差额调拨，品种调剂，保证上缴"的分配办法。1972年起试行在汽车生产厂给地方留部分生产能力的办法，地方可自行支配的汽车数量有了较大增长。

③中央地方两级管理时期（1977～1978年）。1976年以后，工业生产得到了较快的恢复，国家开始对物资管理工作进行调整，对汽车资源实行中央和地方两级管理的办法，归中央安排的汽车生产计划，由中央解决原材料，产品由中央分配；归地方安排生产的，由地方进行分配。1977年起，原一机部等部门的产品销售机构和人员并入国家物资总局，汽车的销售工作也统一由国家物资局下属的机电设备局负责。汽车的供销业务由物资专业公司和主管生产的部门双重领导和组织，从此，汽车贸易体制开始向多层次方向发展。

2）第二阶段（1979～1984年）。这一阶段也可以称为过渡阶段，显著特征是计划分配体制出现松动。

1978年12月召开的十一届三中全会，确定了将党的工作重点转移到社会主义现代化建设上来的方针。自此，汽车的计划分配和流通从单一的计划分配转为实行指导性计划和市场调节相结合的双轨运行体制，汽车开始作为商品进入市场。

严格地讲，汽车产品的流通体制仍置于计划管理的控制之下，所不同的是，在管理方式及计划的严格程度上有所改变，到1984年，国家指令性计划分配的汽车占汽车资源的比例由1980年的92.7%下降到58.3%，表明计划管理有了较大的松动。

3）第三阶段（1985年至今）。这一阶段是汽车产品流通体制变革进入了突破性发展的阶段，此阶段的特点是从正面触及旧体制的根基即分配体制，大幅度缩小指令性分配计划，大面积、深层次地引入市场机制，突破了生产资料资源配置决策的原有格局，使整个流通体制发生了重大变化，双轨运行逐步向以市场为主的单轨靠拢，市场机制开始成为汽车产品流通的主要运行机制，汽车工业的发展也在汽车市场的推动下步入新的发展阶段。

（2）汽车市场的形成

1978年4月，中央作出《关于加快工业发展若干问题的决定草案》（简称工业三十条），指出加强重要物资的管理，要统一计划、统一调拨，除少量进口汽车由国家计划分配外，计划外的国产汽车由各省市自治区自行安排，汽车开始作为商品进入市场，汽车市场也在国家政策的扶植下迅速发展壮大。

1981年8月，国务院批准《关于工业品生产资料市场管理暂行规定》，规定各生产企业在完成国家下达的生产、分配计划和供货合同的前提下,有权自销部分产品;1985年1月,国家物价局、国家物资局又发出《关于放开工业生产资料超产自销产品价格的通知》,规定:"工业生产资料属于企业自销和完成国家计划的超产部分的出厂价格,取消原定的不高于国家定价20%的规定,可按低于当地的市场价格出售,参与市场调节,起平抑价格作用。"上述政策的实施,有效地扩大了企业的自主经营权,从而使企业取得了产品和价格的自主权,为汽车市场的形成和发育打下了充分的物质基础。

1)组建汽车市场。1985年1月,国务院对建立汽车贸易中心的有关问题作出以下决定:

①建立汽车贸易中心的条件比较成熟,要抓紧筹备,先在北京、上海、沈阳、武汉、重庆、西安6个中心城市建立汽车贸易中心,1986年春节前将投放市场6万辆以上汽车,第一批试投时车价要高一些,以防一抢而光,以后随着市场投放量的增加,价格可逐步降低。

②汽车生产厂可在贸易中心自定价格,挂牌自销,国家收取一定的调节税,税率由中汽公司会同财政部研究提出。

③从贸易中心购买的轿车、旅行车、吉普车、工具车及大客车,除党政机关外,不再办理控购手续。

④贸易中心要工贸结合,做好信息、技术咨询及零配件供应等各项服务工作。贸易中心的整车销售以物资部门为主,生产部门为辅;零部件供应以生产部门为主,物资部门配合。

1985年2月6日,国家经委、物资局联合发出《关于向市场投放汽车和建立汽车贸易中心的通知》,决定先在上述6个城市建立汽车贸易中心,由所在城市的省市机电公司、机电产品贸易中心和国家物资局所属机电产品管理处联合组成,并吸收汽车厂参加。

1986年4月,国家经委、物资局、工商行政管理局决定撤销原联合组建的6个城市汽车贸易中心,同时成立华北、华东、东北、中南、西南、西北汽车贸易中心,作为国家物资局中国机电设备公司下属的全国所有制物资企业,实行独立核算,依法独立承担经济责任。

为适应汽车贸易事业的发展,1989年国务院批准成立了中国汽车贸易总公司,上述6个汽车贸易中心改为汽车贸易分公司,加上天津、广州两家公司,全国共有8个汽车贸易分公司。中国汽车贸易总公司在全国设有1000多家销售网点。会同全国各省市地县的机电公司、中国汽车工业总公司销售公司及主要骨干汽车生产企业,基本形成了一个大型的全国性汽车贸易网络主干。

2)国家组织进口和国产汽车资源投放市场。

为适应我国汽车工业的发展和投放市场汽车数量不断增加的趋势,满足城乡用车需要，国家决定有计划地组织一批进口和国产汽车，通过汽车贸易中心投放市场，同时起到平抑物价、回笼货币、增加财政收入及防止转手倒卖的作用。

据不完全统计，从1984年到1988年间，国家共组织50万辆汽车投放汽车贸易市场。1985～1986年间，国内一度出现汽车滞销，特别是从前苏联、东欧以易货贸易形式进口的汽车，占用大量资金，且露天存放，已开始造成损失，国家1986年6月决定作一次性降价处理，降价幅度在15%以内，同时放宽了控购限制，执行更新车辆优惠政策。并决定采取由银行贷款购车，调拨2000t油料解决购车用油问题，各中等城市和旅游城市经批准可以开办出租汽车公司等措施，解决汽车积压问题。

（3）我国汽车市场的主渠道

1988年经国务院批准成立中国汽车贸易总公司，为国家指定的专营汽车的公司，是我国汽车市场的主渠道。它受国家计委、物资部委托，负责国家指令性汽车分配计划的执行和当年准备的调拨，办理进口汽车接货、发货、保管和检验、索赔业务；积极参与国家和各生产企业投放市场的汽车购销经营，预测分析汽车的供需形势，参与调控市场；经营各种国产、进口汽车、摩托车和各种改装车，以及汽车、摩托车配件，并兼营与汽车、摩托车相关的产品和机电产品；以批发、零售、代购、代销、经销、寄售、租赁等方式经营。

正是由于有了一套完整的分层次的销售、服务、信息网络，建立了中长期市场预测、市场动态监测体系，从而充分发挥了市场导向作用，使我国汽车市场更加繁荣，年销售额达100多亿元，并带来了巨大的社会效益，促进了国民经济的发展。

中国汽车贸易总公司作为国家政策性贸易型物资公司，为发展我国汽车工业作出了重要的贡献。它充分发挥了调整和服务功能，不以盈利作为主要和唯一目的，优先保证供应重点骨干汽车厂家的生产建设、技术改进，帮助工厂引进技术和外资，如帮助重点汽车厂进行一汽奥迪、上海桑塔纳、北京切诺基、江西五十铃、重庆五十铃等项目的引进，促进了我国汽车生产水平的提高和汽车品种的增加，从而以充裕的资源，形成了合理的买方市场，推动我国汽车贸易逐步走向繁荣。

中国汽车贸易总公司以为生产服务、为用户服务为宗旨，先后与包括8个汽车生产厂（集团）在内的全国数百家大、中型汽车和机电生产企业建立了贸易伙伴关系，从而长期稳定了供求，巩固发展了资源基地，探索出了一条"工贸结合、工贸联销"的新路。

汽车配件市场是汽车市场的重要组成部分，是汽车售后服务的重要保证。中国汽车贸易总公司一直把加强售后服务和配件供应放在首要地位，一方面，为缓解国家外汇压力，解决进口配件品种不全和价格过高等问题，加快了进口汽车配件国产化的工作，立足国内，建设了26个车型56个品种的配件生产厂，并改善流通渠道，开辟了专门的配件交易市场；另一方面，总公司直属的8个汽车贸易公司和配件公司在全国建立了由进口汽车维修中心、检测中心、维修厂（站）、配件供应站等组成的不同类型的服务网络，使进口汽车可以就地、就近得到维修和保养，深受用户欢迎。

2. 影响我国汽车市场的主要因素

（1）国民经济对汽车市场的影响

专家和学者们根据多年分析研究认为，国民经济指标的变化，对汽车市场影响如下：

1）工业生产增长速度的影响。据研究，汽车增长速度高于工业生产增长速度5%～10%。当工业增长速度的落差接近5个百分点时，代表汽车市场运行状况指标就有所恶化；当落差接近10个百分点时，汽车市场就会出现大幅度的跌落，其弹性系数为1:1.5，即工业生产增长1，汽车市场增长1.5。

2）国民生产总值增长速度对汽车保有量有直接影响。国民生产总值增长速度对汽车保有量的增长弹性系数为1:3.94，即国民生产总值增长1，汽车保有量增长3.94。

3）固定资产投资规模增长，直接影响汽车需求量。统计分析表明：

$$汽车需求量 = 0.01897 \times 固定资产投资 + 6.02$$

上述关系表明，随着固定资产投资规模增大，汽车需求量相应增加（统计年份变化，系数随之变化）。

（2）国家宏观调控对汽车市场的影响

1）银行信贷和利率。银行贷款松紧程度直接影响到企业公车购买力、生产企业的生产规模及营销企业的营销规模。银行信贷利率增加使工厂和营销单位成本增加，利润下降。

2）税收。增值税的实施、消费税的调整，使消费者负担增加，也使生产期内成本增加。

3）关税。关税降低增加了进口车与国产车的竞争力，迫使国产车逐步降价，利润下降，市场需求增加。

4）汇率并轨。人民币兑换美元的汇率变化影响进口整车及零件的实际价格，进而影响全球采购的汽车成本。

5）购置税/费转移。由工厂代征转到当地相关部门征收，因征收基数提高，增加了用户负担。

6）物价。生产经营企业根据市场供求情况自主确定价格，以促进国产汽车市场竞争和国产汽车消费。

（3）社会经济的发展变化对汽车市场的影响

当国家宏观调控政策到位后，压缩社会集团购买力和行政费开支，企事业单位汽车需求量随之减少，但由于第三产业和国民经济高速发展，汽车需求第一大户由第二产业转向第三产业，民营企业以及家庭个人汽车消费逐渐成为主力军。

统计数据显示，2002年私人拥有汽车达到1000万辆；截止到2016年底，全国机动车保有量达 2.9 亿辆，其中汽车 1.94 亿辆，私人汽车 1.46 亿辆，十多年的时间私人汽车数量增长了 14 倍多，现在已经有越来越多的家庭拥有第二辆甚至第三辆汽车；2002 年底，全国驾驶人员为 9.15 千万，而截止到 2016 年底，机动车驾驶人员为 3.6 亿，其中汽车驾驶人超过 3.1 亿人，十多年的时间，增长了 3.9 倍。

3. 我国汽车工业的总体规模

通过对近几年中国汽车市场发展形势的分析，在 2006～2010 年的"十一五"期间，汽车产销规模增长仍是行业发展的主流，2009 年由于金融危机的影响，在全球经济复苏举步维艰的情况下，全世界汽车工业受影响很大，我国的汽车产销量却分别完成 1379.10 万辆和 1364.48 万辆，成为全球汽车工业产销量第一的国家。自此以后直到 2015 年，我国汽车的产销量连续八年蝉联全球第一，2016 年产销分别完成 2811.9 万辆和 2802.8 万辆，创历史新高。

私人轿车这一指标在 2003 年国民经济和社会发展统计公报中第一次出现，当年末全国私人轿车拥有量为 489 万辆，2015 年末我国私人轿车保有量 9508 万辆，十二年间增长近 20 倍。

另外，随着中国汽车制造技术水平的提高，性价比优势逐步显现，中国汽车逐步走向世界，对海外市场的吸引力越来越强。

【任务实施】

将学生按照班级学号单双号分开，每组单号双号各一人，相互合作，制作 PPT，内容为我国汽车工业的发展历程，要求清晰明了，思路清晰，单号成员为讲解者，时间 6 分钟，单号成员讲解完毕，双号成员进行点评并回答老师提问，时间 2 分钟，教师考察学生讲解过程，并完成表 1-4 的考核记录单。

表 1-4　教师考核记录表

实训项目：汽车营销观念的 PPT 制作及讲述
组号：　　　　　　　　　　　　　　　　　　　姓名：

项目	评分重点	必要的记录	分值	评分
PPT 讲解	PPT 内容是否全面		10	
	PPT 的布局		8	
	PPT 的色彩、字体、字号的安排		8	
	讲解者仪表		5	
	多媒体设备的使用		8	

续表

项目	评分重点	必要的记录	分值	评分
PPT 讲解	讲解者的语言是否规范		10	
	讲解者的肢体动作		10	
	讲述效果		10	
	时间安排		10	
双号成员点评及回答提问	表达能力		10	
	思维能力		5	
	回答问题准确性		6	
总分			100	

【项目总结】

本项目共分两部分内容：第一部分介绍了市场营销的基本概念与基本原理；第二部分介绍了我国汽车工业的发展历程以及我国汽车市场的发展现状。在学习时要重点把握以下几个方面：

- 市场的概念
- 汽车市场的概念及分类
- 汽车市场营销的含义
- 汽车市场营销观念
- 我国汽车工业的发展现状及趋势
- 我国汽车市场的特点及影响因素

【知识拓展】

汽车营销的新理念

1. 服务营销

服务营销是企业在充分了解顾客需求的前提下，为充分满足顾客服务需求而在营销过程中所采取的一系列活动。消费者购买了产品仅仅意味着销售工作的开始而不是结束，企业关心的不仅是产品的成功售出，更关注的是消费者在享受企业通过产品所提供服务的全过程中的感受。

服务营销起因于企业对顾客需求的深刻认识，是企业市场营销观的质的飞跃。由于科学技术的进步和社会生产力的显著提高，产业升级和生产的专业化发展日益加速，一方面使产品的服务含量,即产品的服务密集度日益增大;另一方面,随着劳动生产率的提高,市场转向买方市场,随着消费者收入水平提高,他们的消费需求也逐渐发生变化,需求层次也相应提高,并向多样化方向拓展;这些因素促使服务成为一种营销组合要素,引起企业的重视,使之在企业营销管理中的地位和作用也变得日益重要。

2. 绿色营销

所谓绿色营销是指企业在生产经营过程中,将企业自身利益、消费者利益和环境保护利益三者统一起来,以此为中心,对产品和服务进行构思、设计、销售和制造。另外,还指企业以环境保护为经营指导思想,以绿色文化为价值观念,以消费者的绿色消费为中心和出发点的营销观念、营销方式和营销策略。

从这些界定中可知,绿色营销是以满足消费者和经营者的共同利益为目的的社会绿色需求管理,以保护生态环境为宗旨的绿色市场营销模式。

3. 网络营销

网络营销(On-line Marketing 或 E-Marketing)就是以企业实际经营为背景,以互联网为基础,利用数字化的信息和网络媒体的交互性来辅助实现营销目标的一种新型的市场营销方式。网络营销最直观的表现就是以客户为中心,以网络为导向,为实现企业目的而进行的一系列企业活动,还可以利用 E-mail、博客与微博、网络广告、视频等方式进行营销。

4. 数据库营销

数据库营销(Database Marketing Service,DMS)是在 IT、Internet 与 Database 技术发展基础上逐渐兴起和成熟起来的一种市场营销推广手段,在企业市场营销行为中具备广阔的发展前景。它不仅仅是一种营销方法、工具、技术和平台,更重要的是一种企业经营理念,也改变了企业的市场营销模式与服务模式,从本质上讲是改变了企业营销的基本价值观。

数据库营销包括五个基本过程:数据收集、数据处理、寻找目标顾客、使用数据、改善数据。也就是通过收集和积累消费者大量的信息,经过处理后预测消费者有多大可能去购买某种产品,以及利用这些信息给产品以精确定位,有针对性地制作营销信息达到说服消费者去购买产品的目的。通过数据库的建立和分析,各个部门都对顾客有了详细全面的了解,可以给予顾客更加个性化的服务支持和营销设计,使"一对一的顾客关系管理"成为可能。

从全球来看,数据库营销作为市场营销的一种形式,正越来越受到企业管理者的青睐,在维系顾客、提高销售额中扮演着越来越重要的作用。

5. 直复营销

直复营销,源于英文词汇 Direct Marketing,即"直接回应的营销",它是以盈利为目标,通过个性化的沟通媒介向目标市场发布信息,以寻求对方直接回应、双向沟通的营销方式，包括：电话营销、直邮营销、直接反应电视营销、直接反应印刷媒介营销、直接反应广播营销和网络营销等。

6. 整合营销

整合营销理论产生于上世纪 90 年代，是由美国西北大学市场营销学教授唐·舒尔茨（Don Schultz）提出的。整合营销就是"根据企业的目标设计战略，并支配企业各种资源以达到战略目标"。

整合营销是以消费者为核心重组企业行为和市场行为，综合协调地使用各种形式的传播方式，以统一的目标和统一的传播形象，传递一致的产品信息，实现与消费者的双向沟通，迅速树立产品品牌在消费者心目中的地位，建立产品品牌与消费者长期密切的关系，更有效地达到广告传播和产品行销的目的。

7. 体验营销

所谓体验营销是指企业以消费者为中心，通过编排事件、情景以及设计特定体验过程让消费者在体验中产生愉悦而深刻的印象，获得精神满足的过程。特别是在销售过程中，让客户参与其中，亲身体验产品的功能性，在不同产品的对比下，体现所销售产品的优点，从而实现一系列产品的销售。

在全面客户体验时代，不仅需要对用户深入和全方位地了解，而且还应把对使用者的全方位体验和尊重凝结在产品层面，让用户感受到被尊重、被理解和被体贴。

8. 大市场营销

美国著名市场营销大师菲利普·科特勒，针对现代世界经济迈向区域化和全球化，企业之间的竞争范围早已超越本土，形成了无国界竞争的态势，提出了"大市场营销"观念。大市场营销是对传统市场营销组合战略的不断发展。

大市场营销战略在 4P 的基础上加上 2P 即权力（Power）和公共关系（Public Relations），从而把营销理论进一步扩展。企业为了成功地进入特定的市场，并在那里从事业务经营，在策略上应协调地运用经济的、心理的、政治的、公共关系等手段，以获得各有关方面如经销商、供应商、消费者、市场营销研究机构、有关政府人员、各利益集团及宣传媒介等的合作及支持。

【项目训练】

一、单项选择题

1. 市场的三要素是指（　　）。
  A．需要、需求和欲望　　　　　　　B．人口、购买力和购买欲望
  C．需要、动机和欲望　　　　　　　D．人口、需求和动机

2. 市场营销的核心是（　　）。
　　A. 销售　　　B. 促销　　　C. 交换　　　D. 交易
3. （　　）认为，企业的任务在于确定目标市场的需要、欲望和利益，比竞争者更有效地使用户满意，同时维护与增进社会福利。
　　A. 产品观念　　　　　　　　B. 推销观念
　　C. 市场营销观念　　　　　　D. 社会营销观念
4. 国民生产总值增长速度对汽车保有量的增长弹性系数说明，当国民生产总值增长1，汽车保有量增长（　　）
　　A. 1　　　B. 3.94　　　C. 4.94　　　D. 5.94

二、多项选择题

1. 市场的三要素包括（　　）。
　　A. 需要　　　B. 人口　　　C. 购买力
　　D. 交换　　　E. 购买欲望
2. 按购买汽车用途不同，可以把汽车市场分为（　　）。
　　A. 汽车消费市场　　　　　　B. 汽车组织市场
　　C. 城市市场　　　　　　　　D. 农村市场
　　E. 现货市场
3. 传统市场营销观念主要包括（　　）。
　　A. 产品观念　　　　　　　　B. 推销观念
　　C. 市场营销观念　　　　　　D. 社会营销观念

三、简答题

1. 简单比较市场营销观念与社会营销观念的联系与不同。
2. 简述我国汽车工业的发展史。
3. 现今国内的品牌专营模式普遍按照国际通用的汽车分销标准模式建设，采用"四位一体"（4S）制式，这种模式主要有哪些特点？根据自己的了解，谈一下该种模式的发展前景。
4. 我国汽车市场需求的制约因素主要有哪些？

【案例分析】

在世界汽车工业的发展史上，亨利·福特（Henry Ford，1863—1947）是一位叱咤风云的人物，他对人类的贡献不仅在于他发明了汽车生产流水线，使得寻常百姓买得起汽车，更在于他的生产实践推动了人们对生产方式和管理科学的研究，使管理从经验走上了科学。然而，就是这样一位世界级人物也未能辉煌一世。福特和他的汽车王国到底发生了什么?

　　美国汽车大王福特曾先后于1899、1901年与别人合伙经营汽车公司,但均因产品(高价赛车)不适合市场需要,无法销售而失败。

　　福特汽车公司创办于1903年,第一批福特汽车因实用、优质和价格合理,生意一开始就非常兴隆。1906年福特面向富有阶层推出豪华汽车,结果大众都买不起,福特的销售量直线下降。1907年福特总结了过去的经验教训,及时调整了经营指导思想和经营战略,实行"薄利多销",于是生意又魔术般回升。当时,美国经济衰退已露头角,许多企业纷纷倒闭,唯独福特汽车公司生意兴隆,赢利125万美元。到1908年初,福特按照当时大众(尤其是农场主)的需要,作出了明智的战略性决策:从此致力于生产规格统一、品种单一、价格低廉,大众需要而且买得起的"T型车",并且在实行产品标准化的基础上组织大规模生产。此后十余年,由于福特车适销对路,销量迅速增加,产品供不应求,福特在商业上获得了巨大成功。产销量最高一年达100万辆,到1925年10月30日福特汽车公司一天就能造出9109辆"T型车",平均每10秒钟生产一辆。在20世纪20年代前期的几年中,福特汽车公司的纯收入竟高达5亿美元,成为当时世界上最大的汽车公司。

　　到20世纪20年代中期,随着美国经济增长和人们收入、生活水平的提高,形势又发生了变化。公路四通八达,路况大大改善,马车时代坎坷、泥泞的路面已经消失;消费者开始追求时髦。简陋而千篇一律的"T型车"虽然便宜,却不能招揽顾客,因此福特"T型车"销量开始下降。

　　即使如此,老福特仍自以为是,一意孤行,坚持其生产中心观念,置顾客需要的变化于不顾,诚如他宣称:"无论你需要什么颜色的汽车,我福特只有黑色的(卖给你)"。1922年,他在公司推销员全国年会上听到关于"T型车"需要根本改进的呼吁后,静坐了两个小时,然后说:"先生们,据我看福特车的唯一缺点是我们生产得还不够快。"就在老福特固守他陈旧观念和廉价战略的时候,通用汽车公司(GM)却时时刻刻注视着市场的动向,并发现了良机,意识到有机可乘,及时地作出了战略性决策:适应市场需要,坚持不断创新,增加一些新的颜色和式样的汽车(即使因此须相应提高销售价格)上市。于是"雪佛兰"开始排挤"T型车"。1926年"T型车"销量陡降。到1927年5月,福特不得不停止生产"T型车",改产"A型车"。这次改产,福特公司不仅耗资1亿美元,而且这期间通用汽车公司趁虚而入,占领了福特市场的大量份额,致使福特汽车公司的生意陷入低谷。后来,福特公司虽力挽狂澜,走出困境,但从此失去了车坛霸主地位,永远让通用汽车公司占据了车坛首席宝座。

　　根据上述资料,回答问题。

　　1. 市场营销观念也称市场营销哲学,是企业在开展市场营销活动中处理(　　)、(　　)、(　　)三者利益方面所持的思想和观念。

A．企业　　　　　B．顾客　　　　　C．社会　　　　　D．供应商

2．认为"消费者最喜欢高质量、多功能和具有某种特色的产品，企业应致力于生产高价产品，并不断加以改进"属于（　　）营销观念。

　　A．生产观念　　　　　　　　　　B．产品观念
　　C．推销观念　　　　　　　　　　D．市场营销观念

3．表现为"我卖什么，顾客就买什么"的观念属于（　　）营销观念。

　　A．推销观念　　　　　　　　　　B．产品观念
　　C．生产观念　　　　　　　　　　D．市场营销观念

4．以满足顾客需求为出发点，即"顾客需要什么就生产什么"，属于（　　）营销观念。

　　A．产品观念　　　　　　　　　　B．生产观念
　　C．市场营销观念　　　　　　　　D．推销观念

5．从上述案例中可以看出，老福特对"T型车"采取的是（　　）营销观念。

　　A．市场营销观念　　　　　　　　B．产品观念
　　C．推销观念　　　　　　　　　　D．生产观念

项目二
了解消费者

【项目导读】

　　汽车消费者是指购买、使用汽车消费品或服务的个人或集体组织。消费者行为是指消费者为获取、使用、处置消费品或服务所采取的各种行为，包括先于购买或决定购买的这些行为的决策过程。

　　消费者行为是与产品或服务的交换密切联系在一起的。在当前市场经济环境下，汽车企业研究消费者行为是着眼于与消费者建立和发展长期的交换关系。所以，不仅要了解消费者如何获取产品与服务，也需要了解消费者是如何消费产品，以及顾客在购买使用产品后的感受。因此，研究消费者行为既要调查、了解消费者在获取产品、服务之前的购买动机和购买决策过程，也要重视消费者的使用后感受和评价。

　　在汽车市场中，我们根据汽车的使用目的是乘坐还是营运，把汽车分为乘用车和商用车，我们经常提到的家用轿车就是乘用车，而卡车就是商用车。由于乘用车和商用车的使用目的不同，也直接导致用户在购车过程中考虑的问题不一样，从而使其购车行为不同，本项目中的各种分析主要针对乘用车这一类车型。

任务一　消费者购车行为影响因素

【任务描述】

一个汽车消费者的成长环境、所受的教育、社会定位、收入的高低、文化、性别、家庭组成等因素都会对汽车的消费观念、消费行为造成影响。通过本任务的学习,掌握影响消费者购车行为的影响因素,在营销实践过程中可以积极主动引导消费者的购车行为。

【相关知识】

一、文化因素

1. 文化与消费者购买行为

（1）文化

文化一般是指人类在社会发展过程中所创造的物质财富和精神财富的总和,表明人类所创造的社会历史的发展水平、程度和质量的状态。这里的文化,主要是指观念形态的文化（精神文化）,包括思想、道德、科学、哲学、艺术、宗教、价值观、审美观、信仰、风俗习惯等方面的内容。文化是一种社会现象,是在一定的物质基础上形成的,是一定的政治和经济的反映。由于不同社会或国家的文化通常是围绕着不同的因素在不同的物质基础上建立起来并与之相适应的,因此不同社会或国家的文化往往存在着较大的差异。社会文化通过各种方式和途径向社会成员传输着社会规范和价值准则,影响着社会成员的行为模式。大部分人尊重他们的文化,接受他们文化中共同的价值准则,遵循其中的道德规范和风俗习惯。所以,文化对消费者的需求和购买行为具有强烈而广泛的影响。这种影响表现为,处于同一社会文化环境中的人们在消费需求和购买行为等方面具有许多相似之处,处在不同社会文化环境中的人们则在消费需求与购买行为等方面具有很大的差异。

（2）亚文化

亚文化是一个不同于文化类型的概念。所谓亚文化,是指某一文化群体所属次级群体的成员共有的独特信念、价值观和生活习惯。每一个亚文化都会坚持其所在的更大社会群体中大多数主要的文化信念、价值观和行为模式。同时，每一个亚文化都包含着能为其成员提供更为具体的认同感和社会化的较小的亚文化。亚文化一般可分为：

1）种族亚文化。如白种人、黄种人、黑种人等，各有不同的文化传统。

2）民族亚文化。各个民族的人们都有各自不同的民族习惯和生活方式，如我国除汉族外还有众多的少数民族，他们都有各自的特点。

3）宗教亚文化。如天主教徒、基督教徒、伊斯兰教徒和佛教徒等，各自都有其宗教的尊崇和禁忌，形成一定的宗教文化。

4）地理亚文化。我国幅员辽阔，人口众多，各地区都有不同的习俗和爱好，比如饮食习惯、语言等。

（3）消费者的文化价值观

价值观是关于理想的最终状态和行为方式的持久信念。它代表着一个社会或群体对理想的最终状态和行为方式的某种共同看法。因此，文化价值观为社会成员提供了关于什么是重要的、什么是正确的以及大家应该追求一个什么样的最终状态的共同信念。它是人们用于指导其行为、态度和判断的标准，而人们对特定事物的态度一般也是反映和支持其自身价值观的。

（4）影响非语言沟通的文化因素

不同国家、地区或不同群体之间所存在的语言上的差异是比较容易察觉的，容易被人们所忽视的往往是那些影响非语言沟通的文化因素，包括时间观念、空间概念、礼仪、象征、契约和友谊等。如果忽视这些非语言沟通的文化因素，就容易在营销中遭遇失败。

2. 社会阶层与消费者购买行为

消费者均处于一定的社会阶层。同一阶层的消费者在社会经济地位、日常表现行为、态度和价值观念等方面具有同质性，不同阶层的消费者在这些方面存在较大的差异。因此，弄清社会阶层对于了解消费者行为具有特别重要的意义。

（1）社会阶层的含义

社会阶层是由具有相同或类似社会地位的社会成员组成的相对持久的群体。每一个群体都会在社会中占据一定的位置，这种社会地位的差别，使社会成员分成高低有序的层次或阶层。

社会阶层是一种普遍存在的社会现象，其产生的最直接原因是个体获取社会资源的能力和机会的差别。所谓社会资源，是人们所能占有的经济利益、政治权力、职业声望、生活质量、知识技能以及各种能够发挥能力的机会和可能性，也就是能够帮助人们满足社会需求、获取社会利益的各种社会条件。产生不同社会阶层的根本原因是社会分工和财产的个人所有。由于社会分工，形成了不同的行业和职业，并且在同一行业和职业内形成了领导和被领导、管理和被管理等错综复杂的关系。当这类关系与个人的所得、声望和权力联系起来时，就会在社会水平分化的基础上形成垂直分化，从而造成社会分层。

（2）社会阶层的特征

社会阶层能够反映一个人特定的社会地位。一个人的社会阶层是和他特定的社会地位相联系的。处于较高社会阶层的人，必定是拥有较多的社会资源、在社会生活中具有较高地位的人。反之，处于较低社会阶层的人拥有的社会资源则较少，在社会生活中的地位也相对较低。

1）社会阶层具有多维性。社会阶层并不是单纯由某一个变量如收入或职业所决定，而是由多个因素共同决定。吉尔伯特和卡尔将决定社会阶层的因素分为3类：经济变量、社会互动变量和政治变量。经济变量包括职业、收入和财富；社会互动变量包括个人声望、社会联系和社会化；政治变量则包括权力、阶层意识和流动性。

2）社会阶层具有层级性。从最低的地位到最高的地位，使社会形成一个地位连续体。不管愿意与否，社会中的每一员都处于这一连续体的某一位置上。那些处于较高位置上的人被归入较高层级，反之则被归入较低层级。

3）社会阶层对行为的限定性。大多数人在和自己处于类似水平和层次的人交往时会感到很自在，而在与自己处于不同层次的人交往时感到拘谨甚至不安。因此，社会交往较多地发生在同一社会阶层之内。一方面，同一阶层内社会成员有更多的互动，会强化共有的规范与价值观，从而使阶层内成员间的相互影响增强；另一方面，不同阶层之间较少互动，会限制产品、广告和其他营销信息在不同阶层人们间的流动，使得彼此的行为呈现更多的差异性。

4）社会阶层的同质性。社会阶层的同质性是指同一阶层的社会成员在价值观和行为模式上具有共同点和类似性。这种同质性在很大程度上由他们共同的社会经济地位所决定，同时也和他们彼此之间更频繁的互动有关。对营销者来说，同质性意味着处于同一社会阶层的消费者会订阅相同或类似的报纸、观看类似的电视节目、购买类似的产品、到类似的商店购物，这为企业根据社会阶层进行市场细分提供了依据和基础。

5）社会阶层的动态性。社会阶层的动态性是指随着时间的推移，同一成员所处的社会阶层会发生变化。

（3）社会阶层与市场营销战略

对于某些产品，社会阶层提供了一种合适的细分依据或细分基础。依据社会阶层制定市场营销战略的具体步骤：第一步是决定企业的产品及消费过程在哪些方面受社会地位的影响，然后将相关的变量因素与产品消费结合起来；第二步是确定以哪一个社会阶层的消费者为目标市场，这一步既要考虑不同社会阶层作为目标市场的吸引力，也要考虑企业自身的优势和特点；第三步是根据目标消费者的需要与特点，为产品进行细分市场定位；最后是结合市场定位目标，制定营销组合策略，达到定位目的。

二、社会因素

1. 相关群体与消费者购买行为

群体，指的是具有共同目标或兴趣的两个或两个以上的人联结而成的人群。个人的相关群体，指的是对一个人的态度和行为等具有直接或间接影响的一群人。群体人员之间一般经常接触和互动，从而能够相互影响。

相关群体是指能直接或间接影响一个人的态度、行为或价值观的团体。相关群体可分为直接相关群体和间接相关群体两种基本类型。

直接相关群体也称为成员群体，即一个人从属的并受其直接影响的群体。成员群体又分为首要群体和次要群体两种。首要群体，是一个人经常受其影响的群体，如家庭、朋友、同学、邻居和同事等。首要群体往往是非正式组织。次要群体，是一个人不经常受其影响的群体，如工会、职业协会、学生会等。次要群体多为正式组织。

间接相关群体也称为非成员群体，即一个人不是其中的成员，仅受其间接影响的群体。非成员群体又分为向往群体和厌恶群体两种。向往群体，指的是一个人推崇效仿的，期望成为其中一员或与之交往并受其影响的群体。例如，电影明星、体育明星、歌星等常有一些崇拜者、追随者仿效他们的穿着打扮，这些明星就是其崇拜者、追随者的向往群体。厌恶群体，指的是一个人讨厌或反对的一群人。一个人总是不愿与其厌恶群体发生任何联系，在各方面都希望与之保持一定的距离，甚至经常反其道而行之。

除了厌恶群体外，消费者通常都与其相关群体具有某些相似的态度和购买行为。群体结合得越紧密、交往过程越有效、个人对群体越尊重，它对个人的购买行为影响就越大。相关群体对消费者购买行为的影响取决于多方面的因素，可以概括为以下几个方面：

（1）产品使用时的可见性。一般而言，产品或品牌的使用可见性越高，群体影响力越大，反之则越小。

（2）产品的必需程度。对于生活必需品，相关群体的影响相对较小；对于非必需品，购买时受相关群体的影响较大。

（3）产品与群体的相关性。某种活动与群体功能的实现关系越密切，个体在该活动中遵守群体规范的压力就越大。

（4）产品的生命周期。当产品处于导入期时，消费者的产品购买决策受群体影响很大，但品牌决策受群体影响较小。在产品成长期，相关群体对产品及品牌选择的影响都很大。在产品成熟期，群体影响在品牌选择上大，在产品选择上小。在产品的衰退期，群体影响在产品和品牌选择上都比较小。

（5）个体对群体的忠诚程度。个人对群体越忠诚，就越可能遵守群体规范。

（6）个体在购买中的自信程度。自信心越强，群体的影响力越小。

2. 家庭与消费者购买行为

家庭是社会的基本单位，在正常情况下，人的一生大都是在家庭中度过的。家庭对个体的性格和价值观的形成，对个体的消费与决策模式均会产生非常重要的影响。

一个人一生会经历两个家庭，一个是其父母的家庭，一个是自己组成的家庭。一般来说，受父母家庭的影响比较间接，受自己家庭组员的影响比较直接。

家庭购买决策一般可以分为4种方式：①丈夫主导型，在决定买什么产品的问题上，丈夫起主导作用；②妻子主导型，在决定买什么产品的问题上，妻子起主导作用；③民主型，家庭组员共同协商作出购买决策；④自主型，家庭组员独立作出决定。

影响家庭决策方式的因素主要有3种：家庭组员对家庭的财务贡献；决策对特定家庭组员的重要性；夫妻性别角色取向。一般来说，某个家庭成员对家庭的财务贡献越大，其在家庭购买决策中的发言权也越大。同样，某一决策对特定家庭组员越重要，该组员对决策的影响就越大。性别角色取向，是指家庭组员多大程度上会按照传统的男、女性别角色行动。除了上述因素，通常认为影响家庭购买决策的因素还包括文化和亚文化、角色专门化分工、个人特征等。

3. 角色与购买行为

每一个人都在社会群体中占据一定的位置，围绕这一位置，社会对个体有一定的要求或期待。当个体依照社会的期待去履行义务、行使权力时，他就在扮演一定的角色。

角色指个体在特定社会或群体中占有的位置和被社会或群体所规定的行为模式。虽然角色直接与社会地位相联系，而且必须由处于一定社会地位的人来承担，但它建立在位置或地位的基础上。对于特定的角色，不论是由谁来承担，人们对其行为都有相同或类似的期待。

特定的角色总是会与特定的产品相关联，这就是所谓的角色关联产品集，即承担某一角色所需要的一系列产品。这些产品或者有助于角色扮演，或者具有重要的象征意义。

角色关联产品集规定了哪些产品适合某一角色，哪些产品不适合某一角色。营销者的主要任务，就是确保其产品能满足目标角色的实用或象征性需要，从而使人们认为其产品适用于该角色。人们对某种角色行为的期待会随着时代和社会的发展而发生变化，这就是所谓的角色演化。例如，随着越来越多的女性参加工作和女性在家庭中地位的上升，传统的男、女角色行为已经或正在发生改变。角色的演化既给营销者带来机会，同时也提出了挑战。

三、个人因素

消费者购买决策也受其个人特征的影响，特别是受其年龄、所处的家庭生命周期阶段、职业、经济状况、个性以及生活方式的影响。

当消费者处在不同家庭生命周期阶段时，会表现出不同的特点。家庭生命周期分为 8 个阶段，每个阶段的行为和特点也不相同，如表 2-1 所示。

表 2-1　家庭生命周期 8 个阶段及其购买特点

家庭生命周期周期阶段	行为和购买模式
第一阶段　单身阶段（bachelor stage）	无财务负担，追逐潮流，崇尚娱乐和休闲，不少年轻人在此阶段开始购车
第二阶段　新婚（newly married couples）	财务状况较好，购买力强，耐用品购买力高
第三阶段　满巢一期（full nest Ⅰ）最小的孩子小于六岁	孩子的需求成为家庭消费的中心，家庭需要购买婴儿食品、服装、玩具等很多与小孩相关的产品。对新产品有浓厚兴趣，对财务状况不满意
第四阶段　满巢二期（full nest Ⅱ）最小的孩子已超过六岁	用于孩子教育的支出会大幅度上升。财务状况较好，喜欢购买数量多的大包装商品，开始购买汽车等高档产品
第五阶段　满巢三期（full nest Ⅲ）中年夫妇，孩子未独立	家庭财务状况明显改善，会更新一些大件商品，购买一些更新潮的家具，还会花更多钱用在外用餐、旅游等方面。对耐用品平均购买力最高，购车的可能性较大
第六阶段　空巢一期（empty nest Ⅰ）子女不同住，家长仍在工作	有自己的住房，对财务状况满足，喜欢旅游，对新产品兴趣不大，一些人为出游方便购车
第七阶段　空巢二期（empty nest Ⅱ）子女不同住，家长年老退休	收入减少，购买医疗用品及保健用品
第八阶段　孤独期（solitude）夫妻一方过世，家庭进入解体阶段	生活节俭，与其他退休者类似

一个人的职业、经济状况也能影响消费模式和对汽车的需求。营销人员应设法找出那些对其所销售汽车有强烈需求兴趣的职业群体。一个人的经济状况对汽车的需求和选择影响极大。经济状况包括收入、借债能力以及对消费和储蓄的态度等。

个性是个体在多种情境下表现出来的具有一致性的反应倾向，它对消费者是否更容易受他人的影响；是否更倾向于采用创新性产品；是否对这些类型的信息更具有感受性等均有一定的预示作用。消费者具有各种各样的个性，个性的差异将导致购买行为的不同。消费者的个性还导致消费者在购买过程中的不同表现，许多消费者倾向于购买与其具有相似而独特的"个性"产品或购买那些可以强化并提高自我形象的产品。

生活方式实际上是自我观念的外在表现和反映，是指一个人在生活方面所表现出的兴趣、观念及参加的活动。个体和家庭均有生活方式，生活方式与个性既有联系又有区别。一方面，生活方式很大程度上受个性的影响。一个具有保守、拘谨性格的消费者，其生活方式不可能太多包容如越野、登山之类的活动。另一方面，生活方式侧重于人们如何生活、如何消费、如何消磨时间等外显行为，而个性则侧重于从内部来描述个体，更多反映个体思想、情感。两者是从两个不同层面来刻画个体。

四、心理因素

消费者购买行为还要受到个人需要与动机、知觉、学习与记忆等主要心理因素的影响。

1. 个人需要与动机

人类的行为动机总是为满足个体的某种需要而产生的。需要是有机体对延续和发展其生命所必需的客观条件和反应。动机是推动人们为满足某种需要而从事某种活动的意念、愿望和理想等，动机是由需要产生的，消费者是在消费需要的基础上产生购买动机，在购买动机的支配下发生购买行为的。一个人可能同时存在多种需要，不是每一种需要都会产生动机，也不是每一种动机都会引起行为。动机之间不但有强弱之分，而且有矛盾和冲突，只有最强烈的动机才会导致行为。美国人本主义心理学家亚伯拉罕·马斯洛的需求层次论将人类需要按由低到高的顺序分为 5 种基本类型，如图 2-1 所示。

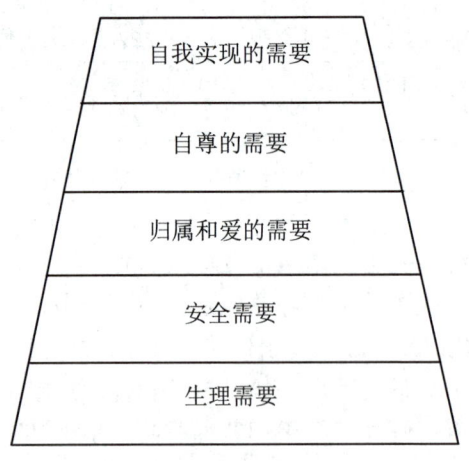

图 2-1　马斯洛的需求层次理论

（1）生理需要。维持个体生存和人类繁衍而产生的需要，如对食物、氧气、水、睡眠等的需要。

（2）安全需要。即在生理及心理方面免受伤害，获得保护、照顾和安全感的需要，如需求人身健康、安全有序的环境、稳定的职业和有保障的生活等的需要。

（3）归属和爱的需要。即希望给予或接受他人的友谊、关怀和爱护，得到某些群体的承认、接纳和重视。如乐于结识朋友、交流感情，表达和接受爱情，融入某些社会团体并参加他们的活动等的需要。

（4）自尊的需要。即希望获得荣誉，得到尊重和尊敬，博得好评，得到一定的社会地位的需要。自尊的需要是与个人的荣辱感紧密联系在一起的，它涉及独立、自信、自由、地位、名誉、被人尊重等多方面内容。

（5）自我实现的需要。即希望充分发挥自己的潜能，实现自己的理想和抱负的需要。自我实现是人类最高级的需要，它涉及求知、审美、创造、成就等内容。

马斯洛的需求理论很适合我国当前的私家车消费市场，有汽车购买动机的人，肯定是满足生理需要后才可能去购车。而购车的群体中，又根据其所需要满足的不同目的，选择不同的品牌和不同价位的车型。这一理论可以更好地帮助营销人员识别现实和潜在的消费者。

2. 知觉

消费者的需要引起购买动机，动机导致行为，而消费者行为又要受到认识过程的影响。所谓认识过程，是指消费者对商品、服务等刺激物的反映过程。这一过程是由感性认识和理性认识两个阶段组成的。个体通过眼、鼻、耳、舌等感觉器官对事物的外形、色彩、气味、粗糙程度等个别属性做出反映，这就是感觉。人在感觉的基础上，形成知觉。所谓知觉，是人脑对刺激物各种属性和各个部分的整体反映，它是对感觉信息加工和解释的过程，属于感性过程。

由于不同消费者对同一商品的印象可能有比较大的差异，因此所形成的知觉也有很大差异。心理学认为，知觉过程是一个有选择性的心理过程，可分为三种知觉过程：选择性注意、选择性曲解和选择性记忆。

（1）选择性注意。人们在日产生活中会接触很多刺激物，大部分会被过滤掉，只有少部分会引起人们的注意。一般有三种情况较能引起人们的注意：一是与目前需要有关的，如正要购买轿车的人对轿车的广告特别注意；二是预期将出现的，如早已等待观看的节目；三是变化幅度大于一般的、较为特殊的刺激物，如某款轿车降价18%的广告比降价5%的广告，会引起人们更多的注意。

（2）选择性曲解。人们面对客观事物，不一定都能正确认识，如实反映事物的真实意思，往往是按照自己的偏见或先入之见来曲解客观事物，即人们有一种将外界输入信息与头脑中原有信念系统的信息相结合的倾向。这种按个人信念曲解信息的倾向，称为选择性曲解。如消费者一旦倾向于某一汽车品牌时，即使了解到该品牌车的某些缺点，也依然很难改变对该品牌的好感。

（3）选择性记忆。人们对所了解到的东西，不可能统统记住，而主要是记住那些符合自己信念的东西。因此，汽车营销人员必须设法吸引消费者的注意，把信息有目的地传达给消费者。如现在许多汽车厂商在推出新产品时，为了引起消费者的注意，会花大量的精力举办一些大型的销售促销活动或广告宣传，这些活动中，一些成功的组织活动会使消费者留下一个美好的记忆。

3. 学习与记忆

所谓学习，是指人们在生活过程中，因经验而产生的行为或行为潜能的比较持久的变化。人类的行为有些是本能的、与生俱来的，但大多数行为（包括消费行为）是从"后天的经验"中得来的，也就是通过学习实践得来的。通过学习，消费者获得了丰富的知识和经验，提高了对环境的适应能力。同时，在学习过程中，其行为也在不断调整和改变。

根据学习的效果，可将学习分为加强型学习、削弱型学习和重复型学习。消费者使用某种品牌的汽车，如果觉得满意，可能会对该品牌汽车的有关知识和信息表现出更加深厚的兴趣，对其的印象和好感也会加强，这一类型的学习就是加强型学习。削弱型学习则是通过新的观察和体验，使原有的某些知识和体验在强度上减弱直至被遗忘。消费者使用某品牌汽车后如果觉得不好，或通过他人了解该品牌汽车质量不佳，就会产生负面强化效果，减弱其购买兴趣，这一类型的学习就是削弱型学习。重复型学习则是通过学习，只是在原有水平上重复而已。

消费者的学习与记忆是紧密联系在一起的，没有记忆，学习是无法进行的。记忆是过去经验在头脑中的反映。记忆是一个复杂的过程，包括识记、保持或回忆三个基本环节。记忆过程中的三个环节是相互联系和相互制约的，没有识记就谈不上对经验的保持，没有识记和保持，就不可能有对经历过事物的再认识或回忆。

4. 消费者态度和信念

消费者态度是人们长期保持的关于某种事物或观念的是非观、好恶观。人们对任何事物都会形成一定的态度，这种态度不是天生的，是后天学习得来的。态度一旦形成，具有相对持久和稳定的特点，并逐步成为个性的一部分，使个体在反应模式上表现出一定的规则和习惯性。因为态度所表现的持久性、稳定性和一致性，使态度改变具有较大的难度。消费者一旦形成对某种品牌汽车的态度，往往不易改变，汽车企业应设法适应消费者持有的态度，而不要勉强去改变消费者的态度。一般而言，消费者态度对购买行为的影响，主要通过以下三个方面体现出来：首先，消费者态度将影响其对产品、商标的判断和评价；其次，态度影响消费者的学习兴趣与学习效果；最后，态度通过影响消费者购买意向，进而影响购买行为。

消费者信念是指消费者对事物所持的认识。不同消费者对同一事物可能拥有不同的信念，而这种信念又影响消费者的态度。一些消费者可能认为进口汽车的质量比国产汽车的质量要好一些；但是另一些消费者反而认为国产的汽车不一定比进口汽车质量差，部分甚至远远好于进口车。显然，不同的信念就导致对不同产地汽车质量的不同态度。

在商用车的购车行为中，购车人首要考虑的就是所购车型的收益、维修成本、使用成本，进而通过初始投资额的多少、投资回报周期的长短和总收益的大小来衡量自己的选择，从而选择自己中意的车型。相对而言，它的影响因素比轿车购买的影响因素更利益化。

【任务实施】

将学生按照班级学号单双号分开，每组单号双号各一人，相互合作，制作PPT，内容为消费者购车行为影响因素，要求简单陈述各因素对消费者购车行为的影响，清晰明了，单号成员为讲解者，时间6分钟，单号成员讲解完毕，双号成员进行点评并回答老师提问，时间2分钟，教师考察学生讲解过程，并完成表2-2的考核记录单。

表2-2 教师用考核记录表

实训项目：消费者购车行为影响因素的PPT制作及讲述
组号： 姓名：

项目	评分重点	必要的记录	分值	评分
PPT讲解	PPT内容是否全面		10	
	PPT的布局		8	
	PPT的色彩、字体、字号的安排		8	
	讲解者仪表		5	
	多媒体设备的使用		8	
	讲解者的语言是否规范		10	
	讲解者的肢体动作		10	
	讲述效果		10	
	时间安排		10	
双号成员点评及回答提问	表达能力		10	
	思维能力		5	
	回答问题准确性		6	
总分			100	

任务二　消费者购车动机

【任务描述】

由于消费的需求与外界刺激因素的多样性,消费者的购买动机是极其复杂的。这些多样的购买动机可概括为生理性购买动机和心理性购买动机两大类。作为汽车营销人员,必须通过与消费者的沟通,充分理解消费者的购车动机,并熟悉消费者的购车模式。

【相关知识】

一、生理性购买动机

生理性购买动机,是指人们由于生理上的本能需要所引起的购买动机。具体表现在以下几个方面:

(1)维持生命的动机。如消费者天冷欲求暖衣、口渴欲求凉饮、饥饿欲求饱食,冬天骑摩托要带护膝,穿得暖和一些等。由于这些意念与欲望而产生的购买衣服、饮料、食物等的购买动机,就属于这一类。

(2)保护生命的动机。消费者为保护生命安全而产生的购买药品防病治病等的购买动机,如在2003年"非典"期间,很多"上班公交一族"觉得乘坐公交车易感染上"SARS"而纷纷购买代步车,从而引起成都市场上奥拓车一度热销,这些都是属于这一类。

(3)延续生命的动机。消费者为组织家庭、抚育子女及增强体质等意念和欲望而产生的购买动机,就属于这一类。

(4)发展生命的动机。消费者为提高自己的劳动技能和科学知识而产生的购买满足发展需要的商品的购买动机,就属于这一类。

一般来说,在生理动机驱使下的购买行为,具有经常性、重复性和习惯性的特点。为满足生理需要的商品其伸缩性较小,多数是日常生活不可缺少的必需品。消费者对这些商品比较注重实用价值和对商品知识的了解。因此,企业要针对消费者的生理性购买动机的特点,合理组织生活必需品的生产、销售,更多注重商品的内在质量,力求物美价廉,使用安全。

二、心理性购买动机

心理性购买动机是指由于人们的认识、情感和意志等心理活动而引起的购买动机。它是消费者为了满足社交、友谊、娱乐、享受和事业发展的需要而产生的。例如，为了迎合时尚而购买流行服饰；为了事业更上一层楼而选择购买辅导图书学习；为了结识朋友而购买礼品等。

由于消费者心理的复杂性，心理性购买动机比生理性购买动机更为复杂。一般可分为感情动机（包括情绪动机和情感动机）、理智动机和信任动机。这是一些共性的基本的心理活动所引起的一般动机。然而，实际生活中，由于消费者各自的需要、兴趣、爱好、性格和价值观不同，在具体购买商品时心理活动要错综复杂得多。一般比较常见的具体购买动机中的心理活动，可大体归为以下几类：

（1）求实心理动机。这是消费者比较普遍的一种心理动机，它以注重商品的实际使用价值为主要特征。具有这种购买动机的消费者在购买商品时，特别重视商品的实际效用、内在质量、经久耐用、使用方便等特点，而不太追求商品的外观。这类消费者以经济收入较低者和中老年人居多，是中低档商品和大众化商品的常客。他们购买商品比较慎重，认真挑选，不易受社会潮流和各种广告的影响。汽车营销人员应有针对性地为顾客推荐车型，尊重和满足他们的这种购买愿望。

（2）求廉心理动机。这是一种以追求廉价商品为主要特征的购买动机。这类消费者特别重视商品价格，对包装、款式、造型等关注度较低，而他们特别热衷于特价、折扣价商品，因此是残次商品、积压处理商品的主要顾客，一般以低收入或节俭的人居多。接待这类顾客，应该实事求是地介绍商品，着重宣传与同类商品的比价，以激发他们的购买欲望，促其成交。

（3）求名心理动机。这是一种以追求名牌优质商品为主要特征的购买动机。这类消费者特别注重商品的牌号、商标、产地和产品在社会上的声誉。他们一般信赖名牌商品的质量，也有为了显示自己购买能力比别人强，或显示自己的身份、地位，满足自己优越感的心理需要而追求名牌商品的。接待这类顾客要热情诚恳，着重介绍商品的优点和名贵之处。在名牌商品供不应求时，应耐心介绍同类优质产品，以较好地满足他们的需要。

（4）求新心理动机。这是一种以追求商品的时尚和新颖为主要特征的购买动机。这类消费者特别追求商品的款式、颜色、造型是否新颖别致，是否符合社会的新潮流，而对商品的实用程度和价格高低则不太计较。这类消费者以经济条件较好的青年居多，他们富于想象，追逐潮流，甚至喜欢标新立异，购买商品时往往感情用事，凭一时冲动对新上市的产品"一见钟情"。这些人易受广告和其他外界宣传的影响，是新产品、流行产品的主要消费者。接待这类顾客，要详细介绍商品的性能和优缺点，帮助他们冷静选择，尽量减少售后退货。

（5）求美心理动机。这是一种以注重商品的欣赏价值或艺术价值为特征的购买动机。这类消费者购买商品时，特别重视商品本身的造型、色彩、图案、款式和艺术性，以及消费时所能体现出来的风格和个性，而对商品本身的实用价值则挑剔不大，对价格不敏感。他们购买商品的目的不仅仅是满足使用上的需要，而且是为了对人体和环境进行美化和装饰，以陶冶自己的精神生活。这一类型的消费者多属于文艺界、知识界和职业女士。他们往往是工艺品、化妆品、装饰品的主要消费对象。接待这类顾客要耐心细致，多向他们介绍商品的特点和艺术价值。

此外，还有追求安全心理、好奇心理、好胜心理、从众心理、习俗心理、同步心理、优先心理、时差心理、仿效心理、观望心理等心理动机。由于消费者的心理动机复杂多样，在购买某一商品时往往同时存在着好几种心理状态，因此在接待顾客时要善于观察和分析，找出起主导作用的心理动机，有针对性地介绍产品和服务，才能有效促成交易。

【任务实施】

将学生按照班级学号单双号分开，每组单号双号各一人，相互合作，制作PPT，内容为消费者购车动机，要求简单陈述常见的消费者购车动机以及特点，清晰明了，单号成员为讲解者，时间6分钟，单号成员讲解完毕，双号成员进行点评并回答老师提问，时间2分钟，教师考察学生讲解过程，并完成表2-3的考核记录单。

表2-3 教师用考核记录表

实训项目：消费者购车动机特点的PPT制作及讲述

组号： 姓名：

项目	评分重点	必要的记录	分值	评分
PPT讲解	PPT内容是否全面		10	
	PPT的布局		8	
	PPT的色彩、字体、字号的安排		8	
	讲解者仪表		5	
	多媒体设备的使用		8	
	讲解者的语言是否规范		10	
	讲解者的肢体动作		10	
	讲述效果		10	
	时间安排		10	

续表

项目	评分重点	必要的记录	分值	评分
双号成员点评及回答提问	表达能力		10	
	思维能力		5	
	回答问题准确性		6	
总分			100	

任务三　消费者购车行为模式

【任务描述】

消费者购买行为，是指消费者为满足自己的需要，在一定的购买动机支配下，进行实际购买活动的行动过程。科特勒提出：消费者行为研究是指研究个人、集团和组织究竟怎样选择、购买、使用和处置商品、服务、创意或经验，以满足他们的需要和欲望。消费者购买行为，包括消费者的购买程序，消费者何时、何地、由谁、如何购买，以及消费者购买行为的类型。

【相关知识】

一、消费者购买程序

消费者的购买活动，都是经过一定的程序来完成的。一般来说，消费者的购买程序可分为引起需要、收集信息、比较评价、购买决策、购后行动五个阶段。消费者在购买汽车时，典型的购买决策过程也包括这五个阶段。

1. 引起需要

消费者的购买过程是从引起需要开始的。需要的产生有时很简单，有时却较为复杂。一般地说，人的需要是由两种刺激引起的：一是来自身心的内在刺激，这是引起需要的驱使力；二是来自外部环境的刺激，这是引起需要的触发诱因。在这两种刺激的影响下，当消费者意识到一种需要并准备通过购买某种商品去满足该需要时就形成了购买动机。因此，营销人员要注意通过对上述两个方面的分析，了解那些在消费者中已经存在或可能产生的与本企业产品实际或潜在的有关联的驱使力及其强度，分析与这些驱使力有关的各种触发诱因的状况，进而适当地安排市场营销对策，以便引起对本企业产品的现实需要，诱发购买动机。

市场营销人员应注意识别引起消费者需要和兴趣的环境，并注意了解哪些因素与本公司销售的汽车有关联。消费者对某种汽车的需求强度会随着实践的推移而变动，并且被一些诱因所触发。销售公司要善于安排诱因，促使消费者对本公司经营的汽车产生强烈的需求，并立即采取购买行动。

2．收集信息

消费者形成了购买某种商品的动机后，就会从事与购买有关的活动。在多数情况下，尤其是不熟悉这种商品的种类、特性、品牌、价格、出售地点等情况时，消费者就会收集一定的信息资料并对其进行分析判断后才会做出购买决定，实施购买行动。这时，消费者增强了对有关信息资料的注意，消费者收集信息资料的积极性，主要与需要的强度有关；收集信息资料的数量和内容，主要与所遇到或所要解决的问题的类型和性质有关，并因购买行为类型的不同而有很大的差别。

为了有效地向目标市场传递信息，影响消费者的购买行为，企业要了解消费者获得信息的主要来源以及不同来源的信息对消费者的影响程度。

（1）消费者的信息来源

1）商业来源，即消费者从广告、销售人员的介绍、商品陈列或展示会、商品包装、产品说明书等方面得到的信息。

2）个人来源，即消费者从家庭成员、朋友、同学、邻居、同事及其他熟人等方面得到的信息。

3）公众来源，即消费者从大众传播媒介的客观报道、消费者组织的评论等方面得到的信息。

4）经验来源，即消费者通过接触、试验或使用商品得到的信息。

从消费者的角度看，从企业控制的商业性来源得到的信息主要起着通知性的作用，从其他非商业性来源得到的信息主要起着建议、评价和验评的作用。

（2）商品在消费者头脑中形成的三个集合

对打算购买某种商品的消费者来说，当时市场上出售的各种品牌、各种形式的这种商品就构成了一个全部的集合。消费者通过收集信息，逐渐了解了这种商品的有关情况并进行了初步评价和筛选后，这种商品就在消费者的头脑中依次形成了三个集合：

1）知道的集合，即市场上出售的各种品牌、各种形式的这种商品中消费者知道的部分。

2）考虑的集合，即知道的集合中消费者考虑购买的部分。

3）选择的集合，即考虑的集合中消费者要进一步评价选择以便作出最后购买决定的部分。

从知道的集合到选择的集合，范围越来越小。针对这种情况，汽车企业市场营销部门的工作任务是根据实际需要设计和安排市场营销组合，开展有效的营销活动，千方百计地使自己的产品依次进入消费者知道的集合、考虑的集合以至选择的集合，否则，汽车企业将失去向顾客提供自己产品的机会。

3. 比较评价

在这一阶段中，消费者将根据所掌握的信息对选择集合中的几种品牌的商品进行评价和比较，从中选择和确定他所偏好的品牌的商品形成购买意向。对企业来说，这里的主要问题是消费者如何评价选择集合中的各个品牌的商品，以及消费者如何选择本企业生产经营的商品。

消费者评价和选择商品的方法很多，其中主要有理想品牌法、最高期望值法等。所谓理想品牌法，就是消费者首先根据自己的购买目的构想出一种理想产品，并大致确定出该产品几种主要特性的理想水平或可以接受水平值；然后将选择集合中的几种品牌的实际产品作为购买对象。在实际运用理想品牌法时，消费者有时会根据情况调整要考察的产品主要特性的种数及其水平值的标准。理想品牌法是消费者评价和选择商品的方法中最基本、最常用的一种方法。所谓最高期望值法，就是消费者首先对选择集合中各品牌产品的若干主要特性分别进行评分，得出各自的特性值；然后分别确定每一特性的权数，再用权数与对应的特性值相乘后加总，分别求出每一品牌产品的期望值；最后将期望值最高的某一品牌的产品作为购买对象。实际上，消费者在评价和选择商品时很少进行这样复杂的量化分析。

在消费者对进入选择集合的各品牌的产品进行评价比较后，每个品牌的产品的生产经营者大体会遇到下述两种情况：一是所有的产品都与消费者的理想产品相同或相接近，这时每个企业都面临着如何开展工作来影响消费者以使其选择本企业的产品的问题；二是部分产品与消费者的理想产品相同或相近，这时与消费者的理想产品不同或不相接近的产品的生产经营者就面临着如何开展工作来影响消费者以使其选择本企业的产品的问题。对此，企业可以采取以下策略来影响消费者的购买选择：

（1）现实重新定位策略，即企业通过改变现有产品的某些属性的特征，使其符合消费者理想产品的标准或要求。

（2）心理换位策略，即在消费者低估了本企业产品的特性水平或产品某些较优的特性尚未被注意到的情况下，企业通过实事求是的宣传和积极的引导，改变消费者对本企业现有产品的信念。

（3）竞争换位策略，即在消费者高估了本企业竞争者产品特性水平的情况下，企业通过比较广告等形式，设法改变消费者对竞争者产品的信念。

（4）心理重新定位策略，即企业设法改变消费者对理想产品的构想，或使其调整对现实产品的评价角度，以及对产品某些特性的水平标准要求，从而接受本企业的现有产品。

4. 购买决策

消费者经过对选择集合中各品牌产品的评价比较后就会形成购买意向，在正常情况下便会购买他最喜欢的某个品牌的产品。但是，在购买意向与决定购买这两者之间往往会介入某些因素的影响和干扰，从而使消费者不一定实现或不马上实现其购买意向。这些影响因素有：

（1）其他人的态度，如周围关系密切的人坚决反对购买这种产品、在购买现场听到对这种产品的不利议论等，这些都可能使消费者重新考虑、放弃或改变原先的购买意向。

（2）意外事件，包括消费者个人、家庭、企业、市场及其他外部环境等方面突然出现的一些有关的新情况，如家庭中出现了其他方面的紧迫开支、产品生产企业出现了重大的质量问题、市场上出现了新产品、经济形势出现了较大的变化等，这些都可能造成上一个方面所述的后果。如2008年的全球"金融危机"造成我国股市大跌，使很多已交付定金准备购车的客户资产大幅缩水，从而取消购车计划。

（3）预期风险的大小，在对欲购商品预期风险较大的情况下，消费者可能采取一些防范或减少风险的习惯性做法，如暂不实现购买意向或改变购买意向等。

因此，企业完全依据消费者对品牌的偏好和购买意向来判断其购买决定与实际购买不是十分可靠的。对于决定实施购买意向的消费者来说，在实施购买某一品牌产品的行动之前，一般还要作出一系列相关的购买决策，包括何时买、在何处买、如何买等。需要注意的是，企业对于决定实施购买自己品牌产品的消费者，应尽可能提供良好的销售服务，以避免在这一阶段的顾客流失。

5. 购后行动

消费者购买和使用了汽车产品后，必然会产生某种程度的满意或不满意感。消费者购买后的满意程度，是消费者的预期与产品的实际觉察性能的函数。产品的实际觉察性能若符合预期消费者就会基本满意，若超过预期就会感到十分满意，若达不到预期就会感到失望和不满。

消费者是否满意会直接影响其购买后的行为。如果感到满意，以后就可能重复购买，并向他人称赞和推荐这种产品，而这种称赞和建议往往比企业为促进产品销售而进行的广告宣传更有效；如果感到不满意，以后就不会再购买这种产品，而且会采取公开或私下的行动来发泄不满，这势必会抵消企业为赢得顾客而开展的许多宣传工作。

消费者购买后的感觉和行为与企业关系极大。企业的营销部门必须注意采取各种有效措施千方百计地增加顾客购买后的满意感，如切实保证产品质量、同购买者保持各种可能的联系、经常征求顾客的意见、加强售后服务工作等。此外，企业在产品宣传中如实地反映产品的性能或适当留有余地，也有助于增加顾客购买后的满足感。

二、消费者购买行为类型

消费者的购买行为有多种类型，可从不同角度划分。

1. 根据消费者性格分析划分

从一般的意义来分析，不同的人有不同的性格，不同的性格就有不同的消费购买行为。

（1）习惯型购买行为。习惯型的购买行为是由信任动机产生的。消费者对某种品牌或对某个企业产生良好的信任感，忠于某一种或某几种品牌，有固定的消费习惯和偏好，购买时心中有数，目标明确。

（2）理智型购买行为。理智型购买行为是理智型消费者发生的购买行为。他们在做出购买决策之前一般会经过仔细比较和考虑，胸有成竹，不容易被打动，不轻率做出决定，决定之后也不轻易反悔。

企业一定要真诚地提供令顾客感到可信的决策信息，如果企业提供的信息可信，消费者就会对企业产生信任而再度光临。如果企业提供的信息不可信，那么消费者下次可能就对企业敬而远之。所以，企业一定要真诚地提供给顾客所需要的各种有关信息。我国现阶段的私人汽车消费者大多属于这种类型，对于这类顾客，营销人员应制定策略帮助他们掌握汽车产品知识，使消费者知道产品更多的优点，促使他们选择自己销售的产品。

（3）经济型购买行为。经济型消费者特别重视价格，一心寻求经济划算的商品，并由此得到心理上的满足。针对这种购买行为，在促销中要使消费者相信自己所选中的商品是最物美价廉的、最划算的，要称赞消费者很内行，是很善于选购的顾客。

（4）冲动型购买行为。冲动型消费者往往是由情绪引发的，年轻人居多，血气方刚，容易受产品外观、广告宣传或相关人员的影响，作出决定比较轻率，易于动摇和反悔。这是在促销过程中可以大力争取的对象，但要注意做好售后工作，让他们确信自己的选择是正确的。

（5）想象型购买行为。这种类型的消费者往往有一定的艺术细胞，善于联想。针对这种客户，可以在包装设计上、在产品的造型上下工夫，让消费者产生美好的联想，或在促销活动中注入一些内涵。比如说耐克和乔丹，乔丹穿着耐克鞋驰骋在NBA球场上，使崇拜乔丹的球迷感觉到，穿上了耐克就离乔丹近了一步；商务通跟濮存昕，成功地塑造了中年男人的形象，使得拥有商务通的人感到离成功男人的形象又近了一步等。要努力让消费者产生联想，这些人实现了联想，你就达到了目标。

（6）不定型购买行为。不定型消费者常常是那些没有明确购买目的的消费者，表现形式常常是三五成群，步履蹒跚，哪儿有卖的东西往哪儿看，问的多，看的多，选的多，而买的少。他们往往是一些年轻的、新近开始独立购物的消费者，易于接受新的东西，消费习惯和消费心理正在形成之中，尚不稳定，缺乏主见，没有固定的偏好。

对于这样的顾客，首先要满足他问、选、看的要求，即便这次他不购买，也不应反唇相讥，要想到今天的观望者可能就是明天的顾客，今天不买肯定有诸多的理由，可能今天没带足钱，可能真的不需要，但是你以热情周到的服务给他留下了很深刻的印象，以后需要的话，他可能首先会想到你。这是营销人员必须考虑到的。

2. 根据消费者行为的复杂程度和所购商品本身的差异划分

（1）复杂型。复杂型购买行为是消费者初次购买差异性很大的耐用消费品时发生的购买行为。购买这类商品时，通常要经过一个认真考虑的过程，广泛收集各种有关信息，对可供选择的品牌反复评估，在此基础上建立起品牌信念，形成对各个品牌的态度，最后慎重地做出购买选择。

（2）和谐型。和谐型购买行为是消费者购买差异性不大的商品时发生的一种购买行为。由于商品本身的差异不明显，消费者一般不必花费很多时间去收集并评估不同品牌的各种信息，而主要关心价格是否优惠，购买时间、地点是否便利等。因此，和谐型购买行为从引起需要、产生动机到决定购买，所用的时间比较短。

（3）习惯型。这是一种简单的购买行为，属于一种常规反应行为。消费者已熟知商品特性和各主要品牌特点，并已形成品牌偏好，因而不需要寻找、收集有关信息。

（4）多变型。这是为了使消费多样化而常常变换品牌的一种购买行为，一般是指购买牌号差别虽大但较易于选择的商品，如饮料等。同上述习惯型一样，这也是一种简单的购买行为。

【案例2-1】如何把消费者的潜在需求转化为现实需求

赵先生夫妇都是40岁左右的大学教师，现在月收入8000元左右，他们的儿子刚满10周岁。目前一家三口，刚买了新房，新房有三室一厅，110多平米。买新房花去了夫妻俩多年的积蓄，但尚无任何债务，只是新房在市郊，离单位路程较远，小孩上学也不是很方便。夫妻生活稳定，无其他后顾之忧。

夫妻俩从网络、报纸、电视及各方面信息分析，认为从2001年起国家将大力鼓励私人汽车消费，以往限制汽车消费的各项不利因素将得以有效解除，诸如各项汽车消费费用将降低，汽车私牌限制也将放开。因此，夫妻俩很想买一辆私家车，以解决上班路远和小孩上学不便的问题。但又觉得车价太高，自己又不懂汽车方面的专业知识，怕上当受骗，故一直犹豫不决。如果你是一位汽车营销人员，你打算如何说服这一家庭购买你的汽车？

1. 试从潜在需求和现实需求关系的角度分析赵先生一家的汽车消费需求。
2. 试从激发消费者的购买动机角度分析怎样才能说服赵先生一家购买你店的汽车。

案例分析：

1. 用户的一般购买行为过程是包括引起需要、收集信息、比较评价、购买决策、购后感受五个阶段的过程。需要由刺激引起，既可由用户的内部刺激引起，也可由外界因素刺激产生，是购买行为过程的第一个阶段。案例中，"新房在市郊，离单位路程较远，小孩上学也不是很方便"，以及"夫妻生活稳定，无其他后顾之忧"等均为用户的内部刺激，形成了对汽车的需求和购买愿望。于是，夫妻俩从网络、报纸、电视及各方面信息分析（收集资料），认为从2001年起国家将大力鼓励私人汽车消费，以往限制汽车消费的各项不利因素将得以有效解除，诸如各项汽车消费费用将降低，汽车私牌限制也将放开（这是外部刺激）。

但又觉得目前车价太高，自己又不懂汽车方面的专业知识，怕上当受骗，故一直犹豫不决。说明赵先生夫妇已经进入"比较评价"阶段，现在的问题就是，如何帮助已有购车需求的赵先生夫妇，进行一系列的理性决策，并最终实施购买行为，即将他们对汽车的潜在需求转变为现实需求。

2. 从案例介绍看，赵先生夫妇属于以求实购买动机居支配地位的理智型购买者。这类购买者的特点是，以追求商品或服务的使用价值为其主导购买动机，并且从产品长期使用的角度出发，经过一系列深思熟虑之后才会作出购买决定。根据这一判断及赵先生的疑虑，说服赵先生要从以下几方面入手：

（1）产品质量和购买价格，强调产品的实用性和优良的性价比；

（2）使用成本，强调产品的节油性、配件价格低等；

（3）产品的可靠性和故障率，强调产品质量好、故障率低；

（4）售后服务，强调售后服务的便利性和低价格。此外，还可从促销优惠上进一步激发赵先生的购买动机。

三、汽车消费者购买行为研究方法

消费者购买汽车的过程基本上可分为三个阶段：购买前、购买中、购买后。通过实践和经验，作为一名汽车营销人员，如果能够将以下几个问题（即6W2H）解决了，交易就可以顺利成交。6W2H可以直接反映出消费者的购买行为，通过6W2H分析可以了解消费者购买行为的规律性及变化趋势，以便制定和实施相应的市场营销策略。

6W2H，即Who、What、Which、Why、When、Where、How、How much。

1. Who

区域市场由谁构成？谁是竞争者？谁做得最好？谁做得不好？谁需要？谁会购买？谁参与购买？谁决定购买？谁使用所购产品？谁是购买的发起者？谁影响购买？作为营销人员，既要了解市场，又要熟悉对手，还要知道潜在顾客在哪里、谁有购买决策权等。如2008年北京国际车展期间，2500万元的布加迪豪华轿车第二天就被神秘客户买走。谁是买主这个问题好像比2500万元的高价更引人关注。

2. What

顾客追求什么？顾客的需求和欲望是什么？对顾客最有吸引力的产品是什么？满足顾客购买愿望的效用是什么？顾客追求的核心利益是什么？顾客购买什么品牌或型号的汽车？作为营销人员必须了解顾客的内心，顾客追求安全？操控性？还是经济性？顾客看中产品的哪些方面？还有哪些问题致使顾客不能下定决心？等等。例如，2500万元的布加迪轿车被一位中国富翁买走，这事放在哪儿都是新闻。那么，这位车主看中的是汽车的哪些方面？只是炫耀自己的经济实力吗？还是为了保持媒体曝光率、成功制造全民性话题、有意识地塑造具有传奇性质的个人品牌？

3. Which

顾客准备购买哪种型号的汽车产品？在多家经销商中顾客会到哪家经销商购买产品？在多个品牌中购买哪个品牌的产品？购买著名品牌还是非著名品牌的产品？在有多种替代品的产品中决定购买哪种？

4. Why

为何要购买汽车（其购买汽车的真正目的是什么）？为何喜欢这个品牌？为何喜欢这个型号？为何讨厌？为何不购买或不愿意购买？为何买这不买那？为何选择到本公司购买汽车而不到竞争对手那里购买？为何选择到竞争者的店里购买汽车，而不选择本公司？等等。例如，富康和普桑价位、性能差不多，用户为什么买富康而放弃普桑？用户为什么不喜欢日系汽车？

5. When

顾客何时产生需求？准备何时购买？什么季节购买？何时需要？何时使用？曾经何时购买过？何时重复购买？何时换代购买？顾客需求何时发生变化？顾客何时过生日？什么时刻可以促成交易？等等。

6. Where

消费者在哪里上班？家住哪个小区？上班习惯走哪条路？计划到哪里购买？配偶在哪里上班？孩子在哪里上学？喜欢到哪家4S店进行爱车保养？喜欢到哪里维修车

辆？等等。

7．How

如何购买？如何决定购买行为？以什么方式购买？消费者对产品及其广告如何反应？消费者对这个品牌的汽车质量如何评价？如何服务才能满足顾客需要？如何与顾客进行交流沟通？如何提高用户满意度？等等。

8．How much

消费者家庭收入多少？计划购买什么价位的汽车？顾客的每月娱乐花费多少？年支配资金多少？每月驾车出游多少次？什么价位的车畅销？市场占有率多高？等等。

【任务实施】

1．将学生按照班级学号单双号分开，每组单号双号各一人，相互合作，制作PPT，内容为消费者购买行为类型，要求简单陈述常见的消费者购买行为类型以及特点，清晰明了，单号成员为讲解者，时间6分钟，单号成员讲解完毕，双号成员进行点评并回答老师提问，时间2分钟，教师考察学生讲解过程，并完成表2-4的考核记录单。

表2-4 教师考核记录表

实训项目：消费者购买行为类型以及特点的PPT制作及讲述

组号： 姓名：

项目	评分重点	必要的记录	分值	评分
PPT 讲解	PPT 内容是否全面		10	
	PPT 的布局		8	
	PPT 的色彩、字体、字号的安排		8	
	讲解者仪表		5	
	多媒体设备的使用		8	
	讲解者的语言是否规范		10	
	讲解者的肢体动作		10	
	讲述效果		10	
	时间安排		10	
双号成员点评及回答提问	表达能力		10	
	思维能力		5	
	回答问题准确性		6	
总分			100	

2. 将学生按照班级学号单双号分开，每组单号双号各一人，相互合作，制作PPT，内容为6W2H的内容，要求简单陈述6W2H的含义，简单明了，单号成员为讲解者，时间6分钟，单号成员讲解完毕，双号成员进行点评并回答老师提问，时间2分钟，教师考察学生讲解过程，并完成表2-5的考核记录单。

表2-5 教师考核记录表

实训项目：简述6W2H的含义的PPT制作及讲述

组号：　　　　　　　　　　　　　　　　　　姓名：

项目	评分重点	必要的记录	分值	评分
PPT讲解	PPT内容是否全面		10	
	PPT的布局		8	
	PPT的色彩、字体、字号的安排		8	
	讲解者仪表		5	
	多媒体设备的使用		8	
	讲解者的语言是否规范		10	
	讲解者的肢体动作		10	
	讲述效果		10	
	时间安排		10	
双号成员点评及回答提问	表达能力		10	
	思维能力		5	
	回答问题准确性		6	
总分			100	

【项目总结】

本项目对消费者购车行为进行了分析研究，这是进行汽车营销工作非常重要的一环，只有对消费对象了如指掌，才能更好地做好营销工作。本项目讲解了消费者购车行为的四个主要影响因素：文化因素、社会因素、个人因素和心理因素，并分别进行了展开介绍。也讲解了消费者购车的生理性动机和心理性动机，同时也对消费者购车行为程序的5个步骤进行了介绍，这些基本理论对于进一步了解消费者十分有帮助。

【项目训练】

一、简答题

1. 影响一般消费者的购买行为的因素主要有哪些？
2. 针对当前社会上的主流消费人群，分析他们在购车时具有哪些特点？
3. 结合消费者购买行为研究方法分析理智型客户的购车行为。
4. 针对冲动型客户，营销人员在实际工作中需要注意什么？
5. 影响集体组织购车行为的主要因素有哪些？
6. 集体组织与个人消费者在购买决策过程中有哪些区别？

二、能力训练

2000年国内轿车市场需求呈多样化发展格局，20～50万元中高档轿车市场竞争日益激烈。国产轿车在30万元以上的奥迪A6和上海别克两款，1999年产销量均在3万辆左右。2000年这两家的计划产量为85万辆。尤其是随着广州本田新款雅阁3.0升排量的投放，给本就竞争白热化的市场又浇了一桶热油。

在20～30万元轿车市场中，2000年各品牌的计划产销量为：帕萨特B5为6万辆；广州本田为5万辆；红旗轿车为2万辆；风神蓝鸟2万辆。据专家当时预测，该档次轿车的市场需求量为8万辆左右，而各生产厂家的计划总和却达到15万辆。由此分析，中高档轿车是各大汽车厂商奋争抢夺的重点。

从竞争态势分析，上海别克的竞争压力颇大，其强劲的竞争对手应是广州本田雅阁，而上海大众帕萨特则是后来居上，已经成为上海别克的梦中杀手。从国内中高档轿车几大品牌的历年销量及市场占有率分析，广州本田已远远超越上海别克，上海大众帕萨特则直逼上海别克。

在这样的背景下，上海大众进行了一次市场调研。调研内容涉及：中高档轿车用户消费趋向及消费行为分析；中高档轿车用户结构及购买能力分析；上海别克与国内中高档轿车广告投入费用分析；上海别克竞争优劣势分析等方面。

请根据"中高档轿车用户消费趋向及消费行为"的一些调查数据，如表2-6、表2-7所示，回答以下问题：

表2-6 中高档轿车集团用户与家庭用户购车数据

	购买量（辆）	占有率（%）
集团用户	8156	37.3
家庭用户	15755	62.7

表 2-7　中高档轿车集团用户与家庭用户按品牌购车数据

	帕萨特	雅阁	红旗	别克	奥迪	风神
集团用户购买比例（%）	26.6	16	0.5	11.3	23.6	1.6
家庭用户购买比例（%）	22	19	3	19	34	3

1. 用适当的图形（如柱图、饼图、线条图、散点图等），直观地表示这些调查数据。
2. 利用这些调查数据，编写"中高档轿车用户消费趋向分析"。
3. 如果希望使"中高档轿车用户消费趋向分析"更加系统、完整和有说服力，你认为还应该调查哪些方面的数据，试进行简要说明或策划。

项目三
细分市场　准确定位

【项目导读】

作为一名市场营销人员,首先要明确本企业产品适应于什么样的客户,到哪里去寻找这些客户,如何才能找到相应的客户,本企业以及本企业的产品在同行中处于怎样的地位,也就是竞争力如何。市场细分就是将客户按照一定的标准进行分类,便于开发相应的市场(客户),并制定自己的定位策略。这就是现代汽车市场营销策略的核心内容之一——STP 营销,市场细分(Segmentation)、目标市场选择(Targeting)、市场定位(Positioning)。

任务一　市场细分

【任务描述】

营销人员要掌握 STP 营销，首先要根据产品所面向的顾客，将顾客分类为若干个消费群体，并逐一描述顾客特征，这就是市场细分。营销人员要掌握常见的市场细分标准和原则。

【相关知识】

一、汽车市场细分的概念和作用

1. 汽车市场细分的概念

所谓市场细分，就是企业根据市场需求的多样性和用户购买的差异性，把整个市场划分为若干具有相似特征的用户群。每一个用户群就是一个细分市场，而每一个细分市场又包含若干细分子市场。市场细分化就是分辨具有不同特征的用户群，把它们分别归类的过程。企业选择其中一个或若干个用户群作为开发目标。

市场之所以能够细分的前提是市场需求的相似性和差异性。

2. 汽车市场细分的作用

汽车企业实行目标市场营销，对于改善汽车企业经营，提高经营效果具有重要作用，具体体现在以下几个方面：

（1）有利于发现汽车市场营销机会。运用汽车市场细分可以发现汽车市场上尚未加以满足的需求，并从中寻找适合本汽车企业开发的需求，抓住汽车市场机会。这种需求往往是潜在的，一般不容易被发现，而运用汽车市场细分的手段，就便于发现这类需求，使汽车企业抓住汽车市场机会。日本铃木公司在打开美国市场时，通过细分市场，发现美国市场上缺少为 18～30 岁年轻人设计的省油、实用的敞篷车，因此推出了小型轿车"铃木 SJ413"，也就是"铃木武士"，并获得成功。

（2）有效地制定最优营销策略。汽车市场细分是目标市场选择和汽车市场定位的前提，是为目标市场选择做基础的。汽车企业营销组合的制定都是针对所要进入的目标市场，离开目标市场的特征和需求的营销活动是无的放矢，是不可行的。

（3）有效地与竞争对手相抗衡。通过汽车市场细分，有利于发现汽车用户群的需求特性，使汽车产品富有特色，甚至可以在一定的汽车细分市场中形成垄断的优势。汽车行业是竞争相当激烈的一个行业，几乎每一种车型都有相类似的车型作为其竞争对手，但是，如果细分市场选择正确，也可以在一定程度上具有垄断的优势。例如，福特公司为使凯迪拉克汽车减少竞争压力，恢复传统销售势头，曾做过一次市场调查，排列出在美国高档车市场上，凯迪拉克的竞争对手有以下几种：通用公司的林肯，奔驰的梅塞德斯－奔驰，另外还有宝马、沃尔沃和尼桑等。但是，凯迪拉克并没有将劳斯莱斯作为自己的竞争对手，那是因为劳斯莱斯自建立以来至今一直采用全手工制作，从汽车产品的宣传到汽车企业形象，乃至劳斯莱斯的性能和售价，都决定了劳斯莱斯是豪华车中的王者之作，至今和任何品牌的豪华车都不存在竞争关系。

（4）有效地扩展新的汽车市场、扩大汽车市场占有率。汽车企业对汽车市场的占有是从小至大，逐步拓展的。通过汽车市场细分，汽车企业可以先选择最适合自己占领的某些子市场作为目标市场。当占领这些子市场后，再逐渐向外推进、拓展，进一步扩大汽车市场的占有率。

（5）有利于汽车企业扬长避短、发挥优势。每一个汽车企业的营销能力对于整体市场来说都是有限的。汽车企业必须将整体市场进行细分，确定自己的目标市场，这一过程正是将汽车企业的优势和市场需求相结合的过程，有助于汽车企业集中优势力量，开拓汽车市场。

所以，汽车市场细分及其目标市场营销，既是汽车企业市场营销的战略选择，又是汽车企业市场竞争的有效策略。它不仅适合于实力较强的大型汽车企业，还特别适合实力不强的中小型汽车企业。因为中小型汽车企业的资源相对有限，技术力量相对缺乏，竞争能力相对低下，通过汽车市场细分并结合汽车企业自身特点，选择一些大型汽车企业不愿顾及、市场需求相对较小的汽车细分市场，集中精力做出成绩，取得局部优势，是立足汽车市场和求得生存发展的秘密武器。

二、汽车市场细分的标准

汽车产品市场的细分标准多种多样，下面介绍一些常见的细分标准。

1. 按地理位置细分

就是把市场分为不同的地理区域，如国家、地区、南方、北方、高原、山区等。各地区自然气候、经济文化水平等因素，影响消费者的需求和反应，如在城市用的汽车和山区用的汽车就是有差别的。再如，近年轿车走入家庭消费，由于经济发展速度和人民生活水平的不同，华东和沿海地区与西部和边远地区的消费者相比，需求相对较高，因此，汽车企业纷纷将华东和沿海地区与西部地区作为主要细分营销市场，分别实施不同的营销方案。

2. 按人口特点细分

这是按照人口的一系列性质因素来辨别消费者需求的差异，就是按年龄、性别、家庭人数、收入、职业、教育程度、民族、宗教等性质因素来细分的。如在研究轿车市场时，就通常按居民的收入水平进行市场细分。在人口特点各因素中，消费者的收入水平始终是汽车营销进行市场细分必须考虑的因素。尤其对于目前的中国汽车市场，汽车对大多数普通居民来说还是一种奢侈品，影响购买的最重要因素是收入。一辆汽车即使性能再好，设计再新颖，如果消费者的收入不足以负担这种汽车的价格，那么这种汽车的市场就很难做强做大。

3. 按购买者心理细分

就是按照消费者的生活方式、个性等心理因素上的差别对市场加以细分。生活方式是指一个人或一个群体对于生活消费、工作和娱乐的不同看法或态度；个性不同也会产生消费需求的差异。因此，国外有些企业根据消费者的不同个性对市场加以细分。例如，有的市场学家研究发现，有活动折篷的汽车和无活动折篷的汽车的购买者的个性存在差异，前者比较活跃、易动感情、爱好交际，而后者则较前者沉稳、安静很多。再如，所有世界著名的汽车品牌往往都被赋予了个性色彩，这些都是按照购买者心理特征的要求设计的。

4. 按购买者的行为细分

所谓行为的细分化，就是根据用户对产品的认知、态度、使用与反应等行为将市场细分为不同的购买者群体。这些因素主要有：

（1）购买理由。按照购买者购买产品的理由而被分成不同的群体。例如，有人购买汽车是为自己上下班代步用，有人购车则是为了节假日自驾外出旅游。生产厂家可根据用户不同的需求理由提供不同的产品，以适应其需要。

（2）利益寻求。消费者购买商品所要求的利益往往各有侧重。这也可作为市场细分的依据。在不同的利益追求当中，有追求汽车产品物美价廉的，有追求名牌赶潮流的，有追求汽车动力性的，也有追求汽车操控性的，还有将汽车作为身份地位象征的，世界著名整车生产企业都有适合不同利益追求者的汽车产品。例如，丰田公司的汽车产品中，既有中庸实用的"花冠"，也有作为身份象征的"皇冠"；既有适合追求动感、活力的白领的"锐志"，也有充满时尚色彩，适合刚刚工作的年轻人的"新威驰"。

（3）使用者情况和使用率。对于消费品，很多市场可按使用者的情况，细分为某一产品的未使用者、曾使用者、以后可使用者、初次使用者和经常使用者等类型；也可以按某一产品使用率进行细分，则可分为少量使用者、中量使用者和大量使用者等类型。

（4）品牌忠诚程度。消费者的忠诚程度包括对企业的忠诚和对产品品牌的忠诚，也可作细分的依据。按照消费者的忠诚程度，可以将他们分为4类：绝对忠诚型、适度忠诚型、转移型（喜新厌旧型）、多变型。企业应考察和研究各类消费者的特征，以不断地增加自己产品的购买群体及数量，同时了解本企业产品和营销方面的薄弱环节以及竞争对手的产品特点和优势所在。

（5）待购阶段。消费者对各种汽车产品特别是新上市车型，总处于不同的待购阶段。据此可将消费者细分为六大类：根本不知道该产品；已经知道该产品；对产品了解得相当清楚；已经对产品发生兴趣；希望拥有该产品；打算购买。按待购阶段不同对市场进行细分，可以便于企业针对不同阶段的待购群体，运用适当的市场营销组合，以促进销售。大众Tiguan在2007年法兰克福车展发布后，就成为最受国人关注的海外车型之一。2009年广州车展上，上海大众Tiguan途观终于揭开了神秘面纱，Tiguan途观完美地保留了原型车的风采，同时非常中肯地切中了国人的审美期待。强壮而不笨重，刚毅而不冷峻，大气却不张扬，由内而外散发出来的力量带出一种"途有境 观无垠"的境界，并于2009年底接受预订，提高消费者的购买欲望，市场期待高涨，直到2010年4月提现车加价5万。

（6）态度。消费者对于产品的态度可分为5种：热爱、肯定、冷漠、拒绝和敌意。对持不同态度的消费者应当结合其所占比例，采取不同的营销措施。

5. 按最终用户的类型细分

不同的最终用户对同一种产品追求的利益不同。企业分析最终用户，就可针对不同用户的不同需要制定不同的对策。如我国的汽车市场按用户类型，可以分为"生产型"企业、"非生产型"组织、"非生产型"个人（家庭）和个体运输户等细分市场。还可分为民用、军用两个市场，军用汽车要求质量绝对可靠、越野性能好、按期交货，但对价格并不太在意；民用汽车则要求质量好、服务优、价格适中。

6. 按用户规模细分

根据用户规模，可将汽车市场划分为大、中、小三类客户。一般来说，大客户数目少但购买额大，对企业的销售市场有着举足轻重的作用，企业应特别重视，注意保持与大客户的业务关系；而对于小客户，企业一般不应直接供应，可以通过中间商销售。

7. 按汽车的级别细分

按照国家规定，发电机排量小于或等于1L，属于微型车；排量大于1L且小于或等于1.6L，属于普通级轿车；排量大于1.6L且小于或等于2.5L，属于中级轿车；排量大于2.5L且小于或等于4L，属于中高级轿车；排量大于4L，属于高级轿车。因此，按照汽车的级别可将汽车市场分为微型车市场、普通级轿车市场、中级轿车市场、中高级轿车市场、高级轿车市场。

大多数情况下，市场细分通常不是依据单一标准细分，而是把一系列划分标准结合起来进行细分，目标市场取各种细分市场的交集。

如我国某国有大型集团公司，主要生产各种重型汽车，其重型汽车在市场占据重要地位。为进一步开拓国内市场，市场部进行了市场细分并据此确定目标市场。大的层次上，以省、直辖市为区域，按工业布局、交通发展情况、资源性质、原有集团产品保有量等情况，将国内市场细分为重要市场、需开发市场、需重点培育市场、待开发市场。如按行业类别划分市场，运输需求量大的煤炭、石油、金属等行业为重要市场，基础设施建设如高速公路建设、铁道建设、港口建设等为重点开发市场，远离铁路的乡镇矿山及采石场、乡镇小化肥厂等为需重点培育市场。该市场在划分标准上就把重要程度、地理、行业、基础设施建设等标准结合起来对市场进行细分。

三、汽车市场细分原则

1. 可衡量性

用于汽车细分市场的特征必须是可以衡量的，细分出的汽车市场应有明显的特征和区别。例如，整车销售中，业界比较通用的市场细分方法有两种：一是按照排量分；二是按照价格划分。后者可以将市场划分为高、中、低三种，每一种市场都有鲜明的特征。比如，高档车用户注重车辆的外观、性能、豪华程度，对价格不敏感；而低档车用户则对价格相当敏感，要求耗油量小、耐用等。

2. 可进入性

要根据汽车企业的实力，量力而行。汽车细分市场本来就是为了让汽车企业可以扬长避短，只有可以充分发挥汽车企业的人力、物力、财力和营销能力的子市场才可以作为目标市场，不然就是对汽车企业资源的浪费。

3. 效益性

在汽车细分市场中，被汽车企业选中的子市场必须具有一定的规模，即有充足的需求量，能足以使汽车企业有利可图，并实现预期利润目标。因此，细分出的市场的规模必须恰当，能使汽车企业得到合理盈利。

汽车企业要在汽车细分市场中获得盈利，除了考虑汽车市场的规模外，还要考虑汽车市场上竞争对手的情况，如果该市场已经有大量竞争对手，而汽车企业又没有明显的优势，同样不适宜进入该市场。

4. 有发展潜力

汽车市场细分应当具有相对的稳定性，汽车企业所选中的目标市场不仅要为汽车企业带来目前利益，还要有发展潜力，有利于汽车企业立足于该市场后可以拓宽汽车市场。因此，汽车企业选择的目标市场不能已经处于饱和或者即将饱和状态。

5. 差异性

企业进行市场细分应尽可能地区别于已有的或竞争对手的市场细分，以突出自己的特色和个性，便于发现更多有价值的市场机会。如果细分出来的各个子市场对企业营销变量组合中的任何要素的变动都能作出差异性反应，则说明市场细分有效；若反应相同，则说明细分无效。通常可供选择的变量很多，但其中有一些变量是企业习惯使用的，企业进行市场细分时，思维上往往容易受到它们的约束，以至于市场细分分不出特色，无疑会影响企业对市场机会的发现、把握和利用。有效的市场细分，必须突出本企业与其他企业的差异性，只有这样才可以在接下来的营销活动中巧妙出击，出奇制胜。

【任务实施】

将学生按照班级学号单双号分开，每组单号双号各一人，相互合作，制作 PPT，内容为市场细分的原则，要求简单阐述市场细分的原则，清晰明了，单号成员为讲解者，时间 6 分钟，单号成员讲解完毕，双号成员进行点评并回答老师提问，时间 2 分钟，教师考察学生讲解过程，并完成表 3-1 的考核记录单。

表 3-1　教师考核记录表

实训项目：市场细分的原则的 PPT 制作及讲述

组号：　　　　　　　　　　　　　　姓名：

项目	评分重点	必要的记录	分值	评分
PPT 讲解	PPT 内容是否全面		10	
	PPT 的布局		8	
	PPT 的色彩、字体、字号的安排		8	
	讲解者仪表		5	
	多媒体设备的使用		8	
	讲解者的语言是否规范		10	
	讲解者的肢体动作		10	
	讲述效果		10	
	时间安排		10	

续表

项目	评分重点	必要的记录	分值	评分
双号成员点评及回答提问	表达能力		10	
	思维能力		5	
	回答问题准确性		6	
总分			100	

任务二 市场选择

【任务描述】

市场细分为企业展现多处营销机会,接着要对这些细分市场进行评估,并确定准备为哪些细分市场提供服务。市场细分是为了进入市场,而进入市场首先要选择某一特定市场,这就要考虑目标市场选择的原则和方法。

【相关知识】

一、目标市场选择

选择区域市场作为开发对象,在选择目标区域市场时,营销人员需要把握一定的原则和方法。

1. 目标市场的选择原则

(1)市场分类原则。营销人员应该将现有市场进行分类,并进行比较。按照不同的分类标准,可以将市场分为不同的类别。按照不同的标准对市场有不同的分法。

1)按照产品的生命周期可以将市场分为:

① 投入期市场。在企业的市场开拓安排前提下,产品已开始导入该区域市场。

② 成长期市场。产品导入某市场以后,销售已经启动,产品在该市场的需求量稳步上升。

③ 成熟期市场。市场基本饱和,需求基本稳定,市场上的产品流通畅通无阻。

④ 衰退期市场。市场需求开始下降,出现供大于求的状态,预计销售与实际销售的差距逐渐增大。

2）按照市场进入的难易程度可以将市场分为：

① 钉子市场。企业虽然投入了很多营销资源，付出了很大努力，但是仍不见成效的市场。

② 重点市场。也许目前的市场销量并不大，但从长远看，市场具有战略意义。

③ 典型市场。市场规模大、盈余高、资源投入少的市场。

④ 零点市场。由于某些原因，企业尚未开拓的市场。

（2）目标市场选择的原则。汽车企业在选择目标市场时，要结合企业、产品、市场等各个方面的因素，综合考虑，选择时一般采取"四化"原则：

1）营销资源投入最小化。以最小的营销资源投入，获得最大的市场收益，这是企业最理想的目标。

2）达到营销目标时间最短化。任何一目标市场，从开拓到实现规模盈余都需要一段时间，这段时间越短，企业见效越快，成本回收期越短。

3）实现营销目标管理最简化。企业在不同的目标市场都要设定一定的经营目标，也就是将来欲实现的期望值，为了实现经营目标，投入的管理成本越小越好，管理越简单越好。

4）规模盈余最大化。实现目标市场的预期营销目标后，能够实现的盈余规模越大越好。

上述"四化"指标，往往不可能同时实现，甚至有时某些指标之间相互冲突，这就要求营销人员在进行市场选择时，根据企业的经营状况以及在各区域市场的营销策略，有针对性地进行考虑。

2. 目标市场选择方法

目标市场的具体选择方法或步骤如下：

（1）将企业的产品可能适销对路的区域定位为"目标市场"，作为候选对象。

（2）把"目标市场"中企业当前的营销能力可以涉及的区域定位为"首选市场"。

（3）把"首选市场"中可能创造局部优势的区域定位为"重点市场"，应当全力开拓。

（4）把"重点市场"中可以起到辐射作用的区域定位为"中心市场"，应充分利用各种营销资源，发挥其市场优势，努力开拓。

（5）把上述市场以外的区域定位为"次要市场"，当前无须全力开拓，但可有针对性地培育市场，选择客户。

二、目标市场的评估

1. 细分市场的规模和发展评估

主要是对目标市场的规模与企业的规模和实力相比较进行评估，以及对市场增长潜力的大小进行评估。

2. 市场吸引力评估

这里所指的吸引力主要是指企业目标市场上长期获利能力的大小,这种获利能力的大小主要取决于5个群体(因素):同行业竞争者、潜在的新参加的竞争者、替代产品、购买者和原材料供应商,如图3-1所示。

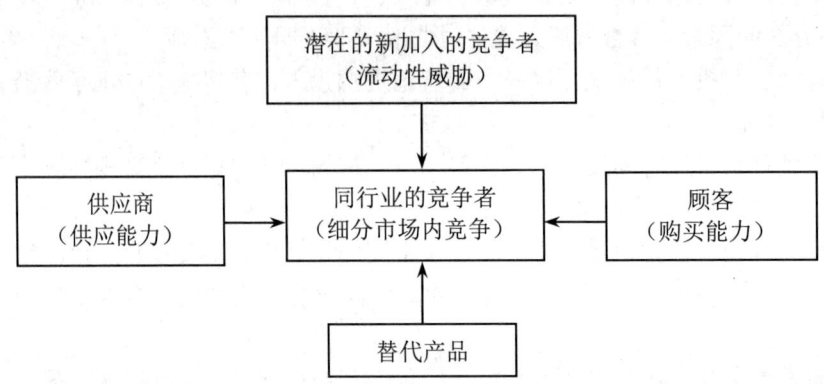

图3-1 影响细分市场吸引力的五个因素及其关系

这5个群体具有威胁性,需采取相应的应对措施:
- 对原材料供应商:建立良好的合作关系和开拓多种供应渠道。
- 对顾客:提供顾客无法拒绝的优质产品。
- 对同行业竞争者:唯有不断开发新产品,提高产品质量。做到人无我有,人有我优。
- 对替代产品:需密切注意其价格趋势。
- 对潜在的新加入的竞争者:增加进入壁垒的难度,使其不易进入。

如果某个市场已有为数众多或实力强大的竞争者;或有可能招致更多的竞争者;或替代产品竞争能力很强;或购买者谈判能力很强而各种苛求又太多;或企业的供应商能够在很大程度上控制企业对该市场产品的供应,那么这个细分市场的吸引力就会下降。企业是否将这样的细分市场作为目标市场就应审慎决策;反之,细分市场的吸引力就会增强。

3. 汽车企业本身的目标和资源评估

如某个细分市场具有一定规模和发展特征,其组织结构也有吸引力,企业还必须对该市场是否符合企业的长远目标,是否具备获胜能力以及是否具有充足的资源等情况进行评估。

汽车企业对细分市场进行科学评估后，接下来就可以制定相应的目标市场营销战略。

三、制定目标市场营销战略

1. 目标市场营销战略的类型

目标市场营销战略是企业在市场细分和评估基础上，对拟进入的目标市场制定的经营战略。主要有以下几种类型：

（1）无差异市场营销策略

无差异营销策略是指企业将产品的整个市场视为一个目标市场，用单一的营销策略开拓市场，即用一种产品和一套营销方案吸引尽可能多的购买者。无差异营销策略只考虑消费者或用户在需求上的共同点，而不关心他们在需求上的差异性。例如，可口可乐公司在20世纪60年代以前曾以单一口味的品种、统一的价格和瓶装、同一广告主题将产品面向所有顾客，就是采取的这种策略。20世纪60年代至80年代，济南汽车制造总厂的JN150几乎30年没变样，应对整个商用车市场。

生产单一产品，可以减少生产与储运成本；无差异的广告宣传和其他促销活动可以节省促销费用；不搞市场细分，可以减少企业在市场调研、产品开发、制定各种营销组合方案等方面的营销投入。这种策略对于需求广泛、市场同质性高且能大量生产、实现规模经济、以低成本策略赢得市场竞争的产品比较合适。

（2）差异性市场营销策略

差异性市场营销策略是将整体市场划分为若干细分市场，针对每一细分市场制定一套独立的营销方案。

差异性营销策略的优点是：小批量、多品种，生产机动灵活、针对性强，使消费者需求更好地得到满足，由此促进产品销售。另外，由于企业是在多个细分市场上经营，在一定程度上可以减少经营风险；一旦企业在几个细分市场上获得成功，有助于提高企业的形象及提高市场占有率。

差异性营销策略的不足之处主要体现在两个方面。一是增加营销成本，由于产品品种多，管理和存货成本将增加；由于公司必须针对不同的细分市场发展独立的营销计划，一是会增加企业在市场调研、促销和渠道管理等方面的营销成本。二是可能使企业的资源配置不能有效集中，顾此失彼，甚至在企业内部出现彼此争夺资源的现象，使拳头产品难以形成优势。

差异性策略适宜产品差异性较大的企业以及产品品种多的企业。常见的差异性策略有以下几种：

1）完全差异性策略。每个细分市场均为目标市场，分别提供不同的产品，满足不同用户需求。

2）市场专业化策略。为一个目标市场提供多种产品，满足同一用户的不同需求。

3）产品专业化策略。为不同的目标市场提供同类产品，如中国重汽专业做重型卡车。

4）选择性专业化策略。有选择性地放弃部分市场，选择有利的市场作为目标市场，为不同的目标市场提供不同产品。

(3) 集中性市场营销策略

集中性营销策略则是指企业集中各种资源进入一个或少数几个细分市场，实行专业化生产和销售。实行这一策略，企业不是追求在一个大市场角逐，而是力求在一个或几个子市场占有较大份额。

集中性营销策略的指导思想是：与其四处出击收效甚微，不如突破一点取得成功。这一策略特别适合于营销资源有限的中小企业。中小企业由于受财力、技术等方面因素的制约，在整体市场可能无力与大企业抗衡，但如果集中优势资源在大企业尚未顾及或尚未建立绝对优势的某个或某几个细分市场进行竞争，成功可能性更大。

集中性营销策略的局限性体现在两个方面。一是市场区域相对较小，企业发展受到限制。二是潜伏着较大的经营风险，一旦目标市场突然发生变化，如消费者趣味发生转移；或有强大竞争对手进入；或新的更有吸引力的替代品的出现，都可能使企业因没有回旋余地而陷入困境。

2. 选择目标市场战略的影响因素

(1) 汽车企业的实力。企业的经济实力强大则可以实行差异性营销，否则宜选择无差异性营销或集中营销策略。

(2) 产品的差异性及所处的生命周期阶段。如果汽车产品的性能和结构差异性大，企业就应采取差异性营销战略。同样，汽车产品生命周期不同，汽车企业亦应采取不同的营销战略。当产品处于市场导入期或成长期时，营销的重点应放在启发和巩固消费者的偏好上，在此阶段汽车企业若精力有限，可以不必提供太多的品种，可采取无差异性营销或集中性营销战略。当产品处于成熟期时，由于市场竞争激烈，消费者需求也日益多样化，在此阶段汽车企业可以改用差异性营销战略，大力发展新品种，以开拓新汽车市场，延长汽车产品生命周期，提高汽车企业的市场竞争能力。

(3) 汽车市场的差异及市场规模。如果汽车市场需求偏好、购买特点以及对营销刺激的反应等存在较大差别，宜进行差异性营销。此外，如果每一型号的汽车产品市场容量都不足以维持大量营销，汽车企业则应采取差异性营销的战略。

(4) 市场供求情况。市场供不应求时可采用整体市场营销策略，甚至是采取不进行市场细分的无差异市场营销战略，反之则采用差异性策略。

(5) 竞争者的营销战略。一般来说，汽车企业如果比竞争对手实力强，可采取差异性营销，差异的程度可与竞争对手一致或更强。如果汽车企业实力不及竞争对手，一般不应采取完全一样的营销战略。在此种情形下，汽车企业可采取集中性营销战略，坚守某一细分市场，也可采取差异性营销，但在差异性方面，应针对竞争对手薄弱的汽车产品项目形成自己的竞争优势。

【任务实施】

1. 将学生按照班级学号单双号分开，每组单号双号各一人，相互合作，制作PPT，内容为目标市场选择的原则及方法，要求简单陈述市场选择的原则，清晰明了，单号成员为讲解者，时间6分钟，单号成员讲解完毕，双号成员进行点评并回答老师提问，时间2分钟，教师考察学生讲解过程，并完成表3-2的考核记录单。

表 3-2　教师考核记录表

实训项目：目标市场选择的原则及方法的 PPT 制作及讲述
组号：　　　　　　　　　　　　　　　　　　　　　　姓名：

项目	评分重点	必要的记录	分值	评分
PPT 讲解	PPT 内容是否全面		10	
	PPT 的布局		8	
	PPT 的色彩、字体、字号的安排		8	
	讲解者仪表		5	
	多媒体设备的使用		8	
	讲解者的语言是否规范		10	
	讲解者的肢体动作		10	
	讲述效果		10	
	时间安排		10	
双号成员点评及回答提问	表达能力		10	
	思维能力		5	
	回答问题准确性		6	
总分			100	

2. 班级所有学生制作 PPT，内容为无差异市场营销策略、差异性市场营销策略、集中性市场营销策略的差异，要求简述三种市场营销策略的特点，清晰明了，时间5分钟，教师考察学生讲解过程，并完成表3-3的考核记录单。

表 3-3　教师考核记录表

实训项目：三种市场营销策略的异同点的 PPT 制作及讲述
组号：　　　　　　　　　　　　　　　　　　　姓名：

项目	评分重点	必要的记录	分值	评分
PPT 讲解	PPT 内容是否全面		10	
	PPT 的布局		8	
	PPT 的色彩、字体、字号的安排		8	
	讲解者仪表		5	
	多媒体设备的使用		8	
	讲解者的语言是否规范		10	
	讲解者的肢体动作		10	
	讲述效果		10	
	时间安排		10	
点评及回答提问	表达能力		10	
	思维能力		5	
	回答问题准确性		6	
总分			100	

任务三　市场定位

【任务描述】

企业要通过市场细分和选择所进入的目标市场，对整个行业进行分析，准确定位，制定恰当的定位策略。

【相关知识】

一、市场定位的概念

当企业选定一个目标市场后，同行的竞争对手也在争夺这一目标市场。如果大家都向这个市场推出同类产品，消费者就会向价格最低的公司购买，最终大家都降价，没有什么利益可得。唯一的办法是使自己的产品与竞争者的产品有所差别，有计划地树立自己的产品有某种与众不同的理想形象，有效地使自己的产品与竞品之间产生差异化，从而获得差别利益。这就是市场定位的功能。

所谓市场定位，就是企业根据用户对产品的需求程度，根据市场上同类产品竞争状况，为本企业产品规划一定的市场地位，即为自己的产品树立特定形象，使之与众不同。市场定位的过程就是在消费者心目中为公司的品牌选择一个希望占据的位置的过程。也可以理解为市场定位就是指企业以何种产品形象和企业形象出现，给目标用户留下一个深刻印象的过程，一个使企业产品个性化的过程。

市场定位是现代市场营销学中的一个重要概念，是市场细分化的直接后果。

对于汽车产品来说，因其产品类型繁多，且各有特色，广大用户又都有着自己的价值取向和认同标准，企业要想在目标市场上取得竞争优势和取得较大效益，市场定位是非常必要的。

二、市场定位的战略类型

汽车企业要做到准确定位，首先要决策采取何种市场定位的战略。市场定位的战略类型包括以下几种类型。

1. 产品差异化战略

即从汽车产品质量、产品特色等方面实现差异的战略。汽车企业通过寻求汽车产品特征的方法实现产品的差异化，如丰田的装配、本田的外形、日产的价格、三菱的发动机都是非常有特色的。

2. 服务差异化战略

即向目标市场提供与竞争者不同的优质服务的战略。一般地，汽车企业的竞争能力越强，越能体现在用户服务水平上，越容易实现市场差异化。如果汽车企业将服务要素融入产品的支撑体系，就可以为竞争者设置"进入障碍"，通过服务差异化提高顾客总价值，保持牢固的顾客关系，从而击败竞争对手。

3. 人员差异化战略

即通过聘用和培训比竞争对手更优秀的人员以获取差别优势的战略。实践早已证明，市场竞争归根到底是人才的竞争，一支优秀的人员队伍，不仅能保证汽车产品质量，还能保证服务质量。一个受过训练的员工的基本素质应包括人员的知识和技能、礼貌、诚实、可靠、责任心、反应灵活、善于沟通等内容。

4. 形象差异化战略

即在汽车产品的核心部分与竞争者无明显差异的情况下，通过塑造不同的汽车产品形象以获取差别的战略。例如，在豪华汽车中，宝马的蓝天和白云的标志就会联想到"驾乘宝马，感受生活，与成功人士有约"。

三、市场定位的方法

汽车企业在市场定位过程中，一方面要了解竞争者汽车产品的市场定位，另一方面要研究目标用户对汽车产品的各种属性的重视程度，然后选定本企业产品的特色和独特形象，从而完成汽车产品的市场定位。

汽车企业的市场定位，一般应参照以下工作程序进行。

1. 调查研究影响定位的因素

调查内容主要包括：①竞争者的定位状况。即汽车企业要对竞争者的定位状况进行确认，并要正确衡量竞争者的潜力，判断其有无潜在的竞争优势；②目标用户对汽车产品的评价标准，弄清楚用户最关心的问题，并以此作为定位决策的依据。

2. 选择竞争优势和定位战略

汽车企业通过与竞争者在汽车产品、促销、成本、服务等方面的对比分析，了解自己的长处和短处，从而确认自己的竞争优势，进行恰当的市场定位。

3. 准确地传播企业的定位观念

汽车企业在做出市场定位决策后，还必须大力宣传，把汽车企业的定位观念准确地传播给潜在用户。但要避免因宣传不当在公众心目中造成3种误解：一是定位档次过低，不能充分显示出企业的特色；二是定位档次过高，让公众望洋兴叹，不敢趋近；三是定位混淆不清，导致企业或产品在公众心目中没有统一明确的认识。上述误解将会给企业形象和经营效果造成不利影响，并且误解一旦造成很难消除。

四、市场定位的步骤

市场定位的关键是，汽车企业要想方设法让自己的产品和企业形象比竞争者更具市场竞争力，凸显本企业的优势。企业竞争优势一般有两种：第一种是价格优势，指在同样条件下比同竞争对手推出的同类产品价格更低廉。若要具备这种优势，首先要求企业自身有一定的经济、技术实力，其次要求企业能够通过各种手段降低产品的单位成本。第二种是顾客偏好竞争优势，指企业能提供有特色的汽车产品或者服务来满足顾客的特定偏好。若要具备这种优势，则要求企业在开发新产品、提供独特服务方面下工夫。

企业在选择市场定位策略时，往往希望建立起一整套独一无二的竞争策略组合，以其独有的竞争优势使自己不同于其他企业，从而充分吸引细分市场中的消费者。在选定定位策略后,企业可以通过发掘本企业的潜在竞争优势、准确地选择竞争优势和明确地展示竞争优势三个步骤来实现本企业在市场上的精确定位,如图3-2所示。

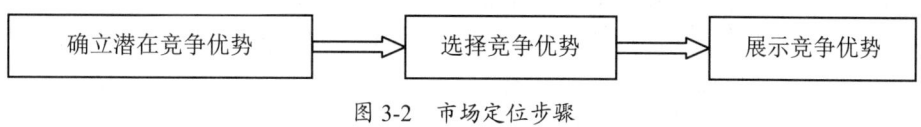

图 3-2 市场定位步骤

1. 确立潜在竞争优势

要明确本企业的竞争优势,企业应该先明确以下三个方面的问题:第一,竞争对手是如何定位自己的产品的?第二,目标市场上绝大多数顾客的需求被满足的程度如何?他们还有什么需求未被满足?第三,针对竞争对手的市场定位和顾客的潜在需求,本企业应如何应对?采取何种措施?带着这三个问题,企业要在营销过程中利用一切可以利用的条件,系统地展开调研活动,通过市场调查,充分搜集竞争者的产品规格、质量、性能、技术水平、价格等数据,并将这些数据加以分析整理,形成报告,以确认竞争者在市场上的定位,正确判断竞争者的潜力和自身的实力,从中把握和确定本企业在市场当中的潜在竞争优势。

2. 选择竞争优势

选择竞争优势是指企业要从潜在的众多优势中选择具有开发价值的竞争优势。企业的竞争优势既可以是现实的,也可以是潜在的。准确地选择竞争优势,能够体现出企业对自身生产经营状况的把握程度,并理性地与竞争者比较各自实力,采取有针对性的措施应对激烈的竞争。

3. 展示竞争优势

企业要想展示其独特的竞争优势,必须借助广告、促销等各种宣传手段,把企业的定位观念准确地传播给潜在的和现实的消费者,以引起消费者对本企业产品的注意和兴趣,影响消费者的购买行为。为此,首先企业应当使目标顾客了解、熟悉、认知、喜欢甚至偏爱本企业的市场定位,在顾客心目中树立起与该定位相符合的形象;其次,企业要通过后续努力来强化在目标顾客心目中的形象,帮助目标顾客坚定对本企业的信念,通过与目标顾客建立深厚的感情来巩固企业的形象;最后,企业应当注意目标顾客对本企业市场定位产生的异议,避免因宣传上的失误或顾客理解上的偏差造成目标顾客对企业形象或产品形象模糊、混乱等情况的出现,及时纠正与市场定位不相符的形象。

一般来说,企业的市场定位容易引起公众误解的情况有以下几种:

(1)定位过高。定位过高,容易造成消费者可望而不可及的心理,从而失去一部分有望成为企业产品拥有者的顾客。例如，面向出租行业销售的轿车，就不应该给人以档次过高的印象。

（2）定位过低。定位过低，不能充分显示出企业或产品的特色。例如，面向社会高端阶层、大集团销售的公务轿车就不应该给人以档次过低的印象。

（3）定位怀疑。定位怀疑，容易使顾客觉得企业的产品在特色、价格或者制造商方面的一些宣传与实际不符，从而产生不信任感。

（4）定位混乱。定位混乱，会让企业产品在公众中没有明确统一的形象认知。这种混乱可能是由于定位主题或多层次宣传主题所致，也可能是由于产品定位变换太频繁所致。

以上误解都会给企业形象和经营效果带来不良影响，企业应特别注意，避免这些情况的发生。

五、汽车市场定位常见策略

1. 比附定位策略

这种定位策略就是攀附名牌，比拟名牌来给自己的产品定位，借名牌之光而使自己的品牌生辉。如沈阳金杯客车制造公司金杯海狮车的"金杯海狮，丰田品质"的定位就属此类。

2. 属性定位策略

这是指根据特定的产品属性来定位。如"猎豹汽车，越野先锋"，宝马在促销中宣传它良好的驾驶性能等都属此类。

3. 利益定位策略

这是指根据产品所能满足的需求或所提供的利益、解决问题的程度来定位。如"解放卡车，挣钱机器"即属此定位。

4. 与竞争者划定界线的定位策略

这是指某些知名而又属司空见惯类型的产品做出明显的区分，给自己的产品定一个相反的位置。如"五谷道场方便面，非油炸方便面"，与传统的油炸型方便面品牌划清了界限，就属于此类定位策略。

5. 市场空当定位策略

企业寻找市场尚无企业重视或未被竞争对手控制的位置，使自己推出的产品能适应这一潜在目标市场的需要的定位策略。如国内推出MPV车时，在定位上就采用了这一策略。当年海南马自达生产的普力马刚上市的时候，其"五座+两座，工作+生活"

的广告宣传就是看好这个空当，掀起一阵家庭用 MPV 的旋风，获得了较好的效果。

6. 质量/价格定位策略

这是指结合对照质量和价格（又称性价比）来定位。如物有所值、高质高价或物美价廉等定位。例如，一汽轿车的红旗明仕 18 的市场定位"新品质、低价位、高享受"即属此类。

【案例 3-1】**本田摩托车进入美国市场的过程**

第一次世界大战后，美国一直是世界上汽车和摩托车产业最为发达的国家。本田技术研究工业公司成立后，为了实现"赶欧超美"的奋斗目标，派了一个市场调查组到美国进行市场考察。调查发现，美国的摩托车市场覆盖面相当狭窄，摩托车骑手们主要是两类人：一类是专业赛车手，摩托车的行家里手，他们以摩托车为谋生的工具，对机械技术相当在行，熟悉车辆的性能；另一类是流浪汉以及地痞流氓等不良分子，这些人往往穿着黑皮夹克、戴着墨镜在街上肆意横行，骚扰市民，破坏治安，引起社会各阶层的反感和憎恶。调查组在提交给公司的调查报告中讲到：

在美国，虽然摩托车经销店有 3000 多家，但其中仅有 1/3 的店每周营业 5 天，其他的店只有周末或晚上才开门营业。美国每年销售摩托车 45 万台，其中 6 万台从欧洲进口。不仅如此，美国摩托车库存量很少，销售点均为委托经营性质，对消费者实行赊销，厂方垫资巨大。同时，美国摩托车业的售后服务状况也较差，对顾客的信誉极为低下。

在对美国摩托车市场进行了一番调研之后，1959 年本田公司在洛杉矶创办了"美国本田技术研究工业公司"，开始了在美国的创业历程。

本田公司与美国企业的做法完全不同，没有把目标顾客只限定于摩托车的爱好者，而是发展轻便摩托车，并直接对新主顾作广告。无疑，这是一种创新，打破了美国的"摩托车只属于爱好者"的观念。1960 年春天，本田公司在美国已设有 40 个销售点，生意兴隆的景象开始出现。这年，本田摩托在美国的销售量为 2.21 万辆。

本田公司还得到了一个意外发现。员工们为了节约费用，没有购买汽车，而是把公司生产的 50cc 的超小型摩托车作为代步工具。按本田公司原来的预想，美国人追求的是效率和速度，理所当然会喜爱大型摩托车，超小型的摩托车是不会令他们感兴趣的。奇怪的是当员工驾驶 50cc 超小型摩托车出去的时候，人们纷纷打听这种车的出处。由于超小型摩托车具有小巧、轻便、漂亮的特点，一面市便引起美国消费者的注意，购买需求日益看涨。本田公司开始想方设法与运动品商店、收割机修理店、五金商店、超级市场，甚至学校的书店等保持联系，并且采用试用的方式，总是说"请先试用三个星期吧，好用了再买也不迟。"公司员工还组成旅游团，周游整个美国，向市场兜售本田产品。此外，公司还组织销售人员伴作顾客试车，进行巡展。

这一系列营销措施吸引了顾客。到 1961 年底，本田公司在美国已拥有了 500 家销售点。在洛杉矶、威斯康星、佐治亚这三个地方的销售店，就有150名本田公司的销售员在工作。超小型摩托车在美国打了一个漂亮仗，但同时本田公司也没有放弃向大型摩托车销售市场的拓展。

经过一系列的努力后，本田摩托车在美国有了知名度。为了进一步使本田形象在美国消费者心中扎下根，顺利推进大型和小型两种摩托车的销售业务，本田美国分公司不惜血本地展开强大的宣传攻势。

本田力图促进"骑摩托车很好玩"这种观念。20世纪60年代前期，广告的基本主题是"假日与本田"和"寻找快乐，请找本田"。为宣传这个主题，本田还必须改善因一些报刊依然广泛宣传的"穿黑皮夹克的摩托车手"给人们造成的不良形象。大多数美国人喜欢驾驶汽车，讨厌开着摩托车横冲直撞的人，这种观念成了本田需要克服的首要障碍。

由于广告宣传活动的大力开展，社会公众最终接受了本田的促销主题："与佳人相会于本田"。早期的广告共表现了几种不同的人物：老人、年轻人、不拘小节的人和一本正经的人等。但他们有一个共性，即他们都有是好人，为公众所接受，他们都骑着一辆本田摩托车。一则广告说："与佳人相会于本田，这涉及到人的品格问题。它行驶方便，可以信赖，要求也不高，价格在215美元左右，5分钱的汽油可跑一整天。它是一位难得的朋友，很省钱！你的家庭买一辆怎么样？全世界最大的卖主。"尽管这则广告的语气很平静，但本田的全部特征通过"佳人""行驶方便""朋友""家庭"和"省钱"这几个词就都充分表现出来了。

同样主题的广告被用于杂志、电视、电台、报纸、户外招牌、农场刊物以及直邮信件。广告媒介尽量直接针对非传统型的自选车拥有者以及那些从未想到要拥有一辆摩托车的人。广告在《生活》《观察》《周六晚报》《体育晚报》等报刊上广为宣传。本田的形象逐渐深入到美国社会的各个阶层，加上本田赛车在世界著名的TT大赛中大获全胜，本田摩托车成了家喻户晓的车。美国的中产阶级甚至以骑本田车为时尚，本田公司取得了美国历史上从未有过的广告大战的胜利。

此后，本田摩托车几乎以势不可挡之势在美国刮起了一股强劲的"本田旋风"。到1963年末，本田车在美国的销售突破了10万辆大关；到1964年，本田摩托车已占领了美国摩托车市场一半以上；1965年，本田的销售量竟有27万辆之多，在美国的市场占有率达80%。本田公司至此在进军美国的战略中取得了辉煌的成功。

公司推销的主要目标是年轻人。本田公司相信：随着第二次世界大战期间出生的新一代逐渐长大成人，那些注重个性化的产品一定会流行起来。本田所推出的新型轻便摩托车就属于这类产品。购买者主要是16~18岁的小伙子，有大学生、青年职工，还有刚刚发迹的白领阶层。研究表明：十几岁的年轻人正成为摩托车的主要拥有者，20岁以下的第一次购买者要占到32%。

本田公司通过其"佳人"广告成功地推出了这样一种观念，即骑摩托车的人既潇洒敏捷，又老成持重。美国及欧洲的摩托车制造商们也曾通过广告活动促进了整个行业的飞速发展，但像本田在短时间内促成了社会习俗的改变和社会公众的承认与接受，其大众传播的有效性以及广告技术的高水平，尚不多见。

对于出现的问题，本田公司也总是能及时做出反应，及时解决。1966年，摩托车的总销售额骤然下降。尽管本田摩托车的销售量有所增加，但比预期的要低，这引起了本田的担心。出现摩托车销售量下降的主要原因是由于越南战争的爆发，越来越多的18～25岁的年轻人相继应征入伍。这部分人原来就占本田市场的50%。此外，银行界越来越不愿借钱给那些达到应征入伍年龄的人。

当然，这些问题都属于各企业的外部环境因素。对此，本田和任何摩托车制造商一样无能为力，但本田毕竟采取了措施。面对日益萎缩的市场，本田将广告费从600万美元增加到700万美元，并设计出一个主要针对非应征入伍者的广告方案，这个目标就是妇女。这是很自然的。廉价、轻便、易用的摩托车本来就对妇女有着巨大的吸引力，她们既可以购买也可以租用，并且方便、实惠，服务不成问题。为了使家庭主妇、学生以及青年职员们都觉得有能力驾驶这种新型交通工具，需要更改产品形象。本田公司设计了甲壳虫般的外形，采用了当时流行的鲜艳色彩作装饰，使整个车身看起来耀眼而引人注目。新产品一上市便大受年轻人的欢迎，越来越多的妇女采取购买行动。本田公司又一次渡过难关。

此后，本田摩托车继续风靡美国，本田公司也因此获得了"世界第一摩托厂家"的称号。

结合案例，回答下列思考题：

1. 汽车市场有效细分的原则包括：差异性、可预测性、可进入性、可衡量性、有发展潜力。"企业有能力进入细分市场，为之服务，并占领一定的份额。"属于汽车市场有效细分的（　　）。

  A．可预测性   B．可进入性
  C．稳定性   D．实效性

2. 整体市场营销战略和密集性市场营销战略均以市场细分为前提，均属于差异性营销战略。两者分别适用于（　　）。

  A．国内企业和国外企业   B．国内企业和国外企业
  C．大型企业和中小型企业   D．中小型企业和大型企业

3. 案例中本田摩托车首次进入美国市场，对市场细分的标准有哪些？（　　）

  A．年龄   B．性格   C．利益   D．地理区域

4. 本田摩托车进入美国市场后所采取的目标市场营销策略是（　　）。

  A．无差异性营销策略   B．差异性营销策略

C. 密集型市场营销策略　　　　　D. 整体市场营销策略

5. 本田摩托车初入美国时的市场定位是"与佳人相会于本田",这种定位策略属于（　　）。

A. 市场空当定位　　　　　　　　B. 比附定位
C. 属性定位　　　　　　　　　　D. 利益定位

【任务实施】

1. 班级所有学生制作 PPT,内容为市场定位的战略类型的异同,要求简述汽车市场定位的常见策略的特点,清晰明了,时间 5 分钟,教师考察学生讲解过程,并完成表 3-4 的考核记录表。

表 3-4　教师考核记录表

实训项目：汽车市场定位常见策略的 PPT 制作及讲述
组号：　　　　　　　　　　　　　　　　　　　　姓名：

项目	评分重点	必要的记录	分值	评分
PPT 讲解	PPT 内容是否全面		10	
	PPT 的布局		8	
	PPT 的色彩、字体、字号的安排		8	
	讲解者仪表		5	
	多媒体设备的使用		8	
	讲解者的语言是否规范		10	
	讲解者的肢体动作		10	
	讲述效果		10	
	时间安排		10	
点评及回答提问	表达能力		10	
	思维能力		5	
	回答问题准确性		6	
总分			100	

2. 班级所有学生制作 PPT,内容为市场定位的战略类型的异同,要求简述各种市场定位的战略类型的差异,清晰明了,时间 5 分钟,教师考察学生讲解过程,并完成

表 3-5 的考核记录表。

表 3-5　教师考核记录表

实训项目：市场定位战略类型的差异的 PPT 制作及讲述
组号：　　　　　　　　　　　　　　　　　　姓名：

项目	评分重点	必要的记录	分值	评分
PPT 讲解	PPT 内容是否全面		10	
	PPT 的布局		8	
	PPT 的色彩、字体、字号的安排		8	
	讲解者仪表		5	
	多媒体设备的使用		8	
	讲解者的语言是否规范		10	
	讲解者的肢体动作		10	
	讲述效果		10	
	时间安排		10	
点评及回答提问	表达能力		10	
	思维能力		5	
	回答问题准确性		6	
总分			100	

【项目总结】

本项目分为三个任务，任务一介绍了汽车市场细分的理论；任务二介绍了汽车目标市场选择的理论；任务三介绍了汽车市场定位的理论与方法。市场细分、选择、定位的运作流程归纳如图 3-3 所示，其中重点需要掌握以下内容：

- 汽车市场细分的概念和作用
- 汽车市场细分的常见标准
- 汽车市场细分原则
- 目标市场战略选择时应考虑的主要因素
- 市场定位的概念与方法
- 汽车市场定位常见策略

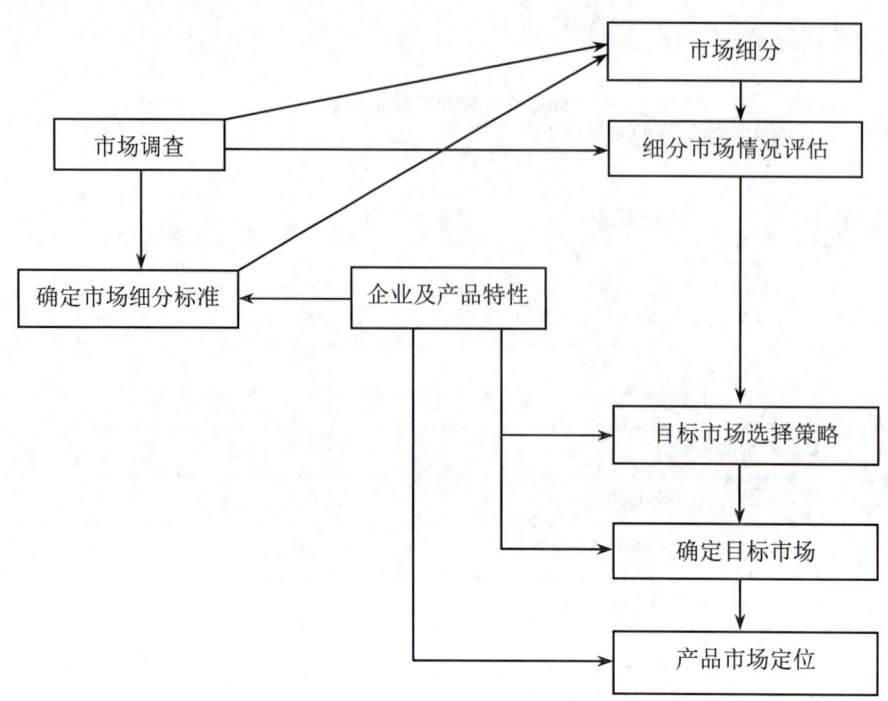

图 3-3 市场细分、选择、定位的运作流程

【项目训练】

一、单项选择题

1. 在对轿车市场进行细分时，常采用家庭收入这一指标来进行细分，则这一细分指标属于（　　）类细分标准。
　　A．地理位置　　　　　　　　B．购买者行为
　　C．购买者心理　　　　　　　D．人口特点
2. 要面对整个市场，为满足各个细分市场上不同的需要，分别为之设计不同的产品，采取不同的市场营销方案，分别向各个细分市场提供各种不同品种的汽车产品，并以所有的细分市场为目标的营销战略属于（　　）。
　　A．无差异市场营销战略　　　B．集中市场营销战略
　　C．整体市场营销战略　　　　D．密集型市场营销战略
3. "金杯海狮，丰田品质"的定位就属（　　）类型的定位。
　　A．比附定位　　　　　　　　B．利益定位

C. 属性定位　　　　　　　　　　D. 质量/价格定位

二、多项选择题

1. 汽车市场细分的原则主要有（　　）。
　A. 可衡量性　　　　　　　　　B. 可进入性
　C. 效益性　　　　　　　　　　D. 有发展潜力
2. 以下（　　）等因素是目标市场战略选择时应考虑的主要因素。
　A. 企业的实力　　　　　　　　B. 市场供求情况
　C. 竞争者的营销战略　　　　　D. 产品所处的生命周期阶段

三、填空题

1. 影响细分市场吸引力的 5 个因素是指 ＿＿＿＿、＿＿＿＿、＿＿＿＿、＿＿＿＿、＿＿＿＿。
2. 我们把企业根据用户对所生产产品的需求程度，根据市场上同类产品竞争状况，为本企业产品规划一定的市场地位，即为自己的产品树立特定形象，使之与众不同的过程称为 ＿＿＿＿ 过程。
3. 市场之所以能够细分的前提是市场需求的 ＿＿＿＿ 和 ＿＿＿＿。

四、简答题

1. 简述汽车市场细分的作用。
2. 简述汽车市场定位的程序。

五、案例分析

"野马"驰骋市场

1964 年，著名的汽车大王李·艾柯卡，为福特汽车公司推出的新产品"野马"轿车，获得了轰动一时的成功，两年内便为福特公司创造了 11 亿美元的纯利润。当时，购买野马车的人打破了美国历史的记录，在不到一年的时间里，野马汽车风行整个美国，各地还纷纷成立野马车友会。为什么野马汽车如此受人欢迎？这与其独特周密的营销策划是分不开的。李·艾柯卡在仔细分析了市场状况之后，制定了一整套推出"野马"汽车的营销策略，令人瞩目的销售业绩使他获得了"野马之父"的称号。

1. 选择目标市场

1962 年，李·艾柯卡就任福特汽车公司分部总经理后，便策划生产一种受顾客欢迎的新车，这一念头是他对整个汽车市场营销环境作了充分调查研究之后产生的。

（1）福特公司的市场研究人员调查得知：第二次世界大战以后，生育率激增，几千万婴儿如今已长大成人，今后十年的人口平均年龄要急剧下降，20～24岁年龄组要增长50%，购买新车的18～34岁年轻人可望占到一半。根据这一信息，艾柯卡预见到今后10年的汽车销售量将会大幅度增长，而对象就是年轻人。

（2）随着受教育程度的提高，消费模式也在改变；妇女和独身者顾客数量增加，两辆汽车的家庭也越来越多，人们愿意把更多的钱花在娱乐上。人们正在追求一种样式新颖的轻型豪华车。

（3）艾柯卡在欧洲了解福特汽车公司生产的"红雀"牌汽车销售情况时，发现"红雀"太小了，没有行李箱，虽很省油，但外形不漂亮，如不尽快推出一种新车型，公司就可能被竞争对手击败。

于是，艾柯卡根据上述信息瞄准了一个目标市场，适合这个市场的车应当是：车型要独树一帜，容易辨认；为便于妇女和新学驾驶汽车的人购买，要容易操纵；为便于外出旅行，要有行李箱；为吸引年轻人，外形要像跑车，而且要胜过跑车。

2. 根据目标市场进行产品设计

有了新车的设计思路，福特的设计专家们便开始行动。李·艾柯卡授意车型经理和生产经理主持车型设计，指出这种新车一定要兼具式样好、性能强、价格低三大特色。这种车应当是小型的，但又不能太小，必须能容下四人；它必须是轻型的，重量不能超过2500磅；价钱方面，要带有全套自选设备而不能超过2500美元。1962年秋天，新车的泥塑模型呈现在了艾柯卡面前。1963年春天，样机陈列在福特设计中心，与公司的强大竞争对手通用汽车公司的雪佛兰新车并排展示，进行对比性分析。样机一再改进，最后的形状为：方顶，流线形；前长后短，低矮大方；整车显得既潇洒又矫健。

艾柯卡把新车的命名也看作是产品设计的一部分。在早期设计阶段，新车被叫做猎鹰特号，后来，又有人想叫它美洲豹、雷鸟Ⅱ型等，艾柯卡认为均不理想，于是委托广告公司代理人去底特律公共图书馆找目录。从A～Z列出成千动物，最后筛选出一个——"野马"，这是一个激动人心的地道的美国名字。美国人对第二次世界大战中野马式战斗机的名字印象极为深刻，用"野马"作为新型车的名字，不仅能显示出车的性能和速度，有着广阔天地任君闯的味道，而且很适合美国人放荡不羁的个性。

接下来的工作是为"野马"车制定价格。新车试制小组在底特律选定了52对有中等收入的青年夫妇，请他们到福特展厅来品评新车。白领夫妇对新车造型表示满意，蓝领夫妇则把野马看作他们所追求的地位和权势的象征。艾柯卡请他们为新车估价，几乎所有人都估计约10000美元，并表示家中已有车，将不再购买这种车。当艾柯卡宣布车价在2500美元以内时，他们十分惊讶，都表示将购买这种能显示身份和地位的新车。在研究了消费者心理之后，艾柯卡把车价定在2368美元，并开始设计下一步的营销策略，为打开野马车的销路作精心的策划。

3. 新车上市的促销活动

福特公司在正式推出"野马"轿车之时，采用了多种多样具有轰动效应的促销手段，真可谓奇招迭出，一鸣惊人。

"野马"汽车正式投放市场前四天，公司邀请了报界100多名新闻记者参加从纽约到迪尔本的70辆"野马"汽车大赛，这些车飞驰700英里无一发生故障，证实了野马车的可靠性。于是，几百家报纸都以显著的位置热情地刊出了关于"野马"的大量文章和照片。从表面上看，这只是一次赛车活动，实际上是一次告知性广告，使"野马"成为新闻界的热门话题。

在"野马"车投放市场的当天，福特在2600种报刊上登了全页广告，并在数家电视台播出广告短片。广告使用了所谓的"蒙娜·丽莎"手法：一幅朴素的白色"野马"在奔驰的画面，注上一行简单的字："真想不到"，副题是：售价2368美元。由于公关经理的努力，新车照片同时出现在《时代》和《新闻周刊》封面上，关于这两大杂志的惊人宣传效果，艾柯卡后来回忆说：《时代》和《新闻周刊》本身就使我们多卖出10万辆！"

福特公司还在全国15个最繁忙的机场和从东海岸到西海岸的200家假日饭店的门厅里陈列了"野马"。公司选择最显眼的停车场，竖起巨型的广告牌，上书"野马栏"以引起消费者的注意，激发人们的购买欲望。

同时，福特公司向全国的小汽车用户直接寄发几百万封推销信，既达到了促销的目的，也表示了公司忠诚为顾客服务的态度和决心。

此外，公司大量上市"野马"墨镜、钥匙链、帽子、"野马"玩具车，甚至在面包铺的橱窗里贴上广告"我们的烤饼卖得像'野马'一样快。"

由于从选定目标市场、产品设计到销售野马车的各个环节，福特公司均作了一系列精心的策划，使野马汽车获得了汽车销售史上的巨大成功，订货单源源而来。到1965年4月16日，即野马诞生一周年的时候，已售出418812辆，创下了福特公司的销售记录。

"野马"之所以成功，关键就在于其符合市场需求的定位。其成功就在于公司决策者能正确地在市场调查的基础上进行市场细分，并在细分的基础上找准了目标市场，最后能针对目标市场的特殊性进行产品定位和价格定位。

有需求才有市场，但现代市场上的需求已不同于以前，需求的层次性已越来越明显，因此，正确运用STP营销已成为现代市场营销取得成功的关键因素，这也是"野马"营销成功所带给我们的启发之处。

当然，成功的STP策略还离不开市场调查及其他市场组合策略的呼应，这也是这个案例所告诉我们的一个道理。

案例思考题

1．"野马"在面市之前，李·艾柯卡有没有进行市场细分？若有，其细分的标准是什么？

2．"野马"汽车的市场定位是如何确定的？

3．试分析"野马"汽车成功的原因？

项目四
汽车市场营销策略

【项目导读】

4P 理论（也称 4P 策略）产生于 20 世纪 60 年代的美国，它是随着营销组合理论的提出而出现的。杰罗姆·麦卡锡（McCarthy）于 1960 年在其《基础营销》（Basic Marketing）一书中将营销要素概括为 4 类：产品（Product）、价格（Price）、渠道（Place）、促销（Promotion），即著名的 4P 理论。1967 年，菲利普·科特勒在其畅销书《营销管理：分析、规划与控制》第一版进一步确认了以 4P 理论为核心的营销组合方法，即：

产品：注重开发的功能，要求产品有独特的卖点，把产品的功能诉求放在第一位。

价格：根据不同的市场定位，制定不同的价格策略，产品的定价依据是企业的品牌战略，注重品牌的含金量。

渠道：企业并不直接面对消费者，而是注重经销商（分销商）的培育和销售网络的建立，企业与消费者的联系是通过分销商来进行的。

促销：企业注重销售行为的改变来刺激消费者，以短期的行为（如让利、买车送装具等）促成消费，吸引其他品牌的消费者或引导提前消费来促进销售的增长。

4P 理论的提出奠定了管理营销的基础理论框架。该理论以单个企业作为分析单位，认为影响企业营销活动效果的因素有两种：一种是企业不能够控制的，如政治、法律、经济、人文、地理等环境因素，称之为不可控因素，这也是企业所面临的外部环境；一种是企业可以控制的，如生产、定价、分销、促销等营销因素，称为企业可控因素。企业营销活动的实质是一个利用内部可控因素适应外部环境的过程，即通过对产品、价格、分销、促销的计划和实施，对外部不可控因素做出积极动态的反应，从而促成交易的实现和满足个人与组织的目标，用科特勒的话说就是"如果公司生产出适当的产品，定出适当的价格，利用适当的分销渠道，并辅之以适当的促销活动，那么该公司就会获得成功"。所以市场营销活动的核心就在于制定并实施有效的市场营销策略组合。

任务一　汽车产品策略

【任务描述】

汽车产品组合中有产品线、产品项目，产品项目又通过汽车产品的深度、宽度、广度进行衡量。这些概念组合起来就是一张纵横交错的网，可以针对所覆盖用户的不同消费行为采取不同的组合策略。

【相关知识】

汽车产品是汽车市场营销的物质基础，是汽车市场营销组合中最重要的因素。营销组合中的其他三个因素，也必须以汽车产品为基础进行决策，因此，汽车产品策略是整个营销组合策略的基石。汽车企业在制定营销组合时，首先需要回答的问题是，应该设计、制造和销售什么样的汽车产品来满足目标市场需求和消费者的欲望，因为消费者对产品的需求是复杂的。例如，某人购买汽车首先是为了代步，从这一基本需要出发的，只要能为其解决交通出行问题的汽车就可以称为符合其要求的产品。然而即使是针对汽车的代步属性而言，人们对汽车的动力性、经济性、外观、颜色等也会有不同的偏好，人们还会关心汽车的售后服务、二手车残值等问题。因此，从这个角度来看，人们对于同一产品的需求是会不断延伸的。那么哪一种产品对于这些延伸需求的满意程度越高，其被消费者接受的可能性就越大。因此，企业在进行汽车产品的设计和开发时，应尽可能探求消费者对产品的各种层次的需求，评估各种需求的价值，以使产品具有较强的市场竞争力。

总之，汽车产品开发不只是脱离市场营销的纯技术问题，也是一个市场营销问题。

一、产品及整体产品概念

1. 产品的概念

产品概念具有宽广的外延和丰富的内涵，不仅包括有形的实物，还包括无形的信息、知识、版权、实施过程及劳动服务等内容。从市场营销学的角度来讲，产品就是能够满足一定消费需求并能够通过交换实现其价值的物品和服务。产品包括有形产品和无形产品两大类。

2. 整体产品概念

以往,学术界曾用三个层次来表述产品整体概念,即产品整体分为核心产品、有形产品和附加产品。当代产品的概念,应是一个包含多层次内容的整体概念,而不单是指某种具体的、有形的东西,汽车产品更是如此。菲利普·科特勒等学者使用 5 个层次来表述产品整体概念,产品整体概念的 5 个基本层次,如图 4-1 所示。

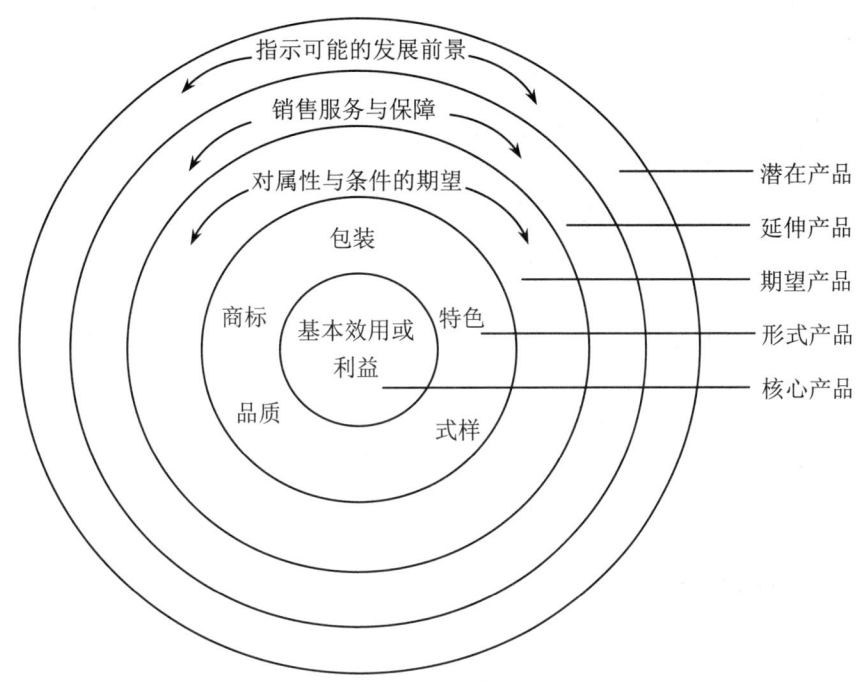

图 4-1　整体产品概念的 5 个层次

(1)核心产品。核心产品是指向顾客提供的产品的基本效用或利益,也是顾客真正想得到的,也是最重要的产品功能,即能满足汽车消费者出行的需求,也就是代步工具。人们购买汽车不是为了获取装有某些零部件的物体,而是为了满足交通或其他方面的需求。

(2)形式产品。形式产品是指核心产品借以实现的形式或对某一需求的特定满足形式。汽车形式产品由五个特征所构成,即品质、式样、特征、商标及包装。这也是汽车消费者购车时考虑的重要因素。

(3)期望产品。期望产品是指购买者购买产品时期望得到的与产品密切相关的一整套属性和条件。如汽车消费者对经销店产品的期望,包括品质卓越的汽车、舒适的购物环境、完善的售后服务等。

(4)延伸产品。延伸产品是指顾客购买形式产品和期望产品时,附带获得的各种利益的总和，包括消费信贷、二手车置换、汽车维修保养手册、质量保证、售后服务等。

（5）潜在产品。潜在产品是指现有产品，包括所有附加产品在内的，可能发展成为未来最终产品的潜在状态产品。潜在产品指出了现有产品的可能的演变趋势和前景。如彩色电视机可发展为录放影机、电脑终端机；汽车可以发展成为水陆空一体的交通工具等。

例如，碳酸饮料的代表——可口可乐的产品整体概念的 5 个层次表现如下：

1）核心产品层次：供顾客饮用解渴。
2）形式产品层次：设计独特的瓶身、醒目的商标、优良的品质等。
3）期望产品层次：时尚、品牌感、随处可得、口感好等。
4）延伸产品层次：送货上门、结算便利、保证温度等。
5）潜在产品层次：引领潮流趋势。

产品整体概念的 5 个层次，十分清晰地体现了以顾客为中心的现代营销观念。这一概念的内涵和外延都是以消费者需求为标准，由消费者的需求来决定的。没有产品整体概念，就不可能真正贯彻现代营销观念。

【案例4-1】猎豹汽车品牌策划

20 世纪 90 年代后期，湖南古城永州，一座现代化的汽车工业城市已具雏形，被国家经贸委有关领导称为"冷水滩模式"的湖南长丰汽车制造股份有限公司在经过 3 年默无声息的快速发展后，开始走向全国，面向世界。

二、寻找品牌价值认同

1998 年之前，"潇洒骄傲，唯我猎豹"作为长丰首推猎豹汽车形象广告语，并未充分体现品牌与产品的个性，更不能展现企业的内涵。因此广告语推出之后，反响平平。1998 年，长丰开始在中央电视台推出企业形象与产品形象广告——"长丰集团猎豹汽车"。凭借中央媒体的权威性，猎豹汽车知名度开始上升，但因广告缺乏鲜明的视觉冲击力与记忆点，观众心中并未留下太多的印象。此后，猎豹又推出了"三菱品质，中国制造"的广告语，但使用时间较短。

过多的主张，频频变换的定位，使猎豹品牌形象模糊不清。对于猎豹汽车，策划的第一项任务便是对品牌进行整合，准确定位。品牌不只是名称，更多的是品牌的精神文化以及理念追求，只有深层次地挖掘品牌的内涵，才能创造出品牌的价值。为此，策划者们确定了体现企业理念和建立可持续发展的强势品牌的品牌策略原则，决定从品牌价值认同中寻找突破。

考虑到汽车是一种相对昂贵的产品，其表现品牌应具有综合性，因而策划者放弃了差异化诉求策略，转向从"高品质"与"技术来源"寻求突破。"三菱技术"在世界轻型越野车工业史中是最完善与先进的技术之一，而猎豹汽车正是沿袭这种技术，在中国造就了高品质的轻型越野车。事实上，在国内几家屈指可数的越野车生产企业当中，猎豹无论从技术上还是品质上都遥遥领先。猎豹品牌的技术被确定为"世界一流技术"，"中国越野之王"被确定为品牌的形象内容。

三、品牌策略思路设计

1998 年 7 月，营销策划公司、企业管理层、日方代表在经过充分讨论后，确定"世界一流技术，中国越野之王"为企业定位广告语。广告语一经推出，就以品牌宣言的形式迅速提升了猎豹品牌的价值形象。

而后策划者又根据企业战略目标，确定了猎豹品牌形象策略的基本构架，包括四个阶段：

第一阶段进行猎豹品牌定位。传播"世界一流技术，中国越野之王"的理念，以战略概念的定位与品质内涵的推广，对猎豹品牌加以整合和升华。

第二阶段进行猎豹汽车品质定位。以"安全舒适""奔放豪华""成功信任"为猎豹汽车品质上的诉求点，根据国内汽车市场的走向，在猎豹汽车原有的营销基础上，完善更加有效的整合传播，以"基于产品，立足形象，建立双向信息交流"逐步完善猎豹汽车市场营销的基础。

第三阶段强化猎豹品牌形象。实现猎豹品牌形象的统一规范，植入猎豹品牌价值观，创造一种较为浓厚的越野车文化氛围。

第四阶段树立长丰企业形象。以品牌的良好经营加强对企业形象的塑造，逐步实现内部与外部的统一。

四、品牌形象广告创意

确定了基本策略之后，另一项任务就是创意出既体现战略思想，又满足企业现实需要的广告。在品牌形象的塑造过程中，随着市场的变化，宣传主题也应有所变化。但不论怎样变，应该都是基本主题的深化和延伸。万变不离其宗的原则要求品牌广告不能仅仅拘泥于产品本身，应有更广阔的延伸空间。

画面：

（1）（远景）晨曦，红日初升之时，在丛林的灌木丛中，猎豹的徽标闪闪发光。（音乐渐起）

（2）（镜头推近）徽标在慢慢地蜕变，首先徽标的首部蜕变成一只眼睛。外椭圆变成了若隐若现的猎豹斑纹，最后徽标变成了一头猎豹，傲然屹立在丛林中。

（3）猎豹冲出树丛，以矫健的身姿在丛林中狂奔，树木、落叶飞舞。（猎豹发出一声慑人的吼声）

（4）猎豹腾空飞跃中，逐渐演变成一头金属猎豹。

(5) 金属猎豹变成了汽车。猎豹车在泥地狂奔，泥花飞溅。（泥花飞溅的"啪啪"声，汽车转弯的摩擦声）

(6) 汽车辗过小溪，水花四射。

(7) 汽车正面朝镜头冲过来，前面的徽标闪闪发光。

(8) 汽车冲上山崖，肖然屹立。（轻音读出：世界一流技术，中国越野之王）

(9) 汽车隐去，画面定格微标。（重音读：长丰集团猎豹汽车）

案例问题：通过以上案例分析整体产品的概念，以及品牌与整体产品之间的关系。

分析：广义上来讲，汽车产品的概念，不仅仅指汽车的实物产品，而是指向汽车市场提供的能够满足汽车消费者某种欲望和需要的任何事物，包括：汽车实物、汽车服务、汽车保险、汽车品牌等各种形式。广义的汽车产品概念引出汽车产品的整体概念，即汽车产品由五个层次构成：核心产品层、形式产品层、期望产品层、延伸产品层和潜在产品层。

汽车的品牌属于汽车的形式产品层范畴。由于汽车产品不仅能够满足人们运输或交通的需要，还能够满足人们心理和精神上的需要，如表明身份、地位、富贵等的需要，而汽车的品牌则是满足人们这些需要的非常重要的方面。

案例中，长丰集团重视猎豹汽车品牌形象的塑造，正是基于对汽车产品整体概念的认识，把品牌作为汽车产品的重要组成部分来看待。

五、产品的分类

1. 按照产品的用途划分

按照产品的用途划分产品，产品可分为消费品和工业品两大类。消费品主要用于个人和家庭消费；工业品主要用于组织市场。汽车产品既可作为私人消费品，也可作为生产资料进行生产经营。

2. 按照产品的有形性划分

按照产品的有形性划分产品，产品可分为有形产品和无形产品。有形产品即实体产品，即看得见摸得着的产品。无形产品即服务。服务是无形的、不可分离的、可变的和易消失的，如酒店服务、教育、银行业务、旅游等。作为结果，它们一般要求更多的质量控制。

汽车产品属于高档耐用消费品或生产资料，购买后很长一段时间里，需要汽车企业不断地提高各种售后服务，是一个典型的有形产品和无形产品的结合体。

3. 按照产品的耐用性划分

按照消费品的耐用性即使用时间长短划分，产品可分为耐用品、半耐用品和非耐用品三类。

1) 耐用品。产品使用时间长、价格比较昂贵，如房产、高档首饰、家电等。耐用品一般需要较多的人员推销和服务。

2) 半耐用品。产品能使用一段时间，消费者不需要经常购买，但消费者在购买时，会对产品的实用性、颜色、质量、价格、服务等基本信息进行有针对性的比较和挑选，如服装、鞋帽等。消费者在购买此类产品时会进行细致的挑选，然后才会购买。

3) 非耐用品。即消费品，一般有一种或者多种消费用途，产品消费快，购买频繁，如烟酒、食品、日用品等。这类产品一般采用密集分销方式，产品随处都可以买到，可通过大力的广告宣传吸引顾客使用并形成消费偏好。

六、产品组合

1. 产品组合及其相关概念

（1）产品项目。产品项目是产品线中的一个明确的产品单位，它可以根据尺寸、价格、外形、型号等属性来区分，也可以根据品牌来区分。对于汽车产品而言，产品项目即汽车品种。

（2）产品线。产品线是指一组密切相关的产品项目。它可以从多方面加以理解：满足同类需求的产品项目，如不同型号的电视机等；互补的产品项目，如计算机的硬件、软件等；对于汽车产品而言，产品线即车型系列。

（3）产品组合。产品组合（又称产品搭配）是指一个企业提供给市场的全部产品线和产品项目的组合或结构，即企业的业务经营范围。企业为了实现营销目标，充分有效地满足目标市场的需求，必须设计一个优化的产品组合。

图 4-2 所示为某一汽车生产厂家的汽车产品组合示意图。

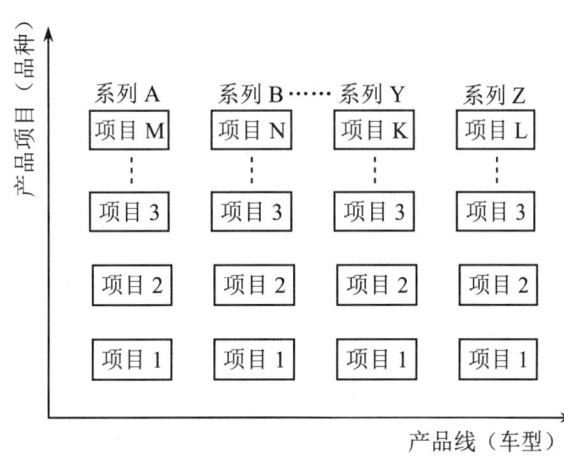

图 4-2　汽车产品组合示意图

表 4-1 所示为奥迪产品组合。

表 4-1 奥迪产品组合（部分）

	汽车产品线：宽度				
	A 系列轿车	Q 系列越野车	S 系列运动车	RS 系列高性能运动车	TT 系列跑车
汽车产品品种：深度	A1	Q1	S1	RS2	TT Coupe
	A2	Q2	S3	RS3	
	A3	Q3	S4	RS4	
	A4	Q4	S5	RS5	
	A5	Q5	S6	RS6	TT Roadster
	A6	Q6	S7	RS7	
	A7	Q7	S8		
	A8	Q8			
		Q9			

2. 产品组合策略

产品组合策略就是指企业如何根据消费市场的实际，合理进行产品组合决策。在进行产品组合决策时，应该注意以下 4 个方面：一是企业所拥有的资源条件的限制；二是市场基本需求情况的限制；三是竞争条件的限制；四是政府法律法规以及相关行业政策的限制。

常采取的策略有以下几个方面：

（1）产品项目（汽车品种）发展策略

企业如果增加汽车产品品种可增加利润，那就表明产品线太短；如果减少汽车品种可增加利润，那就表示产品线太长。产品线长度以多少为宜，则主要取决于企业的经营目标。

目前，我国汽车买方市场的格局已经形成，为了提高市场占有率，使自己的产品覆盖更多的用户群体，各汽车企业纷纷增加产品线长度，不断丰富产品品种，以增强本企业的市场竞争力。

（2）产品线（车型系列）发展策略

当企业预测现有产品线的销售额和盈利率在未来可能下降时，或其他经营条件（如市场竞争、企业经营目标等）发生改变时，就必须考虑在现有产品组合中增加产品线，或加强其中有发展潜力的产品线。

（3）产品线延伸策略

产品线延伸策略指全部或部分地改变原有产品的市场定位，具体有向下延伸（在高档产品线中增加中低档产品项目）、向上延伸（在中档产品线中增加高档产品项目）和双向延伸三种实现方式。

向下延伸。公司产品最初位于高端市场，随后将产品线向下延伸，即在高档产品线中增加中低档产品项目，以扩大市场占有率和销售增长率，补充企业的产品线空白。例如，中国重汽的黄河王子，就是在斯太尔重型车平台的基础上向下延伸，进入中重型市场开发出来的产品。

向上延伸。在原有的产品线内增加高档产品项目，以占领更高层次的市场份额。如中国重汽 2003 年在斯太尔产品线基础上开发出斯太尔王作为提升产品，在重卡市场上一举获得成功。

双向延伸。即原定于中档产品市场的企业获得了市场优势后，向产品线的上、下两个方向延伸，一方面可以获得更多的市场份额，另一方面也可以向不同的市场领域进军。

七、汽车产品生命周期

1. 产品生命周期的概念

我们把产品从完成试制、投放到市场开始，直到最后被淘汰退出市场为止的全部过程所经历的时间，称为产品的生命周期（Product Life Cycle）。汽车产品的生命周期可以理解为某种车型从试制成功上市到被新车型替代而淘汰所经历的时间。

2. 汽车产品生命周期的形态划分

根据产品销售量、销售增长率和利润等变化曲线的拐点，可以定性地把汽车产品生命周期划分为 4 个典型时期，如图 4-3 所示。

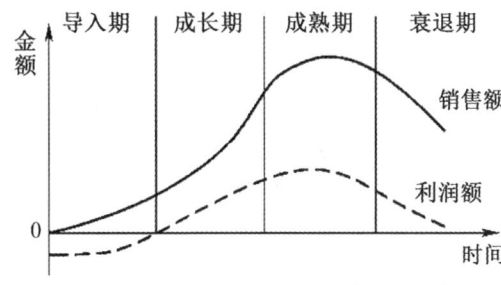

图 4-3　产品的生命周期

（1）市场导入期

市场导入期是指在市场上推出新产品，产品销售呈缓慢增长状态的阶段。在这个阶段中，新产品刚刚投入市场，顾客对产品还不了解，只有少数追求新奇的顾客购买，销售量低。为打开销路，企业一般需要投入大量的广告、促销费用，为产品做宣传。这一阶段，由于新产品产量小，成本高，销售额增长缓慢，企业利润较小，甚至有可能亏损。

（2）市场成长期

市场成长期是指该产品在市场上迅速为顾客所接受、销售额迅速上升阶段。在这个阶段中，顾客对产品已经熟悉，大量顾客开始购买，市场份额逐步扩大。此时，企业也已经具备大量生产的条件，随着产量的增加，生产成本逐步降低，企业的销售额迅速上升，利润也随之迅速增长。与此同时，同行业竞争者看到有利可图，纷纷进入该领域抢占市场份额，使同类产品的供给量增加，价格随之呈下降趋势。

（3）市场成熟期

市场成熟期是指大多数购买者已经接受该车型，市场销售额缓慢增长或下降的阶段。在这个阶段中，销售额和利润已经达到最大值，市场占有率也趋于稳定，市场保有量基本饱和。

（4）市场衰退期

市场衰退期是指销售额急剧下降、利润渐趋于零甚至负值的阶段。在这个阶段中，企业产品已经陈旧老化，销售额快速下降，利润大幅度下降，运营成本及制造费用增加，有时出现亏损，产品的市场竞争力极弱，即将被市场淘汰。

产品生命周期各阶段的特点见表4-2。

表4-2 产品生命周期各阶段特点

阶段 特点	导入期	成长期	成熟期	衰退期
销售额	低	快速上升	缓慢上升或下降	下降
利润	低	快速增长	降低	低或无
单位成本	高	低	下降	回升
顾客	少数	多数	多数	少数保守者
竞争者	很少	增多	最多	减少
价格	高或低	适当	降低	降低

八、汽车产品组合策略的运用

汽车产品组合策略，就是根据汽车企业的市场经营目标，对汽车产品组合的广度、深度和相容度进行决策，确定一个最佳的汽车产品组合。

1. 产品组合扩展策略

产品组合扩展策略即扩大产品组合的宽度，增大产品组合的深度，增加产品组合的相容度。

扩大产品组合策略是开拓产品组合的广度和加强产品组合的深度。开拓产品组合广度是指增添一条或几条产品线，扩展产品经营范围；加强产品组合深度是指在原有的产品线内增加新的产品项目。具体方式如下：

（1）在维持原产品品质和价格的前提下，增加同一产品的规格、型号和款式。

（2）增加不同品质和不同价格的同一种产品。

（3）增加与原产品相类似的产品。

（4）增加与原产品毫不相关的产品。

如松下公司本是著名的家用电器厂商，现在还生产大型集成电路和精密陶瓷；丰田公司不仅生产汽车，还生产预制房屋，经营房地产业务；精工除大力发展钟表新品种，以保持全球最大钟表商的地位外，还投资于机械、计算机、半导体等行业；索尼公司的经营范围也逐步由电子产品扩展到保险业和体育用品业。

2. 缩减汽车产品组合策略

该策略也同样有缩减汽车产品组合广度、深度、相容度三种方式。

（1）可集中精力与技术，对少数汽车产品改进品质、降低成本。

（2）对留存的汽车产品可以进一步改进设计、提高质量，从而增强竞争力。

（3）使脱销情况减少至最低限度。

（4）使汽车企业的促销目标集中，效果更佳。

3. 高档汽车产品策略与低档汽车产品策略

（1）高档汽车产品策略，是在一种汽车产品线内增加高档汽车产品，以提高汽车企业现有的声望。

（2）低档汽车产品策略，是在高档汽车产品线中增加物美价廉的汽车产品项目，目的是利用高档名牌汽车产品的声誉，吸引购买力较低的消费者，使其慕名来购买廉价汽车产品。

【任务实施】

以六人为一小组，针对国内市场上比较感兴趣的汽车品牌，列出该公司的产品组合，并对该公司的产品组合进行优劣分析。

任务二　汽车价格策略

【任务描述】

汽车价格策略是指汽车生产企业通过市场调研，对顾客的需求和企业的生产成本及市场竞争状况进行分析，从而选择一种能吸引顾客、实现营销组合的价格策略。

在市场营销活动中，汽车产品的价格不仅是汽车商品价值的货币表现形式，而且会随着市场需求、市场竞争状况的变化而变化。在我国汽车市场竞争日益激烈的今天，价格策略成为国内汽车企业重要的营销手段。

汽车营销人员需要掌握汽车价格的构成要素、定价方法以及各种方法的灵活运用。

【相关知识】

一、汽车价格概述

1. 影响汽车价格的因素

汽车价格的高低，主要是由汽车中包含的价值量的大小决定的。但是，从市场营销角度来看，汽车的价格除了受价值量的影响外，还要受以下几种因素的影响和制约：

（1）汽车生产与流通成本。汽车在生产与流通过程中耗费的一定数量的物化劳动和活劳动就是汽车的成本。成本是影响汽车价格的实体因素。汽车成本包括汽车生产成本、汽车销售成本和汽车储运成本。汽车生产企业为了保证再生产的顺利实现，通过市场销售，既要收回汽车成本，同时也要保证一定的盈利。

（2）消费者需求。消费者的需求对汽车定价的影响，主要通过汽车消费者的需求能力、需求强度、需求层次反映出来。汽车定价首先要考虑汽车价格是否适应汽车消费者的需求能力，如果消费者的需求能力强，企业在定价时，可以定得高一些；反之，则应低一些。其次要考虑消费者的需求强度，如果消费者对某品牌汽车的需求比较迫切，且对价格不敏感，企业在定价时，可定得高一些；反之，则应低一些。另外，不同的需求层次对汽车定价也有影响，对于能满足较高层次需求的汽车，其价格可定得高一些；反之，则应低一些。

（3）汽车产品的特征。汽车产品的特征是汽车自身所形成的特色。一般指汽车造型、质量、性能、服务、商标和装饰等，它能反映汽车对消费者的吸引力。汽车特征好，该汽车就有可能成为名牌汽车、时尚汽车、高档汽车，就会对消费者产生较强的吸引力。这种汽车产品往往会供不应求，因而在定价时即使比同类汽车高一些，消费者也能够接受。

（4）市场竞争者的行为。汽车定价是一种挑战性行为，任何一次汽车价格的制定与调整都会引起竞争对手的关注，并导致竞争对手采取相应的对策。在这种对抗中，竞争力强的汽车企业定价自由度较大；竞争力弱的汽车企业定价的自由度相对较小。

（5）汽车市场结构。根据汽车市场的竞争程度，汽车市场结构可分为四种不同的汽车市场类型。

1）完全垄断市场，又称独占市场。它是指汽车市场或某区域市场完全被某个汽车品牌所垄断。

2）寡头垄断市场。它是指整个汽车市场由少数几家大的汽车公司所垄断，是介于完全垄断和垄断竞争之间的一种汽车市场形式。在这种汽车市场中，汽车的市场价格不是由市场供求关系决定的，往往是由这几家汽车公司通过协议或默契规定的。

3）垄断竞争市场。它是指既有垄断倾向又有竞争成分的汽车市场。其主要特点是：同类汽车在市场上有较多的生产者，市场竞争比较激烈；不同企业生产的汽车既有同质性又存在差异性。

4）完全竞争市场，又称自由竞争市场。在这种市场下，汽车产品同质化程度较高，汽车价格主要受市场供求关系影响，其他因素影响相对较弱。

（6）政府干预。为了维护国家与消费者的利益，维护正常的汽车市场竞争秩序，国家制定的相关法律法规约束汽车企业的定价行为。

（7）社会经济状况。一个国家或地区经济发展水平越高，发展速度越快，人们的收入水平增长就越快，购买力就越强，汽车企业为汽车定价的自由度就比较大。反之，一个国家或地区经济发展水平越低，发展速度越慢，人们的收入水平增长就越慢，购买力就越弱，企业为汽车定价的自由度也就越小。

2．汽车价格的构成

汽车价格是汽车价值的货币表现，汽车价值决定汽车价格。汽车价格的构成是指构成汽车价格的各个因素及其在汽车价格中的组成状况。汽车价格主要由四部分组成：汽车生产成本、汽车流通费用、国家税金和汽车企业利润。

（1）汽车生产成本

汽车生产成本是指在汽车生产领域，生产一定数量汽车产品时所消耗的物资资料和劳动报酬的货币形态，是在汽车价值构成中的物化劳动价值和劳动者新创造的用以补偿劳动力价值的转化形态。它是汽车价值的重要组成部分，也是制定汽车价格的重要依据。

（2）汽车流通费用

汽车流通费用是指汽车产品从生产领域通过流通领域进入消费领域所耗费的物化劳动和活劳动的货币表现。汽车流通费用是汽车价格的重要构成部分，发生在汽车从生产企业向消费者转移过程的各个环节之中，并与车辆的移动时间、移动距离有关，因此它是正确制定同种汽车差价的基础。它包括整车生产企业为了推销产品而产生的销售费用和在流通领域发生的商业流通费用，且后者占绝大部分。

（3）国家税金

国家税金是生产者为社会创造和占有价值的表现形式，它是汽车价格的构成部分之一，国家通过法令规定汽车的税率并进行征收。当然，税率的高低会直接影响汽车的价格，因此税率的调整也是国家宏观调控汽车生产经营和市场销售的重要经济手段。

购车需缴税费的具体项目如表 4-3、表 4-4 所示。

表 4-3　购车需缴税费项目

项目	购车前的税费			购车后的税费	
进口车	关税	增值税	消费税	购置税	车船使用税
国产车	无				

表 4-4　缴税具体税率/税费

税费项目	关税	增值税	消费税	购置税	车船使用税
税率/税费	25%	17%	1%～40%	10%	300～600

（4）汽车企业利润

汽车企业利润是指整车生产企业和汽车经销商为社会创造和占有价值的表现形式，是汽车价格的构成之一，也是企业扩大再生产的重要资金来源。

从汽车流通角度来看，汽车价格的具体构成为：

汽车出厂价格 = 汽车生产成本 + 汽车生产企业的利税

汽车直售价格 = 汽车生产成本 + 汽车生产企业的利税 + 汽车经销商的费用 + 汽车经销商的利税

二、汽车定价目标

一般来讲，汽车企业可供选择的汽车定价目标有以下六大类：

1. 利润导向的汽车定价目标

企业进行市场经营的根本目的就是追求效益。利润是企业发展的前提，汽车企业也不例外，因此，企业常把利润作为重要的定价目标。以利润为导向的定价目标有 3 种：

(1) 利润最大化目标

以最大利润作为汽车定价目标，是指汽车企业期望获取尽可能大的销售利润。具有竞争优势的中小汽车企业通常用这种目标。最大利润既有长期和短期之分，又有汽车企业全部汽车产品和单个汽车产品之别。

(2) 目标利润

以预期利润为汽车定价目标，就是汽车企业把产品或投资的预期利润水平，作为汽车销售额或投资额的一定比例，即汽车销售利润率或汽车投资利润率。

以目标利润定价就是在成本的基础上加上目标利润。根据实现目标利润的要求，汽车企业要估算汽车按什么价格销售、销量达到多少才能实现预期的目标利润。

一般来说，在行业中具有较强的实力、竞争力比较强、处于汽车行业领导地位的企业可以采用目标利润作为汽车定价目标。

(3) 适当利润目标

有些汽车企业为了保全自己，限于实力不足，为了降低市场风险，以满足适当利润作为汽车定价目标。这种情况多见于处于市场追随者地位的中小汽车企业。

2. 销量导向的汽车定价目标

以市场销量为导向的汽车定价目标是指汽车生产企业期望达到某一汽车销售量或市场占有率而确定的价格目标。

(1) 保持或扩大汽车市场占有率

汽车市场占有率是汽车企业经营状况和汽车产品在汽车市场上的竞争能力的直接反映，对于企业的生存和发展具有重要的战略意义。因此，汽车企业非常重视保持或扩大汽车市场占有率。

资金雄厚的汽车大公司，往往喜欢以低价渗透的方式来保持一定的汽车市场占有率；一些中小企业为了在某一细分汽车市场获得一定优势，也十分注重扩大汽车市场占有率。

一般来讲，只有当汽车企业处于以下几种情况下，才适合采用该种汽车定价目标：

1) 该汽车的价格需求弹性较大，降低价格能够增加市场需求，提高销量，促使汽车市场份额的提高。

2) 汽车生产成本和流通成本随着销量增加而下降，利润呈现上升的趋势。

3) 低价可以阻止现有的和可能出现的潜在竞争者进入。

4) 汽车企业有雄厚的经济实力承受低价所造成的经济损失。

5) 采用进攻型经营策略的汽车企业。

(2) 增加汽车销售量

以提高汽车销售量为定价目标，一般适用于汽车的价格需求弹性较大、企业开工不足、生产能力过剩的情况。

3. 竞争导向的汽车定价目标

以竞争为导向的汽车定价目标是指在激烈的汽车市场竞争中，企业以应付或避免竞争为导向而采取的定价目标。在激烈的市场竞争中，竞争对手对汽车价格都很敏感，在对汽车产品进行定价前，一般要广泛收集市场信息，把本企业的汽车性能、质量和成本与竞争者的同类车型相比较，然后制定本企业的汽车价格。通常采用的方法如下：

（1）与竞争者产品同价。
（2）高于竞争者产品的价格。
（3）低于竞争者产品的价格。

汽车企业在遇到同行进行价格竞争时，常常会被迫采取相应对策。主要包括：竞相降价，压倒对方；及时调价，价位对等；提高价格，树立威望。在现代市场竞争中，价格战极易导致两败俱伤，风险较大。所以，企业往往会避开价格战，而在汽车质量、促销、分销和服务等方面下工夫，以巩固和扩大自己的汽车市场份额。

4. 汽车质量导向的定价目标

汽车质量导向的定价目标是指汽车企业在市场上树立以质量领先的目标，从而在汽车价格上作出相应的决策。优质优价是一般的市场准则，从完善的汽车市场体系来看，高价格的汽车自然代表或反映着汽车的高性能、高质量及其优质服务。采取这一目标的汽车企业必须具备以下两个条件：一是拥有高性能、高质量的汽车；二是能够为用户提供完善、优质的服务。

5. 汽车企业生存导向的定价目标

当汽车企业遇到生产能力过剩或在激烈的市场竞争中处于劣势时，企业要把维持生存作为自己的首要目标——生存比利润固然更重要。对于这类汽车企业来讲，只要他们的汽车价格能够弥补变动成本和一部分固定成本，即汽车单价大于汽车企业变动成本，他们就能够维持运营。

6. 汽车销售渠道导向的定价目标

对于通过经销商销售汽车的汽车企业来说，保持汽车销售渠道畅通无阻，是保证汽车企业生产、销售顺利进行并获得良好经营效果的重要条件之一。

为了使得销售渠道畅通，汽车企业必须研究汽车价格对经销商的影响，充分考虑经销商的利益，保证经销商有合理的利润空间，从而提高经销商的销售积极性。

在现代汽车市场经济中，经销商对企业的产品宣传、提高汽车企业知名度有着举足轻重的作用。汽车企业在激烈的汽车市场竞争中，有时为了保住完整的汽车销售网络，保持渠道的畅通，促进汽车销售，必须让利于经销商。

三、汽车定价方法

汽车定价方法是指汽车企业为了在目标市场上实现定价目标，而给汽车产品制定一个基本价格或浮动范围的方法。影响汽车价格的因素比较多，但在制定汽车价格时主要考虑的因素是汽车产品的成本、汽车市场的需求和竞争对手的价格。成本决定了汽车价格的最低基数，市场需求决定了汽车需求的价格弹性，竞争对手的价格提供了制定汽车价格时的参照点。在实际操作中，企业往往侧重于选择影响因素中的一个或几个因素来确定定价方法。由此产生了汽车成本导向定价法、汽车需求导向定价法和汽车竞争导向定价法 3 种汽车定价方法。

1. 汽车成本导向定价法

顾名思义，汽车成本导向定价法就是以汽车生产成本为基础，加上一定的利润和应纳税金来制定汽车价格的方法。这是一种按卖方意图定价的方法。以汽车成本为基础的定价方法主要有以下 3 种：

（1）汽车成本加成定价法

汽车成本加成定价法是最简单的汽车定价方法，即在单辆汽车成本的基础上，加上一定比例的预期利润作为汽车产品的市场售价。售价与成本之间的差额，就是利润。由于利润的多少是按一定比例反映的，这种比例习惯上称为"几成"，所以这种方法被称为汽车成本加成定价法。

（2）汽车加工成本定价法

汽车加工成本定价法是将汽车企业成本分为外购成本与新增成本后分别进行处理，并根据汽车企业新增成本来加成定价的方法。对于外购成本，企业只垫付资金，只有企业内部生产过程中的新增成本才是企业自身的劳动耗费。因此，按汽车企业内部新增成本的一定比例计算自身劳动耗费和利润，使预期利润同汽车企业自身的劳动耗费成正比，是汽车加工成本定价法的要求。

（3）汽车目标成本定价法

汽车目标成本定价法是指汽车企业以预期能达到的目标成本为定价依据，加上一定的目标利润和应纳税金来制定汽车价格的方法。汽车目标成本的确定要同时受到价格、税率和利润要求的多重制约。即汽车价格应确保市场能容纳目标产销量，扣税后销售总收入在补偿目标产销量计算的全部成本后能为汽车企业提供预期的利润。此外，汽车目标成本还要充分考虑原材料、工资等成本价格变化的因素。

2. 市场需求导向定价法

市场需求导向定价法是以市场需求为中心，汽车企业依据消费者对汽车价值的理解和对汽车需求的差别来定价。其主要包括以下内容：

（1）对汽车价值的理解定价法

所谓对汽车价值的理解定价法，就是汽车企业根据消费者对汽车价值的理解（或对汽车价值的认可程度）来制定汽车价格的方法。

（2）对汽车需求的差别定价法

指企业根据消费者对汽车的需求差别来制定汽车的价格。其主要有以下三种情况：

1）按汽车的目标消费者制定价格。因为同一商品对于不同消费者，其需求弹性不一样。有的消费者对价格敏感，适当给予优惠可诱其购买；有的消费者则不敏感，可照价收款。

2）按汽车的颜色、款式等确定价格。由于消费者对同一品牌、同一规格的汽车的不同颜色、款式偏好程度不同，需求量也就不同，因此，不同的价格可以吸引不同需求的消费者。

3）按销售时间（季节）制定价格。同一种车型因销售时间（季节）的不同，市场需求量也不同。汽车企业可据此采取不同的价格，争取最大销售量。

3. 汽车竞争导向定价法

汽车竞争导向定价法是指企业不完全考虑自己企业的产品成本，而主要是参考竞争产品的价格来制定本企业产品的价格，使本企业的汽车价格与竞争产品价格接近或保持一定的差距的方法。这是汽车企业根据市场竞争的需要而采取的特殊的定价方法。其主要有以下3种方式：

（1）随行就市定价法

随行就市定价法，即以同类汽车产品的平均价格作为本企业定价的基础。这种方法适合汽车企业在难以对顾客和竞争者的反应作出准确的估计，而且难以确定定价方法时运用。在实践中，采用随行就市定价可较准确地体现汽车价值和供求情况，获得合理的利润。同时，也有利于协调同行业的步调，融洽与竞争者的关系。

此外，采用随行就市定价法，其产品的成本与利润受行业平均成本的制约，因此，汽车企业只有通过提高企业的管理水平，降低生产成本和管理成本，才能获得更多的利润。

（2）相关车型比价法

相关车型比价法，即以同类汽车产品中消费者认可的某品牌汽车的价格作为依据，结合本企业产品与消费者认可的汽车成本差率或质量差率来制定汽车价格。

（3）竞争投标定价法

在汽车交易中，采用招标、投标的方式，由一个卖主（或买主）对两个或两个以上相互竞争的潜在买主（或卖主）出价（或要价）、择优成交的定价方法，称为竞争投标定价法。其显著特点是招标方只有一个，处于相对垄断的地位；而投标方有多个，处于相互竞争的地位。成交的关键在于投标者的出价能否战胜其他竞争对手而中标，中标者与卖方（买方）签约成交。此定价法主要在政府集中采购、处理走私、没收汽车以及企业处理库存产品时采用，如上海市对机动车牌照的竞拍就属于这种形式。

四、汽车定价策略

在激烈的汽车市场竞争中，企业为了实现自己的营销战略和目标，必须根据产品的特点、市场需求及竞争情况，采取灵活多变的汽车定价策略，使汽车定价策略与其他策略更好地结合，促进汽车销售，提高汽车企业的整体效益。因此，采用正确的汽车定价策略是企业取得竞争优势的重要手段。

1. 汽车新产品定价策略

在激烈的市场竞争中，企业开发的汽车新产品能否及时打开销路、占领市场和获得满意的利润，除了汽车新产品本身的性能、质量及必要的营销策略之外，还取决于汽车企业能否选择正确的定价策略。

汽车新产品定价有3种基本策略。

（1）撇脂定价策略

这是一种高价保利策略，在汽车新产品投放市场的初期，企业将新车价格定得较高，以便在较短的时期内获得较高的利润，尽快地收回投资。

撇脂定价策略的优点是：新车刚投放市场，需求弹性小，尚未有竞争者。因此，只要汽车新品有新意、质量过硬，就可以制定较高价格，满足那些高端消费者求新、求异的消费心理。由于价格（利润）较高，企业可以在较短时期内取得较大利润同时留有降价空间，可以在竞争者大量进入该市场时主动降价，打压竞争者，提高市场竞争能力，同时也符合价格由高到低的消费心理。

撇脂定价策略的缺点是：在新车尚未树立市场声誉时，高价不利于开拓市场，一旦销售遇阻，新产品就有夭折的风险。另外，高价投放市场时如果销路旺盛，也很容易引来竞争者，导致竞争加剧。

撇脂定价策略一般适用于以下情况：

1）企业研制开发的汽车新产品技术新、难度大、开发周期长。
2）新产品市场需求较大，产品供不应求。
3）企业为了树立产品性能高、质量优的高档品牌形象。

（2）渗透定价策略

这是一种汽车低价促销策略，在汽车新产品投放市场时，直接将汽车价格定得较低，使消费者易于接受，便于打开和占领市场。

渗透定价策略的优点是：一是可以利用较低价位迅速打开新产品的市场销路，占领市场，实现薄利多销；二是可以有效阻止竞争者进入，有利于控制市场。其缺点是：

投资的回收期较长，一旦渗透失利，企业就会一败涂地。

渗透定价策略一般适用于以下几种情况：

1）新产品所采用的技术、工艺等已经公开，或者易于仿制，竞争者容易进入该产品市场领域。利用低价可以排斥竞争者，占领市场。

2）本公司上市的汽车新产品在市场上已有同类产品，但是本公司比生产同类汽车产品的其他企业拥有较大的生产能力，并且该产品的规模效益显著，可以通过规模生产降低成本，提高效益。

3）该类汽车产品市场供求基本平衡，市场需求对价格比较敏感，低价可以吸引顾客，扩大市场份额。

（3）满意定价策略

这是一种介于撇脂定价策略和渗透定价策略之间的汽车定价策略，制定的价格比撇脂价格低，比渗透价格高，是一种中间价格。这种汽车定价策略能使汽车生产者和消费者都比较满意，比前两种定价策略的风险小，成功的可能性大，但也要根据市场需求、竞争情况等因素进行具体分析。

2. 按汽车产品生命周期定价策略

在汽车产品生命周期的不同阶段，汽车定价的三个要素（即成本、消费者和竞争者）都会发生变化，汽车定价策略也要适时、有效地随之进行调整。

（1）导入期的定价策略

在新产品导入期，没有其他品牌的汽车可进行比较，大多数消费者习惯把汽车价格作为衡量其质量的标志，对新产品的价格敏感性相对较低，企业可以制定较高的价格。就像我国汽车企业的新车型往往在上市后的第一年采取较高的价格一样。

（2）成长期的定价策略

在成长期，消费者的注意力不再单纯地停留在汽车产品的效用上，开始比较不同汽车品牌的性价比，企业可以采取汽车产品差异化和成本领先的策略。一般来说，由于消费者对产品更加熟悉，价格敏感性提高，故成长期的汽车价格要比导入期的价格低。

（3）成熟期的定价策略

成熟期的汽车定价目标不是为了提高市场份额，而是尽可能地创造竞争优势，提高规模效益。此阶段不宜再使用捆绑式销售，否则会导致产品组合中一个或几个性能较好的汽车产品难以打开市场，但可以通过销售更有利可图的辅助产品或提供优质的服务来稳固市场地位。

（4）衰退期的定价策略

在产品衰退期中很多汽车企业会选择降价。但是，此时降价往往不能刺激起足够的需求，结果反而降低了企业的盈利能力。衰退期的汽车定价目标不是赢得利润或市场占有率，而是应在损失最小的情况下退出该细分市场，或者是维护企业的竞争地位。有3种策略可供衰退期选择：紧缩策略（将资金紧缩到竞争力最强、生产能力最大的汽车生产线上）、收缩策略（通过汽车定价，获得最大现金收入，退出整个市场）和巩固策略（巩固竞争优势，通过降价打败弱小的竞争者，占领他们的市场）。

3．折扣和折让定价策略

在汽车市场营销中，企业为了竞争和实现经营战略，经常对汽车价格采取折扣和折让策略，直接或间接地降低汽车价格，以争取更多的消费者，扩大汽车销量。灵活运用折扣和折让策略，可以提高企业经济效益。具体来说，常见的折扣和折让策略有以下几种：

（1）数量折扣策略

数量折扣一般用在与集团客户交易的过程中，根据用户购买汽车数量的多少，分别给予不同的折扣。用户购买的汽车数量越多，折扣越大。数量折扣分为累计数量折扣和非累计数量折扣。前者指在一定时期内，用户购买汽车达到一定程度的数量或金额时，企业按总量给予一定折扣的优惠，目的在于使集团用户与企业保持长期的合作，从而维持企业的市场占有率；后者指按每次购买汽车的数量多少给予用户一定的折扣优惠，可以刺激用户大量购买，减少库存和资金占压，往往是汽车企业给予经代销商的购车优惠策略。

（2）现金折扣策略

现金折扣是对按约定提前付款或一次付清款项的买主给予一定的优惠。目的是鼓励买主尽早付款，以利于企业的资金周转。

（3）季节折扣策略

季节折扣是指在汽车销售淡季时，给购买者一定的价格优惠。目的在于鼓励经销商进货和消费者购买汽车，减少库存，节约管理费，加速资金周转。

（4）运费让价策略

为了调动经销商的积极性，汽车企业对经销商的运输费用给予一定的补贴，支付一部分甚至全部运费。汽车运费让价一般不采用打折的方法，而采用回扣的方法。因为同样是降价，经销商在支出了很大一笔费用以后能够收到回扣的感受比仅仅得到一种降价的产品要好一些。

4．心理定价策略

每一品牌的汽车都能满足汽车消费者某一方面的需求，汽车价值与消费者的心理感受有着很大的关系。这为汽车心理定价策略的运用提供了市场空间，企业在定价时可以利用消费者的心理因素，有意识地将汽车价格定得高或低，以满足消费者心理的、物质的和精神的多方面需求，通过消费者对汽车产品的偏爱或忠诚，引导消费者的消费观念，扩大市场销售量（销售额），从而获得最大效益。常见的心理定价策略如下：

（1）整数定价策略

在高档汽车定价时，往往把汽车价格定成整数，不带尾数。凭借整数价格来给消费者造成高档消费品的印象，提高汽车品牌形象，满足汽车消费者的某种心理需求。

整数定价策略适用于汽车档次较高、需求价格弹性较小的汽车产品。

（2）尾数定价策略

尾数定价策略是与整数定价策略相反的定价策略，指企业利用汽车消费者求廉的心理，在汽车定价时，不采用整数报价，而是采用带尾数的定价策略。带尾数的汽车价格给汽车消费者直观上一种便宜的感觉，消费者还会认为企业是经过了认真的成本核算才制定的价格，可以提高消费者对该定价的信任度，从而激起消费者的购买欲望。尾数定价策略一般适用于汽车档次较低的经济型汽车。

（3）声望定价策略

声望定价策略是企业根据汽车产品在消费者心目中的声望、美誉度、信任度和社会地位来确定汽车价格的一种定价策略。声望定价策略可以满足某些消费者心里的特殊欲望，如地位、身份、财富、名望和自我形象的展示等，还可以通过高价格显示汽车的名贵优质。例如，在美国市场上，质高价低的中国货通常竞争不过相对质次价高的韩国货，其原因就在于在美国人眼中低价就意味着低档次。声望定价策略一般适用于知名度高、市场影响力大的著名品牌的汽车。

（4）招徕定价策略

招徕定价策略是企业将某种车型的价格定得非常高或非常低，以引起消费者的好奇心理和驻足观望行为，吸引消费者，从而带动其他车型销售的汽车定价策略。如企业在某一时期推出某款车型降价出售，过段时间又换另一种车型降价，吸引顾客时常关注该企业的产品，促进降价产品的销售，同时带动其他正常价格的汽车产品的销售。招徕定价策略常为汽车超市、汽车专卖店所采用。

（5）分级定价策略

分级定价策略是在定价时，把企业的所有汽车产品分为几个等级，不同等级的汽车，采用不同价格的一种汽车定价策略。这种定价策略能使消费者产生货真价实、按质论价的感觉，容易被消费者接受。而且，这些不同等级的汽车若同时提价，对消费者的质价观冲击不会太大。企业在采用分级定价策略时应注意，产品等级的划分要适当，级差不能太大或太小，否则起不到应有的效果。

5. 针对汽车产品组合的定价策略

一个汽车企业往往会有多个系列的多种产品同时生产和销售，这些汽车产品之间的需求和成本既相互联系，又存在一定程度的"自相竞争"。定价时应结合关联的产品组合制定产品的价格系列，使产品组合的利润最大化。这种定价策略主要有以下两种情况：

（1）同系列汽车产品组合定价策略

也就是把一个企业生产的同一系列的汽车作为一个产品组合来定价。为了吸引消费者，可以选定某一车型将其价格定得较低；同时又选定某一车型将其价格定得较高，在该系列汽车产品中充当品牌价格，以提高该系列汽车的品牌效应。

同系列汽车产品组合定价策略与分级定价策略有些相似，但前者更注重系列产品作为产品组合的整体化，强调产品组合中各汽车产品的内在关联性。

（2）附带选装配置的汽车产品组合定价策略

这种定价策略是指汽车产品的配置可以由用户进行某些选择时，把汽车产品与可供选装的配置看作产品组合来定价的策略。这种情况在企业中应用较多。企业首先要确定产品组合中应包含的可选装的配置，其次再对汽车及选装配置进行合理的定价。

【例4-2】上海大众"帕萨特"的定价策略

2002年秋季，汽车价格成了国内媒体报道的热点，同时也是汽车生产厂家避讳的话题。因为在汽车产品越来越同质化的今天，能生产汽车已不再是一个厂家的核心竞争力，而会不会卖车则是充分体现厂家核心竞争力的重要方面。

上海大众是德国大众与上海汽车工业集团总公司成立的合资企业，在品牌营销方面基本上继承发扬了德国大众的策略。而德国大众是世界知名的跨国公司，其制定出的定价策略，是保证公司目标实现的重要条件。通常，这类公司产品价格会受到三个制约因素——生产成本、竞争产品的价格和消费者的购买能力，其中产品的生产成本决定了产品的最低定价，而竞争产品的定价和消费者的购买能力则制约着产品的最高定价。

2003年1月21日，上海大众正式向媒体展示了刚刚推出的帕萨特2.8V6。其打出的品牌定义为"一个真正内涵的人，并非矫揉造作"。营销目标是"成为中高档轿车的领导品牌""成为高档轿车的选择之一"。无疑上海大众希望传播这样一个目标：帕萨特是中高档轿车的首选品牌；在品牌形象方面是典范；要凌驾于竞争对手别克、雅阁和风神蓝鸟之上；缩小与高档品牌（如奥迪、宝马、奔驰）之间的差距。

上海大众为了达到上述目标，在分析了自己的优劣势后进行了定价决策，并围绕着营销目标和所制定的价格进行了一系列行之有效的广告宣传。

（一）定价

为了制定出有竞争优势的市场价格，上海大众从以下几个方面分析了自己的优势：

（1）生产成本。

由于该车系在上海大众已于2000年就开始生产了，而且产销量每年递增，所以生产成本自然会随着规模的增加而降低。

（2）竞争品牌技术差异。

1）在与市场同档次产品（如奥迪 A6、本田雅阁、通用别克等）相比，虽然帕萨特的长度排名最后一位，但是帕萨特最高，达到 1.47 米；轴距为 2.803 米，远远高于雅阁、别克。帕萨特的乘坐空间和乘坐舒适性在同类轿车中为最好水平，尤其对后排乘员来说，腿部和头部空间犹显宽敞。

2）帕萨特和奥迪 A6 所用的 2.8V6 发动机技术水平处于领先地位。

3）空气阻力影响汽车的最高车速和油耗。帕萨特的风阻系数仅为 0.28，在同类轿车中处于最好水平。

4）和帕萨特及奥迪 A6 的周密防盗系统相比，雅阁没有发动机电子防盗系统和防盗报警系统，别克轿车没有防盗报警系统。

5）帕萨特的长度虽然在四种车型中名列最末，但由于其卓越的设计，帕萨特的行李厢容积却超过了广州本田雅阁和上海通用别克。

（3）售后服务是汽车厂商重点宣传的部分，而维修站的数量则是个硬指标。上海大众建厂最早，售后服务维修站的数量自然居于首位。

在对经销商的培训及消费者的宣传中，上海大众用了这样的语言：上海大众便捷的售后服务、价平质优的纯正配件，使帕萨特的维护费用在国产中高级轿车中最低，用户耽搁时间最短，真正实现"高兴而来，满意而归"。很明显，上海大众抓住了消费者的需求心理：高质量、低价位、短时间。

在对职工的全员培训中，上海大众非常明确地描绘出了帕萨特的品牌定位：感性表达——帕萨特宣告了你人生的成就；理性描述——帕萨特是轿车工业的典范；最后一句"帕萨特 2.8V6 是上述品牌定位的最好例证"，显示了新产品的卖点和竞争力。

整个营销方案的最后，打出了帕萨特 2.8V6 的定价：35.9 万元人民币。

（二）广告宣传

为了树立帕萨特清晰、独特的品牌性格，上海大众策划并实施了一系列递进的广告宣传活动。

2000 年 6 月，上海大众引进了在国际车坛屡获殊荣、与世界同步的帕萨特。这一年，帕萨特的广告宣传语"惊世之美，天地共造化"一度脍炙人口，也将帕萨特的优雅外观、完美工艺形象烙进了人们心中。

然而，随着市场的发展，奥迪、别克、雅阁等国际品牌竞争对手的成长，使得中高档轿车的品牌宣传越来越需要一个清晰的市场定位与独特的品牌性格。在分析研究了竞争对手的情况后，上海大众对帕萨特进行了重新描述——"一部有内涵的车"，博大精深，从容不迫，优秀却不张扬。

2001 年 7 月，帕萨特的主题电视广告"里程篇"投播，以对人生成功道路的回顾和思索，把品牌与成功连结在了一起，同时为该品牌积淀了丰富的人文内涵。

2003年1月，上海大众推出了帕萨特2.8V6，配备了2.8V6发动机和诸多全新装备，是大众中高档产品在我国市场的最高配置。该车将帕萨特的尊贵与卓尔不凡乃至整个上海大众的形象推向了一个新的层面。在电视广告宣传中，上海大众利用了"里程篇"所奠定的"成功"基础，将"成功"提升到了更高境界。在这部广告片中，我们可以看到山、水、湖泊、森林、平原、沙漠变换中蕴藏着无限生命力，无疑创意者在表现帕萨特2.8V6的动力。在平面媒体中，上海大众加强了对帕萨特2.8V6"内在力量"的宣传，与电视宣传形成内外呼应、整体配合的效果。但是所有的广告宣传背景都贯穿了一条线索——"修身、齐家、治业、行天下"，该线索借用深入人心的"儒家"思想，概括了中国人的人生态度和抱负，使得"成功"的境界登峰造极。经过了修、齐、治、行四个递进阶段后，帕萨特智慧、尊贵、大气、进取的品牌个性也就毫不张扬地得到了印证。

除电视广告、平面广告等大众媒体外，消费者的宣传手册也很重要。上海大众的做法是详细介绍了帕萨特2.8V6的新技术、新功能。如2.8升V型6缸5气门发动机、侧面安全气囊、电动可调带记忆电动加热前座椅、带雨量传感器的车内后视镜、桃木方向盘、前大灯清洗装置等。

案例问题：试分析并评论帕萨特采用的定价方法，并从营销策略的角度评价一下帕萨特的定价策略。

案例分析：文章很明显地看出，上海大众采用的是竞争导向定价法，这是跨国公司通常的做法。竞争导向定价法是企业根据竞争产品的品质和价格来确定自己产品价格的定价方法。它以市场竞争对手状况为主要依据，根据应对竞争或避免竞争的需要来制定价格，由于35.9万元的帕萨特2.8V6的价格正好低于2.98升别克的36.9万元，又稍高于或基本等于奥迪1.8T 35万元的价格。不难看出，帕萨特2.8V6的上市会对2.98升别克车型和奥迪1.8T车型形成直接冲击，其目的就是要应对市场竞争，且以击败某个或某些竞争对手为主要目标。

案例中，在产品价格确定之后，为了树立帕萨特清晰、独特的品牌形象，上海大众策划并实施了一系列递进的广告宣传等促销活动。这就告诉我们，从营销策略的角度看，产品、价格、分销、促销四个参数是市场营销组合的基本参数，汽车企业在运用营销策略时，应把它们视为一个整体来看待，注意四个方面的相互呼应、相互配合和相互促进，这样才能取得较好的营销效果。

【任务实施】

1. 结合富康汽车在中国的发展简史，简述按汽车产品生命周期定价策略的运用特点。

【阅读材料】

雪铁龙公司的产品有雪铁龙 AX、BX、CX 系列，还有雪铁龙 TDR 等。上世纪 80 年代末 90 年代初，又推出了雪铁龙 ZX 系列新车，其技术水平居世界领先地位。1990 年，ZX 车成为欧洲最畅销的汽车，并在巴黎达喀尔汽车拉力赛中获胜。1991 年雪铁龙和中国二汽合资兴建神龙汽车公司，ZX 车引入中国。

1992 年 9 月，第一辆富康 1.36RG 上市。这辆车采用 SKD 件组装方式，化油器式发动机，四挡变速箱，售价在 19 多万元。

1996 年底，为占领出租车市场，神龙富康推出了 1.36 升 RS 和 RX 两款车。

1997 年 6 月，又推出了 1.6iAL 和 1.6iAG 车型，配电子燃油喷射发动机，手动五挡变速箱，配有前电动门窗、液压助力转向和中控门锁等设备，当时售价为 15.3～16.8 万元。

1997 年底，富康轿车国产化率达到 80% 以上。

1998 年 6 月，1.4 升电喷发动机车上市。1998 年 9 月，富康 988 三厢轿车上市，市场售价在 17.5 万元左右。

1999 年 6 月，神龙公司在富康 1.6iAL 两厢车和 988 车上推出了自动变速箱车型，自动挡车比手动挡车贵 1.4 万元左右。

2002 年 4 月，三厢型富康 988"新自由人"投放市场，售价 11.78 万元。"新自由人"的投放，是神龙公司立足私家车用户（兼顾公务、商务市场需求）及时推出的车型，该款车型具有鲜明的性能价格优势：三厢式的外部造型，满足了消费者多元化的审美需求。

2002 年 6 月，爱丽舍上市，1.6 升，仅有三厢版。

2003 年，塞纳（Xsara）登录中国。在欧洲，它是 ZX 的换代产品，造型更漂亮，技术更先进，但它只有两厢车。

2004 年 1 月 6 日起东风雪铁龙 04 款富康正式投放市场。

2008 年富康正式停产，停产价格 5 万左右。

试分析神龙富康汽车在期投入期、成长期、成熟期、衰退期的价格变化，从中体会产品价格在生命周期内的变化规律。

2. 案例分析

奔驰汽车的最后定价

到 1986 年，奔驰汽车公司成立了 100 周年，100 多年来，奔驰汽车一直以"创造第一流的产品"为经营宗旨，对产品质量作精益求精的探索。为保证产品质量，真正做到不合格的零部件坚持不用，不合格的成品坚决不出厂，奔驰公司从上到下形成一个质量控制监督系统。

对汽车的要求主要表现在行驶安全、坚固耐用、乘坐舒适、操作方便、外形美观等方面。在这一目标下，20世纪50年代奔驰公司研制出第一安全车身。60年代研制出了ABS刹车系统，紧急刹车时不致因路面复杂而翻车。70年代末又研制出转变灵活，既快又稳，而且在高速急转和较大倾斜角度时不会翻车的"190"型小轿车，深受用户欢迎。

确实，奔驰汽车的质量是用户所公认的，但唯独价格比别国的汽车贵得多。

曾经有位记者在参观奔驰汽车时，问公司的销售经理："奔驰汽车售价高会不会对竞争带来不利？"这位经理胸有成竹地回答："奔驰的售价确实比别的汽车要贵一些；但在市场竞争中，我们有最后价格做保证！这是我们的优势。"记者对他的最后价格感到费解，这位经理便继续解释说："所谓最后价格，是对最初价格而言。说奔驰汽车的售价贵，这是指它的最初价格。从最初价格看，别的汽车的价格确实要比奔驰低廉，但最初价格不是用户选买汽车时唯一考虑的标准。一般想买汽车的顾客都会想：买新的汽车在使用一段时间后再转卖出去，那时还能卖多少钱？这就是我们所说的最后价格的含义。"

接着，这位经理列举了各种数据，把各种牌子的汽车同奔驰汽车的使用寿命对比。他的结论是："一般汽车的使用寿命以行驶10万公里为限期，而奔驰汽车跑满了30万公里以后，它的内部件还是基本完好的。这时，如果车主想让给别人，一般还可回收原价的60%。"最后，这位经理信心十足地宣称："我们奔驰公司就凭这个最后价格的王牌来与同业竞争的，至少到目前为止，我们还未遇到挑战……"

试分析这个案例中用的是什么价格策略？该策略的特点有哪些？你受到什么启发？做成PPT予以展示，老师进行点评，见表4-5。

表4-5 教师考核记录表

实训项目：汽车定价策略的PPT制作及讲述
组号：   姓名：

项目	评分重点	必要的记录	分值	评分
PPT讲解	PPT内容是否全面		10	
	PPT的布局		8	
	PPT的色彩、字体、字号的安排		8	
	讲解者仪表		5	
	多媒体设备的使用		8	
	讲解者的语言是否规范		10	
	讲解者的肢体动作		10	
	讲述效果		10	
	时间安排		10	

续表

项目	评分重点	必要的记录	分值	评分
点评及回答提问	表达能力		10	
	思维能力		5	
	回答问题准确性		6	
总分			100	

任务三 汽车分销渠道策略

【任务描述】

汽车分销渠道就是汽车经代销商，作为营销管理人员必须掌握区域经销商的各种能力、区域分布以及跟各渠道的合作模式，最终建立起企业的整个分销网络。

【相关知识】

一、汽车分销渠道概述

1. 汽车分销渠道的含义

汽车分销渠道，就是汽车产品从生产者向最终消费者或产业用户移动时，直接或间接转移所有权所经过的途径。

2. 汽车分销渠道的职能

汽车分销渠道具有以下主要功能：

（1）收集、提供信息功能

汽车分销渠道是汽车市场信息流传递的桥梁。汽车经代销商能直接接触市场的最终消费者，可以直接了解市场的动向和消费者实际状况，并且能收集到竞争对手的营销资料。这些信息都是汽车生产企业产品开发和促销中必不可少的信息。

（2）开拓市场功能

汽车分销渠道通过其销售行为和各种促销活动来刺激需求、创造需求、拓展市场，它是汽车企业的重要资源，关系到企业的生存与发展。

（3）资金结算与融通功能

汽车销售渠道的存在有助于汽车产品流通的加快，可以节约流通环节中的人力、物力、财力，减少汽车产品的储存，加快资金的周转。它是汽车企业节省市场营销费用、加快汽车产品流通的重要措施。由于汽车销售渠道具有融资功能，经代销商不仅可以为本渠道所开展的各项汽车销售工作筹集使用资金，同时，通过支付订货货款，也可以为企业提供进行下一轮汽车生产的资金。

（4）风险分担功能

在市场营销过程中，汽车产品和相关服务由于市场供求和价格的变动，以及商品储运过程中可能发生意外，或因定购、赊销等原因而具有一定的风险，由于经销商是批量购进和储存商品，在此过程中实际上为生产企业承担了一定的资金和经营风险。

（5）服务功能

分销渠道代表整车生产企业发挥售前、售中和售后服务功能。随着汽车产品科技含量的不断提高，特别是一些中高档车集聚了电子技术发展的高新成果。消费者需要在销售人员的指导下了解汽车产品的使用及维修保养知识，或需要某种特殊服务，但因生产企业与用户空间距离较远，直接由整车企业向顾客提供售后服务比较困难，这就要求由分销渠道发挥售后服务的功能。

分销渠道的以上功能并不意味着所有的经代销商都必须具备，经代销商的具体职能可以只是其中的一部分，这与经代销商的类型和作用有关。通常对从事汽车整车销售业务的经代销商，其职能要求主要集中在整车销售、配件供应、维修服务、信息反馈等方面。随着汽车市场的发展，汽车经代销商的功能也会变化，如车辆置换、旧车回收、二手车交易、汽车租赁等业务。

二、汽车分销渠道的分类

由于我国私人（家庭）汽车消费者与生产性用户（企业性组织）购车性质不同，消费目的与购买特点等具有差异性，即使针对同样的用户群体，各区域市场的消费环境、社会习俗、消费观念等也差异较大，企业采取的分销渠道也各有差别。

1. 直接渠道和间接渠道

直接渠道是指没有中间商参与，产品由制造商直接销售给消费者或用户的渠道类型。直接渠道的形式是：生产者－用户。直接渠道是工业品销售的主要方式，特别是一些大型、专用、技术复杂、需要提供专门服务的产品。

（1）直接分销渠道的优点

1）直接渠道有利于产、需双方直接交流沟通信息，可以按需生产，按订单生产，企业为用户量身定做，更好地满足目标顾客的需要。由于是面对面的销售，用户可以更好地掌握商品的性能、特点和使用方法；生产者能直接了解用户的需求、购买特点及其变化趋势，进而了解竞争对手的优势和劣势及其营销环境的变化，为按需生产创造了条件。

2）直接渠道可以降低产品在流通过程中的损耗。省去商品流转的中间环节，可以降低流通费用，掌握价格的主动权，积极参与竞争，也能加快商品的流转。

3）直接渠道可以使购销双方在营销上相对稳定。一般来说，直接渠道进行商品交换，都会签订合同，数量、时间、价格、质量、服务等都按合同规定履行，购销双方的关系以法律的形式于一定时期内固定下来，使双方把精力用于其他方面的战略性谋划。

4）直接渠道可以在销售过程中直接进行促销。企业直接分销，实际上又往往是直接促销的活动。例如，企业派员直销，不仅促进了用户订货，同时也扩大了企业和产品在市场中的影响，又促进了新用户的订货。

（2）直接分销渠道的缺点

1）在产品和目标顾客方面，对于绝大多数生活资料商品，其购买呈小型化、多样化和重复性。生产者若凭自己的力量去广设销售网点，需要牵涉大量的人力、物力、财力，往往力不从心，甚至事与愿违，很难使产品在短期内广泛分销，很难迅速占领或巩固市场，企业目标顾客的需要得不到及时满足，势必导致部分客户转移方向去购买其他厂家的产品，这就意味着企业失去目标顾客和市场占有率。

2）在商业合作伙伴方面，商业企业在销售方面比生产企业的经验丰富，这些中间商最了解顾客的需求和购买习性，在商业流通领域起着不可缺少的桥梁作用。而生产企业自销产品，需要企业自己去进行市场调查，加重生产者的工作负荷，分散生产者的精力。更重要的是，生产者将失去中间商在销售方面的协作，产品价值的实现增加了困难，目标顾客的需求难以得到及时满足。

3）在生产者与竞争对手之间，当生产者仅以直接分销渠道销售商品，致使目标顾客的需求得不到及时满足时，同行竞争对手就可能趁势进入目标市场，抢走目标顾客和合作伙伴，给企业的经营制造困境。

间接渠道是指生产者利用中间商将产品销售给消费者或用户，中间商介入交换活动。它是消费品销售的主要方式，许多工业品也采用。间接渠道的典型形式是：生产者—批发商—零售商—个人消费者（少数为团体用户）。

（3）间接分销渠道的优点

1）间接分销有助于产品广泛分销。中间商在商品流转的过程中，将生产者与消费者连接起来，有利于调节生产与消费在产品品种、规格、型号、数量等方面的矛盾。既有利于满足生产厂家目标顾客的需求，也有利于生产企业产品价值的实现，更能使产品广泛地分销，巩固已有的目标市场，扩大新的市场。

2）间接分销缓解生产者人、财、物等力量的不足。中间商购买了生产者的产品并交付了款项，使生产者提前实现了产品的价值，可以开始新的资金循环和生产过程。

此外，中间商还承担销售过程中的仓储、运输等费用，也承担着其他方面的人力和物力支付，弥补了生产者营销中的力量不足，节约了流通成本和时间。

3）间接分销能够间接促销。消费者往往是货比数家后才购买产品，而一位中间商通常经销众多厂家的同类产品，中间商对同类产品的不同介绍和宣传，对产品的销售影响甚大。此外，实力较强的中间商还能承担一定的宣传广告费用，具有一定的售后服务能力。所以，生产者若能取得与中间商的良好协作，可以促进产品的销售，并从中间商那里及时获取市场信息。

4）间接分销有利于企业之间的专业化协作。中间商是专业化协作发展的产物。生产者产销合一，既难以有效地组织商品的流通，又使生产精力分散。有了中间商的协作，生产者可以从繁琐的销售业务中解脱出来，集中力量进行生产，专心致志地从事技术研究和技术革新，促进生产企业之间的专业化协作，以提高生产经营的效率。

（4）间接渠道的缺点

1）间接分销可能形成"需求滞后差"。中间商购买了产品，并不意味着产品就从中间商手中销售出去了，有可能市场销售受阻。对于某一生产者而言，一旦其多数中间商的销售受阻，就形成了"需求滞后差"，即需求在时间或空间上滞后于供给。但生产规模既定，人员、机器、资金等照常运转，生产难以马上根据市场调整。当需求继续减少，就会导致产品的供给更加大于需求。若多数商品出现类似情况，便造成所谓的市场疲软现象。

2）间接分销可能加重消费者的负担，导致抵触情绪。流通环节增大储存或运输中的商品损耗或成本的增加，如果都转嫁到零售价格中，就会增加消费者的负担。此外，中间商服务工作欠佳，可能导致顾客对商品的抵触情绪，甚至引起购买的转移。

3）间接分销不便于直接沟通获得市场信息。如果与中间商协作不好，生产企业就难以从中间商的销售中了解和掌握消费者对产品的意见、竞争者产品的情况、企业与竞争对手的优势和劣势、目标市场状况的变化趋势等。在当今风云变幻、信息爆炸的市场中，企业信息不灵，生产经营必然会迷失方向，也难以保持较高的营销效益。

2．长渠道和短渠道

分销渠道的长短一般是按通过流通环节的多少来划分，具体包括以下 4 层：

（1）零级渠道（MC），即制造商（Manufacturer）—消费者（Customer）。

（2）一级渠道（MRC），即制造商（Manufacturer）—零售商（Retailer）—消费者（Customer）。

（3）二级渠道（MWRC），即制造商（Manufacturer）—批发商（Wholesaler）—零售商（Retailer）—消费者（Customer），或者是制造商（Manufacturer）—代理商（Agent）—零售商（Retailer）—消费者（Customer），多见于消费品分销。

（4）三级渠道（MAWRC），制造商（Manufacturer）—代理商（Agent）—批发

商（Wholesaler）—零售商（Retailer）—消费者（Customer）。

渠道的级数越高，渠道越长；反之，渠道越短。渠道越长，企业产品的市场扩展可能性就越大，但是，企业对产品销售的控制性和信息反馈性就越差；相反，渠道越短，企业对产品销售的控制性和信息反馈性就越好，但是，市场扩展性就会下降。

3. 宽渠道与窄渠道

渠道宽窄取决于渠道的每个环节中使用同类型中间商数目的多少。企业使用的同类中间商多，产品在市场上的分销面广，称为宽渠道。如一般的日用消费品，由多家批发商经销，又转卖给更多的零售商，能大量接触消费者，大批量地销售产品。

企业使用的同类中间商少，分销渠道窄，称为窄渠道，它一般适用于专业性强的产品，或贵重耐用的消费品，由一家中间商统包，独家或几家经销。它使生产企业容易控制分销，但市场分销面受到限制。

三、影响汽车分销渠道选择的因素

任何一家汽车制造企业在选择各区域市场的分销渠道时，都会受到一系列微观因素和宏观因素的制约，影响汽车分销渠道选择的因素主要如下：

1. 产品因素

一般来说，汽车产品由于体积大、重量大、价值大、运输不便、储运费用高、技术服务专业性强等原因，对分销商的设施条件、技术服务能力和管理水平要求较高，因此，汽车产品的销售渠道宜采取短而宽的销售渠道类型。但不同企业的汽车产品在上述特性方面也存在某些差异，因而不同类型的汽车企业的销售渠道在渠道长短、宽窄等具体特点上也各有不同。

2. 市场因素

不同企业的不同产品，其市场特性不同。就进入 21 世纪的十年看，我国汽车市场迅猛发展，特别是轻型汽车和轿车成为汽车市场的主角，其市场分布面广，这就要求汽车企业的销售渠道范围相应地宽一些，以提高市场覆盖率。而对重型汽车、专用汽车等汽车产品的生产企业而言，因其应用市场相对集中，故可以选择窄和短的销售渠道。

3. 企业因素

除产品和市场因素外，汽车企业自身的声誉和财力、销售网络的能力和经验、为顾客提供服务的程度以及要求对销售渠道控制的程度等，均影响到销售渠道的选择。

4. 环境因素

宏观经济形势对渠道的选择有较大的制约作用，如在经济不景气的情况下，制造商要控制销售成本，降低产品售价，因此必然要减少流通环节，使用较短的渠道。此外，政府有关汽车产品流通的政策、法规也限制了渠道选择。例如，欧洲、日本汽车经销商的经营规模一般较大，因为他们不仅销售汽车，而且还提供售后服务、充当保险代理、出售汽车用具和二手车交易，甚至还从事汽车消费贷款业务。在日本，上门服务销售占很大比例，致使销售队伍相对庞大。而在美国，由于劳动力的价值非常高，加上人口稀少，上门服务销售普及比较困难，有的州还禁止上门服务销售。因此，美国的汽车销售模式一般是顾客到汽车商店陈列室里看车、试车，然后与商店讨价还价，因此，分销商只需少量的销售队伍就可进行店面销售。

四、汽车分销渠道的管理

根据我国现行的《汽车品牌销售管理实施办法》，我国的汽车销售渠道主要有汽车生产厂家设在各地进行直销业务的销售分公司和各区域市场的经代销商。随着汽车工业的发展，汽车生产厂家的规模越来越大，厂家直销的方式逐渐减少，市场销售主要由经代销商完成，而厂家驻在各地的销售分公司的职责也逐渐发生变化，由直接销售走向销售管理，为当地的经代销商提供销售服务，帮助经代销商开发市场（实际上是为自己开发市场）、管理市场。

销售渠道是汽车生产企业在各区域市场上将产品销售出去的管道，渠道是否畅通是销售成功的关键，并极大程度上决定着区域市场的成败。分布在各地的销售分公司首要任务之一就是管理好辖区的经代销商，保持渠道的畅通与高效。

1. 汽车销售渠道的选择

汽车生产企业在选择各区域市场的销售渠道时，要在企业经营目标的指导下，充分评价欲加入渠道的影响因素，设计出最优的渠道方案，影响渠道选择的因素主要如下：

（1）企业特征。不同的汽车生产企业在规模、定位、声誉、实力、产品等方面各有特色，不同特色的企业对经代销商的吸引力也不同，当然，不同特色的企业选择经代销商的出发点也各有侧重，要选择能够和本企业的特点相得益彰的经代销商。

（2）产品特征。由于汽车产品具有价值大、技术性高、需要专业的售后服务等特点，对于经代销商的设施条件、技术服务能力、管理水平等要求较高，汽车的销售渠道一般采取短而宽的渠道类型，便于销售公司或分公司加强对渠道的培训、管理，从而加强对当地市场的管理。

（3）细分市场的特征。不同的汽车产品，其细分市场特征也差别很大。由于我国南北、东西居民生活习性差异较大，各地区的经济收入不一，国家的宏观政策对各地市场的影响不同，应选择熟悉当地风土人情、熟悉当地市场运作方式、能够掌控当地市场的经代销商作为企业的渠道。

（4）竞争特征。企业在建立自己的销售网络进行渠道选择时，还要分析竞争对手的销售渠道与本企业的渠道是否有冲突，如果发生冲突，本企业如何去争取销售能力强的销售渠道。

（5）国家政策。汽车企业在选择区域市场的销售渠道时，要考虑国家的政策及法律法规，结合区域市场当地的地方性规定，选择合法的、有诚意与企业共担风险的销售渠道。

2. 渠道的管理

汽车销售渠道虽然建立起来，但是如何保持渠道的畅通、发挥渠道的销售能力和服务能力是更为重要的问题。这就要求当地销售分公司加强对销售渠道中各个环节的经代销商的管理，管理的原则主要有以下几条：

（1）有效原则。渠道管理人员（主要是销售分公司的人员）要对辖区内的分销渠道的销售能力、服务能力、维护成本和在当地市场的影响力等因素进行综合分析，明确各渠道的优势和劣势，使辖区内的销售渠道同区域市场的特点相适应，并从结构上保证所构建的分销网络的有效性，实现对整个区域市场的有效覆盖。

由于各销售渠道在素质、规模、实力、服务和管理等方面的能力有所差异，渠道管理人员要注意调动、发挥各经代销商的优势，从而使分公司在当地区域市场具有强大的销售力。

（2）效率最大化原则。作为销售分公司的人员，在管理当地的经代销商并为经代销商提供各种服务时，要充分保障销售渠道中商流、物流、资金流、信息流的顺畅，降低渠道维护成本，保证经代销商的利益。在规划区域市场的渠道结构时，除了要考虑市场容量、消费者的需求、企业产品的特点和区域市场的消费特征等影响因素外，还要减少不合理的或者无法实现增值的环节，实现基于渠道效率基础上的扁平化，稳定区域市场的渠道内部竞争秩序，减少渠道冲突，有效地降低渠道维护费用，实现渠道效率的最大化。

（3）增值原则。所谓"增值"是指以"顾客价值最大化"为目标，通过渠道培育、渠道创新、策略调整、资源投入等方法来提高整个营销价值链的服务增值能力和差异化能力。企业可以通过为顾客提供有针对性的增值服务来实现产品或服务的差异化，从而提高顾客的满意度和忠诚度，摆脱与竞争对手之间因产品"同质化"所引起的过度、无序的竞争；同时，提供增值服务也能使整个价值链的价值创造能力大大改善，有利于增加各环节的利益，从而增加销售渠道的稳定性和协同性。

（4）协同原则。除了通过渠道分工来使相应类型的渠道覆盖相应类型的细分市场外，更要注意使分销链上的各个环节实现优势互补和资源共享，有效地获得协同效应，这样既可以提高分销效能，又可以降低渠道运营费用。比如，企业可以利用管理经验、市场能力、技术服务等优势承担品牌运作、促销策划、促销支持和市场维护等管理职能；经销商利用地缘、当地市场的影响力、资金、配送系统等优势，配合促销实施、前期推广等分销职能，亦可在厂家的支持与帮助下，与当地其他经销商一同参与某些较大项目的投标工作。

（5）竞争性原则。汽车市场营销是以区域市场的竞争为核心的战略性市场营销，汽车厂家的渠道策略起着竞争导向的作用。销售分公司不仅要根据本企业在当地市场上的综合实力确定主要竞争对手，以当地经代销商的系统协同效率为基础，与竞争对手进行客户资源争夺，获得区域市场上的主导地位。同时，还要引导当地的经代销商之间展开有序的竞争，让经代销商感到市场竞争的压力，提高各自的竞争能力，以便取得更大的市场份额。

（6）集中开发、滚动发展原则。企业要想全面主导分销价值链，需要加大在市场上的营销资源投入，如促销支持、服务保障、品牌宣传、提高企业的影响力、树立企业形象等。为了实现在区域市场的营销目标，在进行渠道规划和建设中，宜采用集中开发、滚动发展、逐步深化的方式。汽车企业根据企业资源和市场定位选择企业的核心市场，集中利用企业的营销资源，因势利导，循序渐进，逐步提高企业在区域市场占有率。

（7）动态原则。销售分公司作为销售渠道的管理者，必须根据汽车区域市场的容量和消费结构的变化，结合各渠道成员的具体发展状况适时调整，保证区域市场的容量与当地经代销商的分销能力，保持动态平衡，使渠道各成员能够"耕者有其田"。

汽车销售渠道多为短而宽渠道，各渠道之间既相互协调合作又相互竞争，最终达到驱赶竞争对手，提高本企业的市场覆盖率，以积极的营销政策来冲击竞争对手的现有网络，提高本企业的品牌影响力，主导市场的目的。

随着市场的不断发展以及经代销商之间的竞争，各经代销商的销售能力、服务能力、市场开发及维护能力也处在不断变化之中，因此，对经代销商的管理也应根据其各种能力的变化采用动态管理的原则，使各经代销商的营销能力发挥到极致。

3. 销售渠道的评估

对于汽车销售渠道的评估指标主要包括以下 7 个方面。

（1）经代销商对公司销售额的贡献

厂家每年的销售总额是由各个经代销商的销售额组成的，厂家生产的汽车只有销售出去换回资金，才能为企业的发展提供资金，而厂家的销售任务主要是由各个区域市场上的经代销商来完成，因此，对经代销商的评估首先要看其对销售额的贡献大小，具体评估内容包括：

1）在上一年度，经代销商的销售目标是否完成或超额完成，销售指标定得是高是低，还是大小合适。

2）与同一区域市场的竞争对手相比，经代销商是否已经争取了一个较高的市场渗透率和市场占有率，其市场占有率在区域市场上属于什么水平。

3）上一年度，经代销商从本公司获得的收益是否比其他经代销商在同领域内获取的收益高。

（2）经代销商对公司利润额的贡献

销售额可以判断经代销商完成的任务量，但是，仅凭销售额还不能够评估销售任务的质量，因为销售额高并不意味着利润额高，为了进一步评估业务质量，还需评估经代销商对公司利润额的贡献：

1）确定公司为经代销商提供各种支持或服务的成本支出是否合理，并确定经代销商对公司销售总额及利润总额的贡献大小。

2）公司为支持经代销商开展业务而投入的时间、精力、人力资源等是否过多而使公司从经代销商处所获取的利润不足。

（3）经代销商的能力

1）经代销商是否具备相应的业务能力。

2）经代销商是否对本公司的产品和服务的特性有充分的了解，其公司员工是否具备相应的专业知识。

3）经代销商是否对竞争者的产品和服务有充分的了解。

4）经代销商能否独立开发市场。

（4）经代销商对本公司各种政策的顺从度

1）经代销商在参与本企业的各项营销计划及活动方面是否经常遇到困难。

2）经代销商是否能够顺利服从本企业的各种安排及建议。

3）经代销商是否频繁地违反与本企业签订的协议。

4）经代销商是否能够自觉维护本企业及产品的形象。

（5）经代销商的市场适应能力

1）经代销商能否把握市场发展趋势，并及时安排、调整自己的经营活动。

2）经代销商是否有较强的营销创新能力。

3）经代销商是否积极参与当地市场的各种竞争活动。

（6）对市场增长的贡献

1）经代销商是否已经成为或将成为本企业在当地市场的主要收益来源。

2）在下一年度，经代销商能否为本企业提供比其他竞争性经代销商更多的收益。

（7）顾客满意度

1）本企业是否经常收到消费者对该经代销商的投诉。

2）经代销商是否尽可能地让消费者满意。

3）经代销商能否代表本企业向顾客提供良好的产品和服务支持。

对经代销商的销售人员进行评估一般由经代销商自己进行，评估指标主要如下：

1）定额完成情况。

2）一定时期内新客户的增加数目与老客户的流失数目。

3）访问客户的次数及平均时间。

4）访问客户的效果。

5）销售成本。

6）助销次数及效果。

7）客户投诉率。

8）遵守渠道政策情况。

9）资金回笼情况。

10）市场信息反馈情况。

4．渠道冲突的管理

所谓渠道冲突，是指汽车企业建立的两个或两个以上的渠道（经代销商）向同一区域市场分销产品而产生的冲突，其本质就是几种分销渠道在同一个市场内，争夺同一个顾客群体而引起的利益冲突。渠道冲突是每个企业都无法回避的市场问题，企业既要重视渠道冲突，又要化解渠道冲突，维持市场有序的竞争秩序。

（1）销售渠道冲突的表现类型。渠道冲突的类型主要表现为三种形式：不同品牌产品的同一渠道之争；同一品牌内部的渠道之争；渠道上游与下游之争。不同类型的渠道冲突表现特征见表4-6。

表4-6 渠道冲突类型特征

冲突类型	特征分析
不同品牌产品的同一渠道之争	1．该渠道对该区域市场上的所有汽车企业都很重要，各企业都想将其纳入自己的营销网络 2．各企业为了争夺某一渠道，给予经代销商的许诺会比竞争对手更优惠、更诱人 3．由于汽车厂家的竞争，经代销商处于更有利的谈判地位，也会提出更高的要求 4．经代销商可能同时代理/经销多个品牌的车型，但是，经代销商经销各个品牌的利益不同，会诱导经代销商安排在不同品牌上的营销资源不同 5．不同企业对同一渠道的满意度不同
同一品牌内部的渠道之争	1．僧多肉少，各经代销商都想获取更多的市场份额 2．企业对区域市场的经代销商数量、结构规划不合理，或者企业对现有经代销商的能力不满意，有意引入新的竞争对象，以增加渠道的市场活力 3．窜货与价格战是渠道冲突导致的常见销售方式

续表

冲突类型	特征分析
渠道上游与下游之争	1. 厂家采用直销和分销结合方式时，地位不平等，上游渠道不可避免地从下游争夺客户，容易挫伤下游渠道的积极性 2. 下游渠道实力增强，不甘心目前的地位，希望获得更大的话语权，从而向上游渠道发起挑战 3. 企业的供货渠道是上级渠道向下级渠道供货，会导致上下游经代销商之间产生芥蒂

事情都要一分为二地看待，渠道冲突也有利有弊。一方面，渠道发生冲突说明一种新的渠道运作模式可能即将取代旧的模式；另一方面，完全没有渠道冲突的企业的市场覆盖与市场开拓肯定有瑕疵。渠道冲突的激烈程度还可以成为判断冲突双方实力及商品热销与否的"检验表"。所以，企业大可不必为渠道冲突而一筹莫展。当然，对于恶性冲突必须要尽快处理，否则，区域市场或企业可能会蒙受重大损失。

常见的渠道冲突发生在汽车厂家与经代销商之间或者区域市场上的经代销商之间。

在市场销售活动中，随着各区域市场上的经代销商的规模、实力的增加，市场地位逐渐上升，在与厂家合作的过程中，双方之间的矛盾就会逐渐显现出来。汽车厂家往往从厂家的整体利益出发，希望能够控制市场局面，但是往往会遭到经代销商的反感甚至对立。主要原因有：第一，市场经营冲突涉及的是双方最敏感而又最复杂的经济利益关系，双方都不想让步；第二，汽车厂家和经代销商在市场运作过程中各项费用的增加或减少的同时，经营风险也随之剧增，而厂家与经代销商都想将风险向外转嫁。

解决厂家与经代销商的冲突，必须重新构建厂商双方的利益关系，改变单纯的交易关系，应从长远利益出发，双方结为战略同盟的伙伴关系，借助双方的优势，厂商携手，共同开发市场，管理市场，拓展市场，以获取更大的市场份额。

至于发生在经代销商之间的冲突，主要原因在于厂家对市场的管理不够科学。相对市场容量来说，授权的经代销商过多，或者厂家对于区域市场上的经代销商管理不善（当然，也不排除有时厂家故意增加经代销商数量，人为制造区域市场上的竞争，以降低经代销商的反控力），导致区域市场竞争加剧。为了避免这种局面发生，企业在进入新市场之前，必须对当地市场的竞争结构以及势态进行充分的调研，以免陷入被动局面。

（2）窜货的管理。在汽车市场上流行这样一句话：好卖的车型不赚钱，赚钱的车型不好卖！为什么会这样呢？其中原因之一就是"窜货"。

所谓窜货，又称"倒货"或"冲货"，是指企业各地的销售分公司或区域市场上的经代销商受利益驱动而采取超越辖区销售的行为，经代销商跨区销售的行为极易造成市场秩序紊乱、价格混乱的局面，甚至会严重影响企业的声誉和市场前景。

根据市场的表现，窜货的分类及其特征如表4-7所示。

表 4-7　窜货的类型特征

窜货类型	特征
类型 I	1. 恶性窜货：经代销商为牟取非正常利润，蓄意向非辖区倾销产品 2. 自然窜货：在辖区临界处或物流过程中，顾客为了便利，会到离自己更近的经代销商处购车，而这个更近的经代销商与顾客不在同一辖区，这种窜货行为并非经代销商恶意所为 3. 良性窜货：由于经代销商的实力增强，流通能力随之增强，货物流向非辖区市场也属自然状况
类型 II	1. 同一市场内的窜货：同一区域市场上的两个同级别的经代销商之间相互倒货，或将货物倒出市场 2. 不同市场之间窜货：不同区域市场上的两个经代销商之间相互"倒货"，或同一经代销商的不同分公司在不同市场上"倒货" 3. 交叉市场之间的窜货：经代销商的经销区域重叠

纵观市场上窜货的种类和情形，引起经代销商之间窜货的原因主要如下：

1）经代销商为了多拿企业的"返利"，而抢占市场。由于汽车厂家的商务政策中一般约定根据经代销商每年的汽车销量分别给予不同的返利，销量越大，返利越高，促使经代销商为了获得更高的返利，将汽车销售到辖区之外。

2）市场发育不均衡，供求失衡。由于我国幅员辽阔，民族众多，各地经济水平发展不一，致使各区域市场的汽车消费水平、消费观念不一，市场本身发育不均衡，导致部分经代销商为了争取更大的销量而向辖区之外销售汽车。

3）企业给予经代销商的政策不同。企业因为某些原因分别给予不同的经代销商不同的商务政策，使经代销商的进货成本不同，起点不同，为窜货提供了空间。

4）企业对经代销商销售情况把握不准，规定销售指标过高。根据经代销商的上一年的表现和企业的发展情况以及企业对市场的预测，企业在每年的年底都会对经代销商下达下一年的销售指标，如果销售指标超过了经代销商的能力，为了完成任务而不至受罚，经代销商会向辖区之外销售汽车。

5）竞争对手的市场报复。这种情况常发生在企业更换经代销商阶段，或厂商中一方违约，窜货的目的是恶意破坏对方市场，这是最恶劣的。

市场上发生窜货，对于汽车厂家的危害是很大的。窜货会扰乱正常的市场秩序，致使厂家对市场失控。首先，经代销商对产品品牌或汽车厂家失去信心。经代销商销售某品牌的汽车最直接的动力是利润。一旦因窜货导致价格战，辖区内的经代销商的正常销售就会受到严重干扰，利润的减少会使经代销商对该品牌或公司的信心日渐丧失，最后拒售该品牌的汽车，甚至成为竞争对手的经代销商。其次，窜货会损害产品的品牌形象，使先期的投入无法得到足够的回报。消费者对某汽车品牌的信心来自该汽车良好的品牌形象和规范的市场价格体系。如果汽车厂家对市场管理不严导致窜货现象发生，会使区域市场之间相同车型的价格差异较大，消费者对于产品的价值产生怀疑，不敢购买该品牌的汽车，一旦品牌形象不足以支撑消费者信心，汽车厂家通过品牌经营的战略将受到灾难性的打击，最终导致厂家为了品牌的宣传而进行的先期投入无法得到足够的回报。第三，市场发生窜货时，竞争对手的品牌就会乘虚而入，取代自己的地位，占领企业的市场领地，抢走自己的销售渠道，最终抢走自己的消费群体。

窜货作为汽车营销中的顽疾，极易被忽视，却对品牌和企业经营造成强大的杀伤力。忽视窜货，可能导致千里之堤，毁于蚁穴。因此，汽车厂家必须重视并予以解决。

首先，企业销售应该由一个部门负责，令出多门最容易导致价格的混乱，给窜货提供空间。这种现象多数源自企业的行政部门对销售部门的干扰。在部门责权明晰的企业，即使企业董事长或总经理的关系客户，也须通过销售部门按企业规定价格办理，企业维护了产品的价格体系，在一定程度上就堵住了源自企业内部的窜货源头。

其次，加强对销售渠道的管理。销售渠道是窜货最易发生的环节。规范渠道管理，从根本上抵御窜货的发生。在渠道的窜货管理方面，我国的汽车生产厂家制度规定很严，主要在于制度的执行方面，要使经代销商正确认识窜货造成的危害，与厂家共同维护品牌的影响力。对于窜货的经代销商厂家要坚决予以制止，情形严重的甚至取消其经代销权利。

第三，实行奖罚制。发生窜货的区域市场之间，必有其他经销商由于利益受损而向企业举报，对于举报窜货现象的经代销商，企业应该给予奖励。而对于窜货的经代销商，应该立即停止向其发货，采取严厉的惩罚措施，使其保证不再发生窜货行为。

【任务实施】

学生四人为一小组，老师带领各小组的学生参观某汽车销售企业，研究其分销渠道的特点，小组讨论后，简述该企业的分销渠道类型的优缺点，试着提出自己的建议或措施，时间 10 分钟，讲解完毕，小组其他成员可以进行补充或点评并回答老师提问，时间 2 分钟，教师考察学生讲解过程，并完成表 4-8 的考核记录单。

表 4-8 教师考核记录表

实训项目：某汽车企业的分销渠道分析的 PPT 制作及讲varie
组号： 姓名：

项目	评分重点	必要的记录	分值	评分
PPT 讲解	PPT 内容是否全面		10	
	PPT 的布局		8	
	PPT 的色彩、字体、字号的安排		8	

续表

项目	评分重点	必要的记录	分值	评分
PPT 讲解	讲解者仪表		5	
	多媒体设备的使用		8	
	讲解者的语言是否规范		10	
	讲解者的肢体动作		10	
	讲述效果		10	
	时间安排		10	
点评及回答提问	表达能力		10	
	思维能力		5	
	回答问题准确性		6	
总分			100	

任务四 汽车促销策略

【任务描述】

促销策略是现代汽车营销的主要内容之一，促销策略运用得是否恰当，将关系到企业及其产品的形象，最终影响到企业的发展空间，促销策略实际上就是信息沟通，营销人员通过沟通，将企业的各种信息传递给目标市场，同时将目标市场的各种需求信息反馈给企业，使企业的供给能够满足市场的需求，并引导市场的消费。

【相关知识】

一、促销与促销组合

1. 促销的含义

促销（Promotion）是促进产品销售的简称。从市场营销的角度看，促销是企业通过人员或非人员的方式，沟通企业与消费者之间的信息，引发、刺激消费者的消费欲望和兴趣，使其产生购买行为的活动。

（1）促销工作的核心是沟通信息

没有信息的沟通，企业不把汽车产品和购买途径等信息传递给目标客户，也就谈不上购买行为的发生。因此，促销的一切活动都以信息传递为起点，完成销售，最后以信息反馈为终点。

（2）促销的目的是引发、刺激消费者产生购买行为

在消费者可支配收入既定的条件下，消费者是否产生购买行为主要取决于消费者的购买欲望，而消费者购买欲望又与外界的刺激、诱导密不可分。促销就是利用这一特点，激发用户的购买兴趣，强化购买欲望，甚至创造需求来实现最终目的。

（3）促销的方式有人员促销和非人员促销两类

人员促销，亦称直接促销，是企业运用推销人员向消费者推销商品或劳务的一种促销活动。它主要适用于消费者数量少、比较集中的情况下进行促销。非人员促销，又称间接促销，是企业通过一定的媒体传递产品或劳务等有关信息，以促使消费者产生购买欲望、发生购买行为的一系列促销活动，包括广告、公关和营业推广等。它适合于消费者数量多、比较分散的情况下进行促销。通常，企业在促销活动中将人员促销和非人员促销结合运用。

2．汽车促销的作用

（1）提供汽车产品信息。通过促销宣传，可以使汽车用户了解企业生产经营什么样的汽车产品，有什么特点，到什么地方购买，购买的条件是什么等，从而引起顾客的注意，激发并强化购买欲望，为实现和扩大销售作好舆论准备。

（2）突出汽车产品特点，提高竞争能力。在激烈的市场竞争中，同类汽车产品中，有些产品差别细微，而通过促销活动能够宣传突出企业产品特点的信息，从而激发潜在的需求，提高企业和产品的竞争力。

（3）强化企业的形象，巩固市场地位。恰当的促销活动可以树立良好的企业形象和商品形象，能使顾客对企业及其产品产生好感，从而培养和提高用户的忠诚度，形成稳定的用户群，可以不断地巩固和扩大市场占有率。

（4）刺激需求，影响用户的购买倾向，开拓市场。这种作用尤其对企业新汽车产品推向市场，效果更为明显。企业通过促销活动诱导需求，有利于新产品打入市场和建立声誉。促销也有利于培育潜在需要，为企业持久地挖掘潜在市场提供了可能性。

3．各种促销方式的特点

不同的促销方式有不同的效果，各种促销方式的主要特点如下：

（1）人员推销。即企业利用推销人员推销产品，也称为直接推销。对汽车企业而言，主要是派出推销人员与客户直接面谈沟通信息。人员推销方式具有直接、准确、推销过程灵活、易于与客户建立长期友好合作关系以及双向沟通的特点。但这种推销方式成本较高，对推销人员的素质要求也较高。

（2）广告。广告是通过报纸、杂志、广播、电视、广告牌等广告传播媒体形式向目标顾客传递信息。采用广告宣传可以使广大客户对企业的产品、商标、服务等加强

认识,并产生好感。

广告的特点是可以更为广泛地宣传企业及其商品,传递信息面广,不受客户分散的约束,同时广告还能起到倡导消费、引导潮流的作用。

(3)营业推广。又称销售促进,是指企业运用各种短期诱因鼓励消费者和中间商购买、经销或代理企业产品或服务的促销活动。其特点是可有效地吸引客户,刺激购买欲望,可以较好地促进销售。但它有贬低产品之意,因此只能是一种辅助性促销方式。

(4)公共关系。这一词来自英文 Public Relations,简称"公关",也称公众关系。它是指企业在从事市场营销活动中正确建立企业与社会公众的关系,以便树立企业良好形象,从而促进产品销售的一种活动。公共关系是一种创造"人和"的艺术,它不以短期促销效果为目标,通过公共关系使公众对企业及其产品产生好感,并树立良好的企业形象,并以此来激发消费者的需求。它是一种长期的活动,着眼于未来。

各种促销方式的优缺点,可以用表 4-9 加以概括。

表 4-9　各种促销方式的特点

促销方式	优点	缺点
人员推销	推销方法灵活,针对性强,容易促成及时成交	对人员素质要求较高,费用较大
广告	信息传播面广,易引起注意,形式多样	说服力小,不能直接成交
公共关系	影响面大,对消费者印象深刻	促销效果间接,产生促销效果所需时间长;活动开展艺术性强
营业推广	吸引力大,效果明显	只能是短期使用,有贬低产品的意味

4. 促销组合策略

所谓促销组合,就是企业根据产品的特点和营销目标,综合各种影响因素,对各种促销方式的选择、编配和运用。促销组合是促销策略的前提,在促销组合的基础上,才能制定相应的促销策略。因此,促销策略也称为促销组合策略。

促销组合策略的制定,其影响因素主要有以下几个方面:

(1)产品因素。消费者对于不同类型的产品有不同的要求,而且对不同类型产品的促销方式要求也各不相同。属于购买频繁的日常用品和生活耐用品的产品,消费者倾向于品牌偏好,因此对产品知名度的宣传就显得尤为重要,采用广告、营业推广、公共关系等手段进行宣传效果较好;而对于价值较高、购买风险比较大的产品,消费者购买时通常比较理性、慎重,广告宣传无法满足其需求,利用人员推销的方式更为有效。

(2)促销目标。在企业营销的不同阶段和为适应市场活动的不断变化,要求有不同的促销目标。因此，促销组合和促销策略的制定，要符合企业的促销目标，根据不同的促销目标，采用不同的促销组合和促销策略。

（3）产品生命周期。当产品处于导入期时，需要进行广泛的宣传，以提高知名度，因而广告的效果最佳，营业推广有利于鼓励消费者尽早试用。当产品处于成长期时，广告和公共关系仍需加强，营业推广则可相对减少。产品进入成熟期时，应增加营业推广，削弱广告，因为，此时大多数用户已经了解这一产品，在此阶段应大力进行人员推销，以便与竞争对手争夺客户。产品进入衰退期时，某些营业推广措施仍可适当保持，广告则可以停止。

（4）促销预算。任何企业用于促销的费用总是有限的，这有限的费用自然会影响营销组合的选择。因此企业在选择促销组合时，首先要根据企业的财力及其他情况进行促销预算；其次要对各种促销方式进行比较，以尽可能低的费用取得尽可能好的促销效果；最后还要考虑到促销费用的分摊。

5. 汽车促销策略的分类

从促销活动运作的方向来分，促销策略可分为以下两种：

（1）从上而下式策略（推式策略）

以人员推销为主，辅之以中间商销售促进，兼顾消费者的销售促进，也就是推销员把汽车产品推荐给批发商（一般是集团公司），再由批发商推荐给零售商（二级公司），最后由零售商推荐给用户，其目的是说服中间商与消费者购买企业产品，并层层渗透，最后到达消费者手中。

推式策略主要适用于以下情况：

1）企业经营规模较小，资金较少，不能进行完善的广告计划。
2）市场较集中，分销渠道短，销售队伍大。
3）汽车产品具有很高的单位价值等。
4）产品的使用、维修、保养方法需要进行示范。

（2）从下而上式策略（拉式策略）

采取间接方式，以广告促销和公共宣传等措施为主，通过创意新、高投入、大规模的广告轰炸，吸引消费者，使消费者对产品产生兴趣，从而诱发消费者的购买欲望，引起需求，使消费者主动购买商品。

拉式策略主要适用于以下情况：

1）市场需求量大，车型属于大众化产品。
2）产品信息必须以最快的速度传递给消费者和潜在的顾客。
3）用户对产品的需求呈上升趋势。
4）产品差异化明显。

5）产品能引起消费者某种特殊情感。
6）企业用于广告的资金充裕。

二、促销策略的制定与实施案例

1. 制定汽车促销策略的步骤

在制定促销策略时，通常包括以下几个步骤：

（1）确定目标受众。在进行促销活动前，汽车营销人员必须明确受众目标，这些目标可能是潜在的顾客，也可能是公司产品的使用者；既可能是个人，也可能是团体；既可能是购买决策者，也可能是受影响者等。不同的受众目标将决定不同的传播方式和传播内容。

（2）确定传播目标。传播目标是指经过营销人员与目标受众的沟通传播之后应达到的目的。目标受众的多样化，决定了传播目标的不唯一性。目标受众可分为知晓、认识、喜爱、偏好、确信、购买等几个层次，根据目标受众的层次分别确定传播目标。

1）知晓。如果某企业刚开始进入某区域市场，当地的目标受众还不熟悉企业的产品，此阶段的传播任务首先应该是让当地的顾客知晓企业及产品。

2）认识。此阶段区域市场的顾客对于企业及产品已经知晓，但是不够详细、不够深入。此时，需要营销人员进行大力宣传，使顾客进一步认识企业，了解企业，熟悉企业的产品。

3）喜爱。目标受众已经比较了解企业和产品，并且开始逐渐喜欢本企业的产品，营销人员要趁热打铁，宣传企业文化，提高顾客满意度。

4）偏好。目标受众已经喜爱本企业的产品，但没有形成明显的偏好。此阶段，营销人员应通过各种渠道，提供各种服务，宣传产品的品质，打消顾客疑虑，提高顾客满意度，设法建立顾客偏好。

5）确信。对于某些已经偏好本企业产品的顾客，应增强并坚定顾客的购买信心。

6）购买。已经确信本企业的产品但尚未做出购买决定的顾客，需要进一步的信心确认，营销人员可以通过各种资料、信息帮助顾客坚定购买意向，促使顾客做出购买决策。

（3）设计传播信息。设计传播信息就是营销人员根据不同的目标受众，确定信息内容、信息结构、信息格式、信息源等内容。

1）信息内容。也就是考虑说什么，要通过顾客的诉求点，引起受众的注意并吸引受众，这是促销的关键点。

2）信息结构。信息结构主要是考虑按照什么逻辑去传递信息。在向用户传递信息时，应考虑信息是否对称。如果顾客对信息了解不全面，就可以直接给出结论，引起顾客的注意;而对于已经了解信息的顾客,就要充分考虑各种情况,再给出结论。

3)信息格式。不同的信息形式对顾客的吸引力差异很大。传递信息时,要选择适当的信息形式。如印刷品信息,要设计别具一格的版面,并注意信息的长短和位置,注意颜色和形状的搭配;电台信息,必须注意讲话速度、节奏、音量、音调等方面;若通过电视传播信息,除了上述因素外,还要注意宣传人员的形象,如面部表情、举止、服饰、发型等因素的设计。

4)信息源。有吸引力的信息源发出的信息往往能够获得有效的注意和留下美好的回忆,影响力更大。

(4)选择传播渠道。传播渠道分人员传播渠道和非人员传播渠道。人员传播渠道是指两个或更多的人相互之间直接进行传播。非人员传播渠道主要包括印刷媒体、广播媒体、电子媒体、新闻发布会及各种庆典等。企业在选择传播渠道时,应注意以下几个方面:

1)明确区域市场的媒体状况。各区域市场的媒体状况不尽相同,企业在选择媒体时,要考虑到媒体对本企业的市场状况以及未来需要拓展区域的涵盖能力和传播效力,然后选择媒体投放形式及投放规模。

2)根据市场开发战略选择媒体。企业在不同的发展时期,应采取不同的市场战略,并据此选择相应的媒体。

3)点点连线,点面结合。企业应结合区域市场的媒体特征和市场拓展,考虑产品的覆盖范围,选择合适的媒体,防止媒体覆盖面上的疏漏,提高目标产品对顾客的接触率。

(5)编制传播预算。企业在编制传播预算时,要考虑企业的整体营销策略、营销目标等因素。常采用的方法有量入为出法、销售百分比法、竞争对策法、目标任务法等。

(6)促销组合决策。就是把总的传播预算分配到广告、公关、销售促进、人员推广等方面的营销决策。

2. 促销策略的实施案例

【案例4-3】丰田汽车的"霸道"公关关系策略

(1)案例介绍

丰田汽车2003年频出狠招,一路攻城拔寨,凯歌高唱,却因"霸道"广告弄得满城风雨,丰田公司迅速出招应对,从而转危为安,有惊无险。

1)事由。在2003年第12期《汽车之友》杂志上,丰田公司分别为其3款新车"陆地巡洋舰""霸道"和"特锐"刊登了3份汽车广告。其中,"霸道"汽车的广告画面是,一辆霸道汽车停在两只石狮子之前,一只石狮子抬起右爪做敬礼状,另一只石狮子向下俯首,配图广告语为"霸道,你不得不尊敬";另一广告为"丰田陆地巡洋舰"

的广告，画面内容为：该一辆丰田陆地巡洋舰在雪山高原上以钢索拖拉一辆绿色国产大卡车（很多人则认为，广告图中的卡车系"国产东风汽车，绿色的东风卡车与我国的军车非常相像"），拍摄地址在可可西里。

由于石狮是我国民族传统文化的产物，有着极其重要的象征意义，"考虑到卢沟桥、石狮子、抗日三者之间的关系，更加让人愤恨"。丰田公司选择这样的画面为其产品作广告，导致一大批国内人士认为有辱民族尊严。12月4日，解放日报以"日本丰田霸道广告有辱民族尊严"为题报道了该事件，各大门户网站及相当多的媒体也进行了转载，引起了社会极大关注，这场波澜触动了国人敏感的民族情绪，引起轩然大波，群情激昂，声讨不断。

2）公共关系应对。丰田汽车的广告业务主要由丰田销售公司来运作，事件发生后，丰田公司迅速进行危机公关。

一是反应迅速，在危机发生后第一时间与媒体沟通。12月4日晚上6点半，日本丰田汽车公司和一汽丰田汽车销售公司联合约见了十余家媒体，且公司多位高层参加，称"这两则广告均属纯粹的商品广告，毫无他意"，并正式通过新闻界向中国消费者表示道歉。在致歉信中，丰田表示，"对最近中国国产陆地巡洋舰和霸道的两则广告给读者带来的不愉快表示诚挚的歉意""目前，丰田汽车公司已停止这两则广告的投放"。丰田公司表示，将从今天起在全国30家媒体上刊登致歉信，并已就此事向工商部门递交了书面解释。

二是态度诚恳，勇于承担责任。在丰田汽车公司的致歉信中，没有为该次事件寻找任何开脱的理由，而是对此致以诚挚的歉意。而在谈及创作广告的盛世长城广告公司时，一汽丰田汽车销售有限公司总经理回答："出现这样的事情完全是我们的责任，应该由我们自己来承担。"当危机来临时，公众需要的不是解释，不是推三阻四，而是勇于承担责任。

三是高层没有躲避，亲自出马，获得媒体及读者的谅解。在媒体座谈会上，丰田汽车多位高层列席，并发表了言辞诚恳的讲话。

对事件表态人员的职位高低，往往意味着事件主角对此的重视程度。正是由于丰田公司高层倾巢出动，使媒体和读者感受到了丰田公司解决问题的诚意。

四是婉陈事实真相，化解民族情绪。丰田公司通过在座的新闻媒体是如此向中国消费者道歉的："虽然我们在投放广告之前没有任何意思，但由于我们表达的不妥帖，在中国消费者中引发了不愉快、不好的情绪，对此我们表示非常遗憾。公司在事件发生后首先停发了这两个广告，并在一些媒体发布致歉信，同时也在丰田网站上登出。为了防止类似事件发生，公司正在采取相应措施，以坚决杜绝类似事件的发生，我们希望在最短的时间取得消费者的谅解和信任。"同时，丰田公司在座谈会上说明两则广告的创意其实都是中国人设计的，陆地巡洋舰广告上的绿色卡车也不是真的图片，而是手绘上去的。"但我们是广告主，我们要负责任。"

以恰当的语言和恰当的方式向公众说明事实真相是非常必要的。尽管丰田公司的广告是由广告公司制作的，也是由中国人创意的，但丰田公司并没有以此来推脱，而是在表达歉意之后并坦承表示愿意承担责任，使媒体和公众在心理上不反感的前提下认可了该事件的缘由，从而得到了谅解和信任。

五是所有人员统一态度和口径，避免"祸从口出"。丰田公司深知"祸从口出"，因此在危机事件发生后，无论丰田公司本身，还是发表该广告的媒体，或是创作该广告的盛世长城，都一致对外"表示诚恳的歉意"，而丰田公司则仅由一汽丰田汽车销售有限公司总经理对外发言，其他人如果被问及，则连连道歉，不发表其他讲话。

实际上，很多危机之所以发展到失控的状态，跟企业没把好"口关"有至为重要的关系。因为对外表露的口风往往蕴含的是公司上下对事件的认识态度，而对事件的认识态度往往是公众最为关注的。

（2）案例分析

一个企业在经营中难免会遇到各种各样的危机情况，威胁着企业的生存和发展，一些看上去非常强大的企业可能会因没有及时化解危机而垮掉。因此，如何进行危机公关，消除危机对企业造成的不良影响，越来越引起企业的重视。由案例可以看出丰田汽车公司对公共关系的重视和对公众的真诚，并且非常及时、合理地化解了一场由广告而引发的危机，这种做法很值得借鉴。

【任务实施】

将学生按照班级学号单双号分开，每组单号双号各一人，相互合作，制作 PPT，内容为各种促销方式的特点，要求将各种促销方式进行比较，清晰明了，单号成员为讲解者，时间 4 分钟，单号成员讲解完毕，双号成员进行点评并回答老师提问，时间 2 分钟，教师考察学生讲解过程，并完成表 4-10 的考核记录单。

表 4-10 教师考核记录表

实训项目：各种促销方式特点的 PPT 制作及讲述
组号：   姓名：

项目	评分重点	必要的记录	分值	评分
PPT 讲解	PPT 内容是否全面		10	
	PPT 的布局		8	
	PPT 的色彩、字体、字号的安排		8	

续表

项目	评分重点	必要的记录	分值	评分
PPT 讲解	讲解者仪表		5	
	多媒体设备的使用		8	
	讲解者的语言是否规范		10	
	讲解者的肢体动作		10	
	讲述效果		10	
	时间安排		10	
双号成员点评及回答提问	表达能力		10	
	思维能力		5	
	回答问题准确性		6	
总分			100	

任务五　4P 与 4C 的关系

【任务描述】

4P 是营销策略的基础，是从企业的角度研究市场；4C 更加适应买方市场，更加研究消费者的需求，作为现代市场营销人员，要掌握 4P 策略，更要熟知 4C 策略。

【相关知识】

一、4C 理论概述

营销学家菲利普·科特勒认为，企业所有部门为服务于顾客利益而共同工作时，其结果就是整合营销。整合营销强调各种要素之间的关联性，要求它们成为统一的有机体。具体地讲，整合营销更要求各种营销要素的作用力统一方向，形成合力，共同为企业的营销目标服务。随着市场竞争日趋激烈，媒介传播速度越来越快，4P 理论越来越受到挑战。到 1990 年，美国劳特朋针对 4P 存在的问题提出了 4C 营销理论。

4C 分别是指消费者（Consumer）、成本（Cost）、便利（Convenience）、沟通

（Communication）。4C强化了以消费者需求为中心的营销组合，其内涵如下：

（1）消费者。消费者是指消费者的需要和欲望（The needs and wants of consumer）。零售企业直接面向顾客，因而更应该考虑顾客的需要和欲望，建立以顾客为中心的零售观念，将"以顾客为中心"作为主线，贯穿于市场营销活动的整个过程。零售企业应站在顾客的立场上，帮助顾客组织挑选商品货源；按照顾客的需要及购买行为的要求，组织商品销售；研究顾客的购买行为，更好地满足顾客的需要，更注重对顾客提供优质的服务。

（2）成本。成本是指消费者获得满足的成本（Cost and value to satisfy consumer needs and wants），或消费者为了满足自己的需要和欲望所愿意付出的成本价格。顾客在购买某一商品时，除耗费一定的资金外，还要耗费一定的时间、精力和体力，这些构成了顾客总成本。所以，顾客总成本包括货币成本、时间成本、精神成本和体力成本等。由于顾客在购买商品时，总希望把有关成本包括货币、时间、精神和体力等降到最低限度，以使自己得到最大限度的满足，因此，零售企业应努力降低顾客购买的总成本，如通过降低商品进价成本和市场营销费用从而降低商品价格，以减少顾客的货币成本；努力提高工作效率，尽可能减少顾客的时间支出，节约顾客的购买时间；通过多种渠道向顾客提供详尽的信息，为顾客提供良好的售后服务，减少顾客精神和体力的耗费。

（3）便利。便利是指顾客购买时的方便性（Convenience to buy）。与传统的营销渠道相比，新的观念更重视服务环节，在销售过程中，强调为顾客提供便利，让顾客既购买到商品，也购买到便利。企业要深入了解不同的消费者有哪些不同的购买方式和偏好，把便利原则贯穿于营销活动的全过程，售前做好服务，及时向消费者提供关于产品的性能、质量、价格、使用方法和效果的准确信息。售后应重视信息反馈和追踪调查，及时处理和答复顾客意见，对有问题的商品主动退换，对产品使用中出现的故障积极提供维修方便，大件商品甚至终身保修。

（4）沟通。沟通是指企业或营销人员与用户沟通（Communication with consumer）。企业可以通过多种营销策划与营销组合，如果未能收到理想的效果，说明企业与产品尚未完全被消费者接受。这时，不能依靠加强单向劝导顾客，要着眼于加强双向沟通，增进相互的理解，实现真正的适销对路，培养忠诚的顾客。

二、4C理论对4P理论的导向作用

目前，我国的市场经济的发展还不完善，汽车企业自身的情况又各不相同，许多企业本身在产品技术、成本、服务等基本方面仍然需要进一步健全。因此，在今后的一段时期内，我国大部分汽车企业还应以4P理论为基本的营销框架，并把4C理论作为有效的参考。简单地说就是以4P为基础，以4C为导向。

（1）对产品（Product）的导向

企业不是生产自己能生产的产品，而是要生产顾客需要的产品。在市场竞争激烈、消费者需求变化迅速的今天，企业只有在生产前明确消费者的真正需求，才能够决定自己研究、开发、生产的目标。企业在明确消费者需求的同时应考虑消费者愿意花费多少成本，并在开发过程中将成本控制在一定范围内。方便消费者使用、搬运、存储等也是企业在开发产品时必须要考虑的一个方面，比较典型的例子是方便面，在长途旅行或者饮食不便的情况下，方便面既方便了消费者携带，又为消费者节约了时间，因此，从方便面诞生之日起，便成为人们出差办事、旅游度假的最佳选择。

（2）对价格（Price）的导向

企业在决定价格的时候，必须考虑目标顾客对价格的反应，价格的数字表示非常明了，然而，顾客对其会有各种各样的理解。另外，顾客对价格的反应也会因产品的种类而异。例如，对很难看到品质差别的汽油，消费者唯独对价格反应较敏感；相反，消费者对于品质和款式差异较大的服装，首先重视的是其产品是否符合自己的兴趣爱好，而不是价格。即使同种类的产品，其评价往往也会因品牌而异，常用一流产品和三流产品、知名品牌和非知名品牌等来加以评价，评价的差异会表现为价格的差异。市场营销管理者在制定价格时应充分了解和掌握消费者对自己产品的期望价格和能接受的价格。

（3）对渠道（Place）的导向

渠道的建设应该以 4C 为依据，企业在选择或决定渠道时，首先需要考虑什么渠道最能接近目标市场，目标顾客常用的渠道是什么。其次，对于目标顾客来说，接近该渠道不需花费较多的时间、金钱等，即成本最低。最后，企业还应利用该渠道与顾客进行有效的沟通，以保证企业及时获得顾客有用的信息，以更好地满足顾客的需求。

（4）对促销（Promotion）的导向

4C 理论应该在促销决策、促销活动中，或采取各种促销方式时都有运用。以广告为例，传统的广告创作大多基于对项目的简单了解和创作人员的瞬间灵感，将文字和图案、照片在计算机上进行合成就算完成。从而导致许多广告的面貌相似，相互抄袭、模仿的迹象非常明显，无论广告文案，还是创意表现都大同小异，无法达到预期目标，按照 4C 理论，成功的广告创作，首先需要对目标顾客的了解和对顾客心理的深刻洞察，遵循"顾客—广告主/广告公司—顾客"的程序，即从顾客中来，再到顾客中去的完整过程。广告创作前，必须进行广泛深入的调查研究，确切掌握目标顾客的构成，以及他们的文化、社会、收入、心理等状况，并通过调查测试，确认目标顾客所关注的利益点，最后以富于创意的方式表现出来，达到与顾客进行信息的双向沟通。只有这样才能确保广告的效果，使顾客和企业都满意。

【任务实施】

将学生按照班级学号单双号分开，每组单号双号各一人，相互合作，制作 PPT，内容为 4P 策略与 4C 策略的关系，要求将 4P 与 4C 之间的理论关系进行归纳总结，清晰明了，单号成员为讲解者，时间 4 分钟，单号成员讲解完毕，双号成员进行点评并回答老师提问，时间 2 分钟，教师考察学生讲解过程，并完成表 4-11 的考核记录单。

表 4-11 教师考核记录表

实训项目：4P 与 4C 关系的 PPT 制作及讲述
组号： 姓名：

项目	评分重点	必要的记录	分值	评分
PPT 讲解	PPT 内容是否全面		10	
	PPT 的布局		8	
	PPT 的色彩、字体、字号的安排		8	
	讲解者仪表		5	
	多媒体设备的使用		8	
	讲解者的语言是否规范		10	
	讲解者的肢体动作		10	
	讲述效果		10	
	时间安排		10	
双号成员点评及回答提问	表达能力		10	
	思维能力		5	
	回答问题准确性		6	
总分			100	

【项目总结】

4P 理论奠定了管理营销的基础理论框架。4P 策略包括产品策略、价格策略、渠道策略、促销策略。在产品策略中提出了整体产品概念，产品整体概念分为 5 个基本层次：核心产品、形式产品、期望产品、延伸产品、潜在产品。针对处在不同层次的产品（或产品不同层次的用户），企业应分别采取不同的营销策略，或者采取不同的组合策略。

汽车产品在市场销售过程中，影响其价格的因素主要有：汽车生产与流通成本、消费者需求、汽车产品的特征、市场竞争者的行为、汽车市场结构、政府干预、社会经济状况等。结合不同的影响因素，企业常用的汽车定价目标有：以利润为导向的汽车定价目标、以销量为导向的汽车定价目标、以竞争为导向的汽车定价目标、汽车质量导向目标、汽车企业生存导向目标、汽车销售渠道导向目标，针对不同的定价目标及价格影响因素，产生了汽车成本导向定价法、汽车需求导向定价法和汽车竞争导向定价法三种汽车定价方法。

企业为了实现自己的营销战略和目标，必须根据产品的特点、市场需求及竞争情况，采取灵活多变的汽车定价策略，使汽车定价策略与其他策略更好地结合，促进汽车销售，提高汽车企业的整体效益。汽车新产品定价策略（撇脂定价策略、渗透定价策略、满意定价策略）、折扣和折让定价策略、心理定价策略以及针对汽车产品组合的定价策略等。

由于我国私人（家庭）汽车消费者与生产性用户（企业性组织）购车性质不同，消费目的与购买特点等具有差异性，即使针对同样的用户群体，各区域市场的消费环境、社会习俗、消费观念等也差异较大，企业采取的分销渠道也各有差别。

任何一家汽车制造企业在选择各区域市场的分销渠道时，都会受到一系列微观因素和宏观因素的制约，影响汽车分销渠道选择的因素主要有：产品因素、市场因素、企业因素、环境因素。根据汽车产品的特点以及渠道影响因素，企业选择合适的分销渠道。

企业通过人员和非人员的方式，沟通企业与消费者之间的信息，引发、刺激消费者的消费欲望和兴趣，使其产生购买行为的活动，也就是有针对性地进行汽车促销，促进市场销量的提高。

【知识拓展】

一、汽车品牌的概念

品牌与包装都是汽车产品整体概念的重要组成部分。品牌又称产品的牌子，它是制造企业或经销商加在产品上的标志，是指用来识别卖者的产品或服务的名称、符号、象征、设计或它们的组合，用来区别本企业与同行业其他企业同类产品的商业名称。

1. 汽车品牌相关概念

（1）汽车品牌名称是指品牌中可以用语言来称呼和表达的部分，如福特、奔驰等。

（2）汽车品牌标志是指品牌中可被识别而不能用语言表达的特定标志，包括专门设计的符号、图案、色彩、文字等，这些标志往往成为汽车企业的代表。按我国国家规定，新车登记和年度检验时，都要检查这些标志。如：

AUDI 奥迪轿车的标志为四个圆环，如图 4-4 所示，代表着合并前的四家公司。这些公司曾经是自行车、摩托车及小客车的生产厂家。由于该公司原是由4家公司合并而成,因此每一环都是其中一个公司的象征。

大众汽车公司的德文 Volks Wagenwerk,意为大众使用的汽车,标志中的 VW 为全称中头一个字母,如图 4-5 所示。标志像是由三个用中指和食指作出的"V"组成,表示大众公司及其产品必胜-必胜-必胜。

图 4-4 奥迪汽车标志

图 4-5 大众汽车标志

汽车标志的作用是便于销售者、消费者、维修人员、交通管理部门识别车辆的"身份"。

2. 汽车品牌策略

品牌策略的核心在于品牌的维护与传播,如何把品牌做到消费者心坎里去,是品牌策略中最重要的一个环节。汽车品牌策略就是指企业如何合理地使用品牌,发挥品牌的积极作用,让信息从"焦点"变为"记忆点",进而产生"卖点",无论是短期还是长期都能为企业带来积极的效应和价值。具体有以下几种策略:

(1) 制造品牌与销售品牌策略

由于消费者对所要购买的汽车产品并不具备充分的选购知识,所以消费者在购买产品时除了以产品的制造者的品牌作为选择依据外,还会考虑经销者的品牌,即在什么商店购买。消费者当然希望购买具有良好信誉的商家所出售的产品,因此产品制造者就需衡量品牌在市场上的声誉,选择合适的经销商。

(2) 统一品牌和个别品牌策略

统一品牌是指一个企业无论其产品种类有多少,销售地域有多广,都使用一样名称、名词、标号或设计的品牌。

实行统一品牌策略的企业,可以集中人力、物力、财力等资源,综合塑造大品牌,同时节省大量的品牌设计费用、广告费用,增强企业信誉。有利于消除顾客对新产品的不信任感,借助原有品牌的声誉可以使新产品迅速打开销路;有利于壮大企业的声势,树立超级企业和超级品牌的市场形象。

统一品牌适合于产品生命周期较长的耐用消费品,从跨国公司的发展趋势来看,建立全球化统一品牌是企业竞争国际市场的主要途径。如奔驰、奥迪、西门子、雀巢等。但采用这种策略应注意以下几点:

(1) 这种品牌在市场上已有较好的声誉,如果原有品牌声誉不佳,在推出新产品时就应考虑放弃使用统一品牌而采用新品牌。

（2）采用统一品牌名称策略时，新产品的质量应该与其他产品相同或超过其他产品，否则将会给品牌信誉以及其他产品的销售造成不良影响。

个别品牌策略是一个企业针对不同产品而采用的不同品牌的策略。个别品牌策略的优点在于：便于区分高、中、低档各类型产品，以适应市场上不同顾客的需求；使企业的声誉与众多产品品牌相联系，以提高企业整体的市场竞争中的安全感；每一种产品采用一个品牌，能激励企业内部各产品之间创优质名牌的竞争；可以扩大企业的产品阵容，从而可提高企业的声誉。如通用汽车公司不同类型产品使用不同商标：Chevrolet、Buick、Cadillac 等。这种策略可以满足不同产品、不同档次以及照顾不同国家地区的不同需要，可以分别针对不同的消费者设计不同的品牌形象。这有利于严格区分不同档次的产品，有利于显示企业的雄厚实力。

（3）多重品牌策略。

多重品牌策略是指企业在同类产品中同时使用两种或两种以上品牌。这种策略由美国保洁公司首创，也是运用最成功的公司。该策略可以为企业带来以下几方面的利益：

1）可以增加品牌的陈列面积，增加零售商对产品的依赖性；

2）可以吸引喜好新牌子的消费者；

3）使组织内部直接产生竞争，有利于提高企业的工作效率和管理准备效率；

4）可以满足不同细分市场的需要，为提高总销售量创造条件。

当然，该策略也有一定的风险，使用的品牌量过多，导致每种产品的市场份额很小，使企业资源分散，不能集中到少数几个获利水平较高的品牌上。

二、汽车商标策略

1. 汽车商标的概念

商标是商品的生产者、经营者在其生产、制造、加工或者经销的商品上或者服务的提供者在其提供的服务上采用的，用于区别商品或服务来源的，由文字、图形、字母、数字、三维标志、声音、颜色组合，或上述要素的组合，具有显著特征的标志，是现代经济的产物。在商业领域而言，商标包括文字、图形、字母、数字、三维标志和颜色组合，以及上述要素的组合，均可作为商标申请注册。经国家核准注册的商标为"注册商标"，受法律保护。汽车商标就是利用文字和图案等符号，表达所象征的意义，促使人们在见到汽车商标后能引起一定的联想，从而产生"诉求"，区别不同的产品。

2. 汽车商标的特征

汽车商标具有以下3个方面的特征：

（1）汽车商标是商品或服务的标志。非商品上的图案、符号、标记都不是商标。

（2）汽车商标是受到法律保护的产权标志，是经商标局核准注册而取得的特殊权利，具有独占性，不容他人或其他企业侵犯。

（3）汽车商标是生产者或经营者的标志，区别于其他商品，它是企业声誉和评价的象征。

3．汽车商标与品牌的区别与联系

（1）两者的联系：商标的实质是品牌，两者都是产品的标记。

（2）两者的区别：并非所有的品牌都是商标，品牌与商标可以相同也可以不同；商标须办理注册登记，品牌则无须办理；商标是受法律保护的品牌，具有专门的使用权。

【项目训练】

一、名词解释

产品线　产品项目　产品组合　产品生命周期　撇脂定价　渗透定价
满意定价　尾数定价　招徕定价　声望定价　分销渠道　渠道冲突　窜货

二、简答题

1．简述产品的整体概念的含义。
2．汽车定价目标有哪些？
3．汽车定价方法有哪些？
4．影响汽车价格的因素有哪些？
5．常用的汽车定价策略有哪些？
6．汽车促销策略有哪些？
7．简述各种促销方式的特点。
8．渠道管理的原则有哪些？

三、案例分析

【阅读材料】

2003年5月非典肆虐，人人印象深刻。同样使人印象深刻的，还有中国车市的异常火爆。在抗击"非典"的过程中，国内各大汽车厂商也不甘落后，除了捐钱捐物外，还开辟出各种促销途径，使社会效益与经济效益有机结合，我们将这些在非常时期的营销活动称之为"危机营销"。

东风雪铁龙公司在"非典"期间，为了刺激车市升温，推出降价促销，对其旗下中低档的富康系列轿车展开全国范围的促销活动，其中新自由人率先由2003年初的9.78万元调整至8.8万元促销价。富康系列轿车作为东风雪铁龙旗下主力车型之一，被消费者称为中国两厢车的经典。来自北京亚运村汽车交易市场的销售数据称，2003年

5月份"非典"以来，富康系列轿车一直处于市场同级别车型销量前三名之列，销售占有率高达37%。

针对部分消费者对"非典"的恐慌心理，北汽福田为用户购买了专门针对"非典"设计的保险，在2003年5月15日至6月25日期间购买奥铃汽车的用户将无偿获得中国泰康保险公司的10万元非典保险，除了购买非典保险外，只要有用户来电咨询，公司就立即上门联系。即使用户还未决定购车，只是提出看车要求，公司也会立刻派专人送样车上门让用户试车。同时，每一个上门销售的员工，都要在事前进行全面健康检查，确认无恙后方可出发。

对上门的奥铃汽车也要进行全面的消毒，在上门和陪用户试车过程中，奥铃工作人员必须执行公司要求的戴口罩、手套等防护措施。回到公司后，还要对汽车再次检查消毒。即使在"非典"一度严重的北京市场，奥铃在"非典"时期的销售量竟然是"非典"前的3倍，创造了奥铃在北京市场销售史上最好的销售成绩，危机营销功不可没。

广州风神汽车公司在"非典"时期推出了"非常健康行动"的活动。该公司承诺新车全面加装光触媒健康防护罩，所有蓝鸟车主均可回厂免费加装；免费进出厂消毒；免费检查进厂车辆空调系统；100个品种的精品备件9折优惠；维修、服务工时费9折。不难看出风神公司非常巧妙地把预防非典与夏季营销联系起来，打出了"NISSAN新蓝鸟率先采用纳米科技——光触媒长效健康技术，开创高级房车健康新纪元，让您拥有一个健康纯净的驾乘空间"的广告诉求，在众多竞争对手中脱颖而出。

"风雨过后见彩虹——南京菲亚特关爱与您同路"。在"非典"时期促销活动中，南京菲亚特采取了人性化的关怀和呵护："编织爱的车窗，隔离病毒的侵扰，温暖呵护一路相随"。南京菲亚特免费为新老客户提供全车消毒及清洁过滤器服务，为客户建造健康清新的车内空间，同时，南京菲亚特还适时推出三款新车型以满足消费者更多的选择。风雨过后见彩虹，无论何时，勇往直前的信念，将伴随消费者风雨同路。

针对"非典"对消费者的购车造成了不便这一情况，奇瑞公司从2003年5月初起在北京、广东、上海等地开展了"您买车，我接送"的活动，凡是想购买奇瑞汽车的人，只要拨通本市经销商的电话，就会有专门的"奇瑞清洁卫生服务车"将顾客接到奇瑞的经销店里，不论顾客当天是否订购奇瑞车，公司都会根据顾客的要求将其安全地送回住处，公司将通过广播、手机短信及电视广告等形式将活动的内容传达给消费者，并将接送名额限定每天30～50名，而且会根据各地"非典"的防治情况灵活调整本次活动的截止日期。奇瑞一系列的新举措令奇瑞2003年的销售大幅上升，1～11月份7万多台的销售量比上年增长了近60%。

根据阅读材料，回答下面的问题。

1. 试讨论"非典"时期各汽车厂商采用的促销手段。
2. 试分析"非典"时期的车市销售情况良好的原因。

项目五
汽车营销模式

【项目导读】 作为高档耐用消费品的汽车到底应该选择什么样的营销模式？在我国，从上世纪的直销模式到上世纪末从欧洲引进的4S模式，是否还有其他模式？哪种模式更适合我国的汽车企业？

任务一　汽车营销模式

【任务描述】

研究各种营销模式的特点,通过优缺点的比对,结合市场的发展和国家的法律法规,找到最适合自己的营销模式。

【相关知识】

一、代理制模式

1. 代理制的概念

代理制是指买方或卖方委托流通企业在其代理权限范围内从事商品交易业务的一种商流形式,接受买方或卖方委托的流通企业称之为代理商。汽车营销代理就是汽车生产企业委托区域市场上的某些分销能力较强的代理商为其销售产品。

在西方发达国家,代理商属于中介机构,只拥有销售代理权,而不拥有对产品的所有权,主要职责是按委托方的意志,促进买卖双方交易的达成,其收入是佣金而不是购销差价。我国的汽车销售代理商,在汽车交易过程中,几乎参与汽车营销的所有活动,包括促销、谈判、订货、付款等过程。我国目前没有实行汽车代理佣金制度,虽然汽车生产企业的商务政策中规定根据销量给予返利,但这不属于代理佣金,代理商的收入主要是汽车的买进卖出的差价获得。西方发达国家的汽车代理商一般不具备仓储功能,也不参与资金流的活动,不提供汽车消费信贷,风险较小。我国的部分能力较强的汽车代理商通过与汽车厂家、银行合作,可以提高汽车消费信贷,并且一般具备仓储功能。

汽车代理制包括总代理制和区域代理制。

总代理制的销售模式可表述为:厂商→总代理→区域代理→下级代理商→最终用户。进口汽车主要采用这种销售模式。

区域代理制的销售模式可表述为:厂商→区域总代理→下级代理商→最终用户。这种模式与 IT 渠道的区域代理制基本一致。这是汽车销售渠道最早采用的模式,目前使用这种模式的厂商已较少。

2. 代理制的特点

汽车销售实行代理制，有着鲜明的优点：

（1）汽车代理商是独立的法人组织，与汽车厂家有较长期稳定的关系。

（2）实现工商分工合作，充分调动汽车生产厂家和代理商的积极性。

（3）通过代理，可以使汽车的销售网点增加，增强营销网络的功能，使汽车营销活动更加灵活，更贴近用户。

（4）汽车代理商能够适应市场竞争需求，可以更加专业化，提高销售效率。

（5）汽车生产企业可以通过合理地管理和控制代理商，保证生产的顺利进行，有利于分担经营风险。

但是，汽车销售代理模式也有自身的不足。生产企业必须及时地了解市场信息，生产符合市场需求的产品，而代理商作为区域市场的信息桥梁，如果信息交流沟通不及时、不彻底、不准确，就会造成供需矛盾，汽车销售代理模式在我国还需根据国情进一步完善。

二、特许经营制

1. 特许经营的概念

特许经营（franchise）也称为经营模式特许（business format franchise）或特许连锁（franchise chain）。有些国家和地区也称为加盟经营，虽然称呼有所不同，但在国际上特许经销已经有了约定俗成的含义，在欧洲特许经销联合会对其定义是：

特许经营是一种营销产品和（或）服务和（或）技术的体系，是基于在法律和财务上分离和独立的当事人（特许人和他的单个受许人）之间紧密而持续的合作基础之上的营销产品和（或）服务和（或）技术的体系，依靠特许人授予其单个受许人权利，并附以义务，以便其使用特许人的概念进行经营。此项权利经由直接或间接财务上的交流，给予或迫使单个受许人在双方一致同意而制定的书面特许合同的框架之内，使用特许人的商号和（或）商标和（或）服务标记、经营诀窍、商业和技术方法、持续体系及其他工业和（或）知识产权。

在特许经销的运营中，至少涉及以下两者：特许人（franchisor）和受许人（franchisee）。特许经销在本质上是一种连锁经营的市场销售分配方式，其基本特征如图5-1所示。

特许经营制的销售模式可表述为：厂商→特许经销商→最终用户。区域代理制实施一段时间后，汽车厂商逐渐发现很难约束经销商的市场行为，难以规范，市场价格体系混乱，1996年后，我国汽车销售模式逐渐向特许经销制转变。目前，一汽捷达、神龙富康等品牌采用这种模式。

图 5-1 特许经营的基本特征

2．我国的汽车特许经营的政策规定

《汽车贸易政策》第 11 条规定，"自 2006 年 12 月 1 日起，除专用作业车外，所有汽车实行品牌销售和服务。"该条第 2 款规定，"从事汽车品牌销售活动应当先取得汽车生产企业或经其授权的汽车总经销商授权"。此即所谓"特许经营"和"品牌销售"的汽车销售制度。

我国的"特许经营"汽车销售制度，指汽车销售企业要想经销某品牌的汽车，必须先取得该汽车供应商的许可，工商行政部门才进行工商登记并颁发工商执照，否则工商行政部门不进行工商登记和颁发工商执照，汽车供应商也不会向该企业发货，汽车销售企业也无法经销该品牌的汽车。但这里的"特许经营"并非垄断经营。获得汽车供应商的许可和获得工商营业执照是汽车销售企业获得品牌经营权的两大前提，而并且后者以前者为条件。

"汽车品牌销售，是指汽车供应商或经其授权的汽车品牌经销商，使用统一的店铺名称、标识、商标等从事汽车经营活动的行为。"品牌销售的含义是指，店铺的显著位置上应标注统一的与该汽车品牌有关的名称、标识、商标等区别性标志。

可见，国家实行"特许经营"和"品牌销售"的汽车销售模式，属于国家的强制性规定，任何一个汽车品牌经销商都不可逾越。

3．4S 特许经营的标准

1998 年由欧洲传入中国的"4S"特许经营模式。由于它与各个厂家之间建立了紧密的产销关系，具有购物环境优美、品牌意识强等优势，一度被国内诸多厂家效仿。

汽车 4S 店是一种以"四位一体"为核心的汽车特许经营模式，包括整车销售（Sale）、零配件（Sparepart）、售后服务（Service）、信息反馈等（Survey）。其经营标准如图 5-2 所示。

4．特许经营的特点

（1）特许经营的优点。特许经营之所以能够迅速推广，就是因为这种经营模式优点明显。

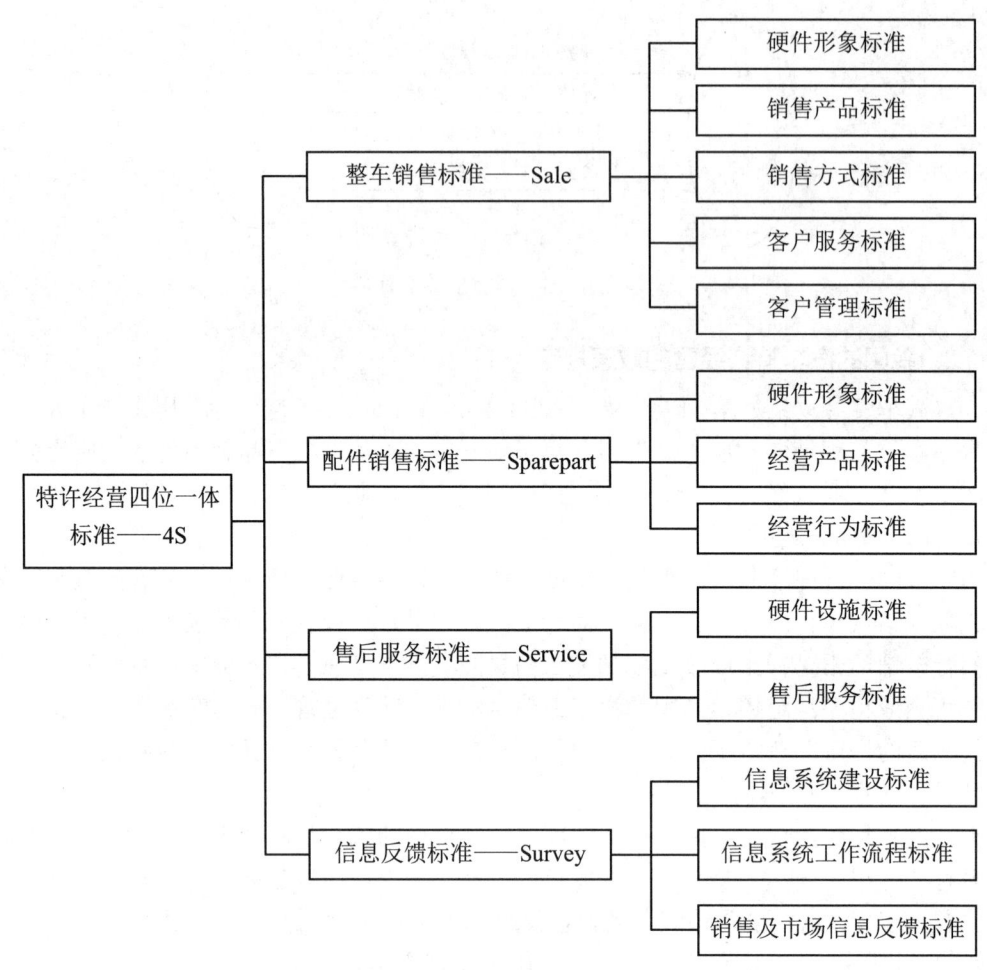

图 5-2 4S 特许经营标准示意图

1）可以形成汽车大流通商业组织模式。

当前，国内汽车流通领域主要通过经销商和汽车生产企业签订经销合同或协议而建立汽车经销关系，各种特色的经销商之间相互独立，导致所有的经销商呈现"大而全""小而全"的功能特征，汽车市场组织呈现比较混乱的局面。而特许经营模式有总部（汽车生产厂家）的严格控制和要求，各经销店采用统一标识、统一销售模式、统一服务标准等规范，在经营组织形式上前进了一大步。

2）可以减少流通环节，降低经营成本。

特许连锁经营中，汽车生产企业一般通过物流公司统一配送资源，经销店面向直接用户，销售渠道短，经营成本低。

3）规范市场秩序，减少无序竞争。

由于普通经代销商出于各自利益的考虑，价格竞争非常激烈，特别是市场淡季或竞争激烈时，极易陷入价格战，市场处于无序竞争状态。而特许连锁经营采取统一运作模式，对于经销商的无序竞争相对容易控制。

4）市场信息反馈准确、及时。

特许连锁经营规定统一反馈市场信息，并对市场信息集中处理，各经销店及生产企业能够及时、全面了解市场动态，为市场决策提供了必要依据。

（2）特许经营的局限性。特许经营模式的优点明显，但是随着市场竞争的加剧，特许经营模式的局限性也呈现出来。特许经营模式存在"双重道德风险"。

1）经销商的"道德风险"。各个区域市场的经销商的"道德风险"主要体现在以下几个方面：

① 低价销售（打价格战）和跨区域销售。低价销售和跨区域销售一直是困扰汽车销售的两大难题，经销商的道德风险也主要体现在这两个方面上。

经销商在销售汽车时不仅要考虑销售一辆汽车所能够带来的利润，同时还要考虑汽车销售数量的增加所带来的年底结算时汽车厂家的返利（又称价格折扣，一般厂家都会根据经销商的销量给予一定的返利）。所以，经销商会结合厂家的返利与顾客讨价还价的具体情况来决定汽车的最终销售价格，而不会完全遵循汽车厂家的统一价格要求，这样同一区域市场就会出现同一车型价格不同的混乱现象。

跨区域销售（窜货）的发生主要是汽车经销商为了追求额外利润的结果。尽管汽车厂家划定了区域市场的经销商的管辖区域，经销商应在各自辖区内销售汽车。但是由于各种原因，导致经销商跨区域销售，不仅会导致经销商在区域销售上的冲突，同时也影响其他区域市场汽车价格的稳定。

② 服务质量不统一。在汽车的销售过程中，经销商不仅要向顾客提供规范的服务，如着装和语言、接待顾客、展示商品车、签约成交等环节的规范要求，而且要向消费者提供信息方面的服务，并同时收集消费者及市场的信息，反馈给汽车厂家。但是，汽车厂家很难监督经销商的努力程度，经销商可能为了图省事、降低成本，不提供或者少提供某些服务、或者提供质量较低的服务。

2）汽车制造商的道德风险。在国家政策、市场信息、产品技术等方面，汽车厂家掌握的信息往往比经销商更多。汽车厂家可能因此而发生道德风险。

① 汽车制造商的操作风险。销售商加盟汽车厂家的特许体系后，厂家可能利用掌握的信息以及特许合同所赋予厂家的权利侵犯经销商的利益，比如，由于不允许经销商跨区域销售汽车，这样就使得区域市场内授权经销商的数量及网点分布变得至关重要。汽车厂家为了扩大销售网络，总是趋向于多设经销商网点，于是利用结束合同为由进行威胁，降低特许经销商销售每辆汽车所得的差价。特别是汽车产品进行技术革新时，或者汽车厂家需要改造整个经营网络体系的时候，通过降低差价，使市场营销

能力较差的经销商可能满足不了汽车厂家的要求，汽车厂家就可以名正言顺地达到取消劣质经销商资格的目的。

② 汽车制造商的经营风险。经销商之所以愿意投入资金、支付特许权使用费、接受汽车厂家的要求，主要原因是经营该品牌的汽车是有利可图的。从这个角度讲，一个合适的汽车厂家必须满足以下条件：拥有好的汽车品牌；产品有良好的获利能力；企业具备长期市场生存和市场竞争的能力；有稳定高效的物流配送系统；有管理整个特许经营系统的能力等。如果汽车厂家做不到这些，就会使经销商的效益降低。

三、品牌专营制

1. 品牌专营的概念

品牌专营汽车专卖店是指由汽车制造商或销售商授权，只经营销售专一汽车品牌，为消费者提供全方位购车服务的汽车交易场所。它是"舶来品"，也是目前国际较流行的经销模式。

随着汽车市场由卖方市场转为买方市场，厂家的市场销售转为被动，大量产品积压，不得不给经销商让利，降低库存，最后经销商的效益保证了，可是汽车生产企业的利润没有了。于是，从1997年底开始，汽车厂家开始建立一种新的营销体系——以汽车厂家的销售部门为中心，以区域市场的管理中心为依托，以特许或特约经销商为基点，受控于汽车厂家的全新营销模式——品牌专营。

品牌专营制的销售模式可表述为：汽车厂商→授权的专卖店→最终用户。品牌专营制是1998年在我国开始发展起来的销售渠道模式，主要以整车销售、零配件供应、售后服务"三位一体"（3S专卖店）和整车销售、零配件供应、售后服务、信息反馈"四位一体"（4S专卖店）为表现形式。

2. 特许经营和品牌专营的区别

特许经营和品牌专营两者的区别主要有以下几点：

（1）对经销商的要求不同。特许经销制下，厂商一般只能就经销商的地理位置、销售能力等进行考察，不能对申请特许经销的代理商有过多的软、硬件要求，比如店面的大小、装修水平、售后服务方面；而品牌专营制下，厂商不仅注重专卖店的位置和销售，同时对专卖店的硬件有着严格的规定，有的甚至连装修材料的采购地点都有明确的规定，"四位一体"功能的（4S）专卖店还特别强调售后服务、信息反馈。

（2）管理力度不同。厂商对特许经销商的销售管理和培训方面支持较少；而品牌专营制下，厂商对专卖店有着严格的管理，在店面管理、销售管理、员工培训等方面都有统一的管理措施。

（3）展示的形象不同。特许经销制下，经销商不能打厂商的品牌形象；而品牌专营制下，专卖店可以打厂商的牌子，注重展示厂商的形象。

（4）经营品牌的数量不同。特许经销商经营汽车的品牌数量不是唯一的，厂商也不能对此进行控制；而品牌专营店则只能经营单一的汽车品牌。

为规范汽车品牌销售行为，促进汽车市场健康发展，保护消费者合法权益，国家商务部、国家发展和改革委员会、国家工商局联合制定了《汽车品牌销售管理实施办法》。该办法规定经销商在取得某一生产商销售许可后才可从事该品牌在某一地区的产品专营，也就是目前流行的 4S 专卖店形式；至于那些具有汽车销售资格但是没有得到厂家直接授权的经销商，只能作为 4S 专卖店的"下线"二级代理商。

本世纪初，4S 店模式在国内发展极为迅速。汽车行业的 4S 店就是汽车厂家为了满足客户在服务方面的需求而推出的一种业务模式，核心含义是"汽车终身服务解决方案"。

随着市场逐渐成熟，用户的消费心理也逐渐成熟，用户需求多样化，对产品、服务的要求也越来越高，越来越严格，原有的代理销售体制已不能适应市场与用户的需求。

4S 店的出现，恰好能满足用户的各种需求，它可以提供装备精良、整洁干净的维修区，现代化的设备和服务管理，高度职业化的气氛，保养良好的服务设施，充足的零、配件供应，迅速及时的跟踪服务体系。通过 4S 店的服务，可以使用户对品牌产生信赖感，从而扩大销售量。因此，4S 经营模式是汽车市场激烈竞争下的产物。

3. 品牌专营制的优、缺点

目前，品牌专营大多采用"3S"或"4S"模式，以充分发挥其优势。

品牌专营制的优点主要表现在以下几个方面：

（1）能提供良好的客户服务，真正体现以客户为本的经营理念。这种多功能一体化的模式通过提供舒适的购车环境、专业完善的售后服务、纯正的零部件，使客户从购车到用车的全过程得到良好的服务。这种售前、售中和售后全程式服务，真正实现了以消费者为本的经营理念。

（2）有利于培养良好的企业精神和塑造优秀的企业形象。在专卖店里，透明的管理模式拉近了管理层与员工之间的距离，培养了团队的合作精神，也正是凭着这种与众不同的凝聚力，体现汽车品牌的形象魅力，从而赢得客户的信赖。

（3）品牌专卖有利于汽车生产企业集中人力、物力研究市场、开拓市场；有利于规划、发展和管理营销网络；有利于增加经销商的服务功能；有利于企业产品开发和生产同市场的衔接和配合；有利于企业对市场进行前瞻性的规划；有利于企业根据区域市场的特点制定灵活的营销策略。

（4）品牌专营有利于稳定市场、开发市场，可以通过划分市场区域、控制市场价格，使经销商成为企业进行市场竞争的有力帮手。

但是，品牌专营也存在着诸多弊端：

（1）品牌专营设置了经销商加入的门槛，限制了市场的充分竞争。经销商一旦与生产厂家签订了品牌汽车销售的协议之后，就形成了人为的市场区域分割。由于汽车生产企业规定经销商不得跨区域销售，造成了同一品牌的汽车在不同的区域市场价格差别很大。虽然汽车生产厂家制定"全国统一售价"，但各地的经销商往往会根据当地的市场情况、自身利益或利用厂家商务政策的空子，考虑如何使自己的利润最大化，在实际操作中不按厂家限价执行，从而导致同一品牌的汽车各地市场价格混乱，市场秩序难以规范。

（2）经销商欲获得某一品牌的专营权，除去各道门槛的公关不算，还要满足厂家的种种要求，投资数百万甚至数千万以建设专卖店，并且场地大小、店面设计、形象标识等均必须按厂家规定进行装潢，甚至有的建筑材料、洁具、家具款式、色彩等都必须按指定品牌采购和使用。经销商的投入大，回收期长，产品品牌单一，难以满足市场多层次的需求。

（3）品牌专营的经销店都是按"3S"或"4S"标准要求建立的，它必须承担该品牌汽车的售后维修、保养的服务责任。这在理论上增加了专卖店的利润空间，延伸了汽车经营的价值链，但前提条件是当地市场必须有较大的该品牌汽车市场保有量作为支撑；否则，经销商的巨额投入必将大大增加经营成本和风险。同时，由于在配件供应、维修技术、甚至维修设备等方面对汽车厂家的高度依赖，使经销商处于汽车厂家的控制之中，造成汽车厂家和经销商之间的关系不平等。

（4）品牌专营容易形成垄断。目前，我国汽车销售还实行"审批制"，即那些想进入汽车销售渠道的公司或个人，必须先通过政府主管部门的审查，以获得经营资格。对于4S店，"审批制"后面还有一个特许经营权，如果销售渠道以3S或4S店为主，经营资格的稀缺、经营范围的全面和经营模式的单一很容易形成渠道垄断。特许经营带来的垄断使终端服务很难尽如人意，导致品牌短期利益和长期利益难以平衡，这也是目前品牌专营亟需解决的问题。

四、自营自销

自营自销也称自产自销，顾名思义就是汽车生产企业自己生产、自己销售本公司的产品。通常采取自营自销这类模式的企业都有独立的销售网络体系。

自营自销的优势在于：

（1）销售网点分布建设速度快。由于是自产自销的营销体系，可以省去很多商务与法律程序，在单一权力意志的推动下，集中人、财、物进行单刀直入的网点布建工作。

（2）产品占领市场快。自营自建营销网络便于形成金字塔式的多层次销售网络体系，能使新产品迅速深入到各个区域市场及市场的各个层面。

（3）有利于树立品牌形象。自建自营销售网点，一般只经营本公司的产品，所以，可以使品牌形象迅速传播与确立。

（4）便于市场管理。由于整个销售网络的所有分支机构的人员都是本企业的员工，公司制度一致，便于管理。

自营自销模式的优点突出，但是其弊端也显而易见：

（1）运作成本较高。在营销网络的构建过程中，汽车厂家需投入大量的人力、物力、财力和精力，并且需要配备相应的设备及营销人员；同时，由于厂家集产权、经营权于一身，缺乏有效的监管与自控，极易发生铺张浪费现象，导致销售成本过高，企业利润低下，企业员工工资福利较低，从而影响员工积极性。

（2）客户利益得不到有效的保障。产、销一体化的销售机制导致员工市场竞争意识差，客户服务意识不强，往往导致对待顾客傲慢无礼，严重影响企业的市场口碑与品牌的公众形象。

五、汽车超市模式

1. 汽车超市的基本概念

汽车超市又称汽车商场或汽车大卖场。这种营销方式就是将各品牌的汽车产品集中在一起销售，在同一时间，给客户提供各种品牌、车型、价格等方面更多的选择权。

2. 汽车超市营销模式的特点

（1）汽车超市模式的优点

1）汽车超市最突出的优势就是"汽车产品全，客户选择范围大"。客户在一个汽车超市就能看到绝大多数的车型实物，可以现场对各种有意向的车型的价格、性能、外观造型等方面进行比较，而不必为了选购一辆汽车而跑遍所有的专卖店，充分做到为客户着想。

2）汽车超市营销模式把汽车营销和人们的日常生活融合在一起，通过"超市"给顾客创造一个良好的购"物"环境，让顾客在轻松、休闲的娱乐方式中，尽情体会汽车文化，吸引市场人气，开发潜在的消费者。

3）效率更高，服务更加人性化。汽车超市一般具备车辆展示、销售、美容保养以及汽车消费信贷、汽车保险、上牌照、办理各种税费（如车船使用税）等一站式的服务功能。车主在超市就可以完成购车上路的事宜，避免购车顾客在各个部门之间来回地折腾。

4）通过汽车超市，众多品牌的汽车呈现在消费者面前，不仅拉近了消费者与汽车的空间距离，而且拉近了心理距离，对汽车销售有明显的促进作用。

5）经销商的经营风险大大降低。投资一个4S店，在土地、厂房、资金、人力资源等方面的投入很大,并且经销商只能经营单一品牌的汽车,如果该品牌的汽车市场销量不好,经营风险全部都由经销商来承担,风险较大。而汽车超市属于多品牌经营,"东方不亮西方亮",对经销商来说,经营风险被分散开来,风险更小;并且容易获得规模效应,利润更可观。

6)可以提高经销商的话语权。现在我国的汽车市场,汽车经销商相对于直接消费者来说,是买方市场,而相对于汽车厂家来说仍是卖方市场。经销商相对汽车企业来说还是弱者,话语权较低。从长远看,随着我国汽车工业的迅速发展,汽车厂家的卖方市场地位也在逐渐减弱,汽车特许经营模式必然会受到冲击,拥有完善流通渠道的经销商必将获得市场优势,汽车厂家将会低下高昂的头,经销商的市场话语权将逐渐提高。

(2)汽车超市模式的缺点

1)由于汽车超市价位相对较低,利润空间较小,汽车厂家不愿将汽车交给汽车超市经营,经销商只有从一级经销商那里获得汽车资源,不仅增加了汽车超市的进货成本,而且,在市场旺季或商品车供不应求时很难获得汽车资源,更为重要的是,汽车超市在售后服务方面还无法做到4S店那样的规范和有保障。

2)特许经营的限制。我国目前执行的《汽车品牌销售管理实施办法》(2005年4月1日执行)规定:汽车品牌经销商须经汽车供应商授权、按汽车品牌销售方式从事汽车销售和服务活动;汽车品牌经销商应当在汽车供应商授权范围内从事汽车品牌销售、售后服务、配件供应等活动;汽车品牌经销商应当严格遵守与汽车供应商的授权经营合同,使用汽车供应商提供的汽车生产企业自有的服务商标,维护汽车供应商的企业形象和品牌形象;汽车品牌经销商必须在经营场所的突出位置设置汽车供应商授权使用的店铺名称、标识、商标等,并不得以任何形式从事非授权品牌汽车的经营。

能够建立汽车综合超市的经销企业必须具有极强的综合实力,使用自己的经销商品牌而非汽车制造商的品牌,况且,在汽车超市里,将众多品牌的车型摆放在一起,要使用所有的汽车生产企业的服务商标,并且要在突出位置设置汽车供应商授权使用的店铺名称、标识、商标等,势必给超市的管理和经销商的企业形象带来麻烦。

3)投入要求高。超市的特点就是商品"多而全"。汽车超市里的车型要做到"多而全",既要与专卖店竞争,还要同汽车交易市场竞争,对超市经销商的资金实力、市场运作能力、人力资源的配备等方面都有极高的要求。

六、展卖制

1. 展卖的概念

汽车展卖就是利用汽车展览会和汽车博览会及其他交易会形式,对汽车产品实行展销结合的一种营销方式。

展卖的特点如下：

（1）有利于宣传汽车产品，扩大市场影响，招揽潜在客户，促进交易。

（2）有利于建立和发展客户关系，扩大销售地区和市场范围。

（3）有利于开展市场调研，接触到消费者的意见反馈，便于改进产品质量，提高产品市场竞争力。

（4）在进行产品展销的同时，也展示了各参展商的企业形象，并交流各种信息。

2. 国际五大车展

被公认的国际车展共有 5 个。其中欧洲 3 个，分别为：法国巴黎车展、德国法兰克福车展和瑞士日内瓦车展；北美洲和亚洲各 1 个：美国底特律北美车展、日本东京车展。五大车展中历史最短的也有 50 年以上，他们对世界汽车的发展起到了推动和促进作用。无论是在参展商的规模和级别、汽车展品的档次、首次亮相的新车和概念车的数量，还是在场馆面积、配套设施的先进性、完备性和主办方的服务质量上都堪称国际一流，因此成为世界上公认的五大车展。在这五大车展中，日内瓦车展的国际化色彩最为浓郁，其余四大车展则都是以本地企业唱主角为共同特性。在世界五大车展中，就展区面积来讲，法兰克福车展排世界第一；就参观人数来说，东京车展排名世界第一；就车展历史而言，巴黎车展排名世界第一。

（1）德国法兰克福车展

法兰克福车展创办于 1897 年，是世界最早的国际车展，也是世界规模最大的车展，有世界汽车工业"奥运会"之称。展出的车辆主要有轿车、跑车、商用车、特种车、改装车以及汽车零部件等；配合车展还举行不同规模的老爷车展览。因为法兰克福是名车发源地的老家，靠近各大车商总部，看法兰克福车展的欧洲老百姓不但拖家带小、人山人海，而且消费心理非常成熟，汽车知识了解得很全面。他们挑车型重视的是汽配零部件质量、维修问题等，理性实用的成分居多。

（2）法国巴黎国际汽车展

享誉全球的巴黎国际汽车展，创办于 1898 年，展览时间与德国法兰克福车展交替举办，展览地点位于巴黎市区，车展始终围绕着"新"字做文章，各个汽车厂商将企业发展的历史和品牌崛起的历程展示给观众，新车、概念车、赛车、改装车、特型车不胜枚举，各款新奇古怪的概念车常常使观众目不暇接。

巴黎是个浪漫之都，车展也不例外，文化味道比较浓，每次车展的时候都会专门拿出一个展馆来展出老爷车，那些汽车厂商不仅时兴玩"新品"，对"老古董"也饶有兴致，这自然就便宜了那些远道而来的看客们。

（3）瑞士日内瓦车展

日内瓦车展创办于 1924 年，是欧洲唯一每年度举办的大型车展，是各大汽车商首次推出新产品的最主要的展出平台,素有"国际汽车潮流风向标"之称,是最受全球传媒关注的国际车展,被业内人士看作是最佳的行业聚会场所。车展的理念已由强调销售和推广新车转向提倡汽车设计的新概念和新形象,其最大特色就在于有很多设计公司参展,而且他们作品的吸引程度一点都不比汽车厂商差,非常吸引眼球。日内瓦车展展馆面积虽然不大,却是生产豪华轿车的世界著名汽车生产厂家的必争之地!

（4）北美国际车展

北美国际车展创办于1907年,开始叫做"底特律车展",是世界最早的汽车展览之一,1989年更名为"北美国际汽车展"。北美车展活动内容非常丰富,除了以汽车为媒起到娱乐百姓的社会效应,也是美国汽车行业的一次盛会。车展期间,主办方要举办一系列丰富多彩的活动,除了安排多场汽车厂家的产品发布会,还要举办各种各样的媒体论坛、地方政府支持的专题研讨会、非政府组织论坛、行业研讨会、企业展示会等,目的是吸引全美和国外大量的专业人士参与,发挥"会展经济"的拉动效应。

近年来,概念车在北美车展上所占的比例越来越高,几乎全球所有的汽车公司都会利用这个平台推出自己的概念车。由于概念车体现的是厂家的设计能力和创新意识,而不是量化生产的能力,因此概念车就成了体现厂家理念和意识的"风向标"。概念车一来可作为试探市场口味的手段,二来作为显示厂商最高技术水平的方式,参展商对概念车"玩性"不减。

（5）东京国际车展

东京车展是世界五大车展中历史最短的,创办于1954年,是亚洲最大的国际车展,历来是日本本土小型汽车唱主角的舞台,是目前世界最新、条件最好的展示中心,展品主要有整车及零部件。

东京车展素以规模大、注重新产品新技术的推出、展出产品实用性强而闻名于世,车展的突出特点是车型种类繁多,这恰恰体现了日本人的细腻。精明的日本车商把市场细分成了无数个小块,甚至以性别、年龄层次和特殊需求在同一平台设计不同的车型。比如,在日本有很多专为残疾人设计的汽车,这类汽车在打开车门后,驾驶座会自动转90度,以方便乘坐,还有可用手控制的刹车等等,这是为了让残疾人也享受到汽车文明带来的好处和便利。有趣的是,东京车展中的很多车型在日本以外的市场都不卖,很大一个原因是它定位得太细,在国外找不到对应的成规模的市场。

3. 我国的汽车展卖发展简介

1985年10月,我国在北京建成了中国国际展览中心,同年11月,在此举办了第一个大型国际展览会——亚洲及太平洋地区第四届国际贸易博览会（ASPAT'85）,后来还举办了多次国际性博览会。自1990年开始,北京创办了两年一届的国际汽车展览会,对促进中外汽车界的交流与合作、加快中国汽车工业的发展起到了积极的推动作用,对加强中国与世界各国的贸易联系与经济交往起到了重要作用。

目前，我国规模最大的三大汽车展览会分别介绍如下：

（1）北京国际汽车展览会（Auto China）。北京国际汽车展览会自1990年创办以来，连续举办过十届。该展览会每逢双年在北京中国国际展览中心和全国农业展览馆举行，规模和影响不断扩大，新产品、新技术不断推出，随着中国汽车市场和汽车工业的不断发展，目前在国际上已具有巨大影响，是国际汽车展览会中著名的品牌展会之一。

众多国际顶级汽车跨国企业集团已将北京国际汽车展览会与世界五大知名汽车展览会同时列为国际A级汽车展览会，即北京国际汽车展在其全球营销预算和资源调配中享有最优先地位。Auto China已成为我国在国际会展行业为数不多的知名品牌之一，是在我国乃至在亚洲最有影响力的国际性汽车专业品牌展览会，并有望成为世界三大车展之一。Auto China已超越了一个展览会的意义，成为具有国际影响力的象征符号。北京国际汽车展览会的历届基本情况参见表5-1。

表5-1 历届Auto China基本情况

年份	参展国家和地区	参展厂商		参展车辆		展出面积（万平方米）	参观人数（万人）
		海外	国内	海外	国内		
1990	17	72	300	22（23）	151（20）	2	10
1992	19	110	400	66	162（53）	2.5	16.5
1994	24	398	500	110（20）	190（33）	5	32
1996	25	400	512	130（5）	160（38）	5.5	40
1998	23	350	580	130（6）	160（15）	5.6	36
2000	22	350	650	180（5）	250（11）	7	36
2002	24	300	940	242	308	8	38
2004	20	320	1200	251	255	11	46
2006	20	320	1200	272	300	12	60
2008	18	225	1800	890		18	68
2010	16	2100		990		20	78.56
2012	14	2000		1125		23	80
2014	14	2000		1134		23	85.2
2016	14	2000余		1125		23	82

注：① 括号内为摩托车数；
② 表中数据由作者根据历届北京国际车展官方资料整理。

北京国际汽车展览会从最初的 17 个国家和地区、不到 400 家展商、仅十万观众的普通专业展会，发展到 2016 年共有来自美国、德国、意大利、日本、英国、马来西亚、瑞典、韩国、法国、澳大利亚、新加坡、中国以及中国香港、中国台湾等 14 个国家和地区的 2000 余家厂商参展；展会面积达到 23 万平米，共展示车辆 1125 台，其中全球首发车 120 台，跨国公司全球首发车 36 台，跨国公司亚洲首发车 35 台，概念车 74 台，新能源车 88 台。展会共接待 12600 名中外记者，包括海外 499 家媒体的 1050 名记者。展会期间共有 82 万人次的各界观众到场参观。从过去单纯的产品展示，到今天成为企业发展战略发布和全方位形象展示的窗口、全球最前沿汽车技术创新信息交流的平台、最高效的品牌推广宣传舞台。在"世界发展看中国"的大趋势下，国际汽车业巨头对北京国际汽车展览会空前重视。经过近 20 多年的发展，北京国际车展已跻身国际顶级车展之列。

北京国际汽车展览会作为国内规模最大，在国际上有广泛影响的国际汽车展事之一，为中国汽车工业的发展，为我国会展业向国际化水平迈进做出了卓越的贡献。

（2）上海国际车展。中国的汽车工业已经从最初的载货车为主转变为以轿车为主，基本完成了面向市场、面向大众，使其成为商品化的过程（即：造声势上北京，打市场去广东，做品牌到上海）。无论是产业结构的调整，还是消费观念的转变以及销售和服务体系的重新构架等都趋于一致，取得了共识，引发了汽车热的升温，一浪高过一浪，波及车展业的兴起也是一浪高过一浪，并同步走向市场，走向成熟。

上海是国内最早办展览的城市（早在 1936 年就举办了中国建筑展览会），也是国内开举办国际车展先河的城市（1985 年）。同时，它又是中国汽车萌发之地（1901 年首辆进口汽车登陆上海），开创轿车产业（1958 年）的重要城市。所以，有"车展见证中国汽车成长"之说，也有"汽车见证中国车展成长"的说法。

1985 年，中国首届国际车展在上海举行，开创了中国汽车展的风气之先。73 家汽车公司参加了该次车展，展出规模为 15000m²。当时，对大多数人来说，第一次公开见到桑塔纳轿车就是在这次车展上。当时组装的桑塔纳被看作是"进口车"，极富神奇色彩。

受当时国内汽车发展水平的限制，当年参展的厂商都来自国外，几乎看不到本土汽车厂商的身影。虽然当时中国的汽车工业并不发达，但是谋求更高、更快发展的中国汽车产业迫切需要对整个世界汽车工业发展的了解，而国外大多数汽车制造商也发现了有着巨大潜力的中国汽车消费市场，也在急于寻找机会向中国展示其新技术、新产品，树立其品牌形象。

2015 年上海车展吸引了 18 个国家和地区 2000 家中外汽车展商参展；展出总面积超过 35 万平方米；展出整车 1343 辆，其中全球首发车 109 辆，新能源车 103 辆，概念车 47 辆，亚洲首发车 44 辆。车展期间，来自 44 个国家和地区 2150 家中外媒体 1 万余名记者竞相报道了车展盛况。本届车展共吸引参观者 92.8 万人次。

2015 上海国际车展正逢 30 周年，1985 年上海车展初次亮相，是中国最早举办的专业国际汽车展览会，展出面积 1.5 万平方米。2015 年展出面积超过 35 万平方米。走过 30 年的上海车展折射了一个时代的变迁，也见证了中国汽车工业的崛起，更成为上海城市的一张名片。

上海车展作为国内重要的车展之一，每两年举办一次，与北京车展隔年度交替举办。上海车展印证了世界汽车巨头对中国汽车市场的信心，也让他们更加清晰地看到中国汽车市场未来的希望。关于历届上海车展的统计资料见表 5-2。

表 5-2　历届上海国际汽车工业展览会统计数据

年份	1997	1999	2001	2003	2005	2007	2009	2011	2013	2015
展出面积（平方米）	1500	2000	2000	3000	8000	14 万	17 万	23 万	28 万	35 万
专业观众（人）	5000	3500	4000	7549	6700	7000	7287	9872	10493	10000

注：表中数据由作者根据历届上海车展官方资料整理。

（3）广州国际汽车展览会。中国（广州）国际汽车展览会创办于 2003 年，定位于"高品位、国际化、综合性"，基于广州市人民政府的大力支持，依托中国 1/3 的汽车消费市场、强势发展的汽车产业优势以及亚洲最好的展馆，经过精心培育的广州车展已成为中国国内知名汽车展之一。关于历届广州车展详细资料读者可以查阅历届广州国际车展官方资料。

七、汽车大道

汽车大道营销模式就是为了方便顾客进店，而在宽敞的道路两侧设立众多品牌的汽车专卖店（3S 店或 4S 店），各店独立经营、自主经营，形成各品牌专卖店的聚集群。汽车大道模式集汽车交易、咨询、售后服务、信息、汽车文化等各种功能于一体，具有良好的购车环境，客流量大、交易规模大。如上海的"联合汽车大道"、北京的"京西汽车大道"、天津的"长江汽车大道"。

八、汽车工业园区模式

作为一种全新的汽车分销渠道模式，最先出现的是北京国际汽车贸易服务园区。这种新模式是汽车市场发展的新阶段，也是有形市场新的发展方向。汽车工业园区是结合中国市场"既集中又分散"的特点，将国外几种渠道模式有机结合，成为集约式汽车交易市场发展的新方向。但它不是汽车交易市场简单的平移和规模扩张。汽车园区相对于汽车交易市场和品牌专营店的最大优势就是功能的多元化。汽车园区具有全方位的服务集成功能，反传统的集约型融入现代专卖的渠道模式，以 3S、4S 店集群为主要形式；在规划和筹建上力求与国际接轨，并适度超前。

目前，我国汽车园区的构想刚刚起步，国内不少地区正积极筹建当地汽车工业园区，相信在不久的将来，这种模式会发挥出它潜在的巨大功效。

九、汽车网络营销

汽车网络营销是一种全新的购车方式，它运用 Webex 强大的协同功能，通过整合文字、图片、视频、音频、互动、网络导航等多种演示手段，彻底颠覆了业界传统的购车方式，为汽车终端销售市场带来了一场全新的变革。汽车网络营销通过模拟线下售车的全过程，让汽车购销双方在足不出户的条件下即可实现网上看车、选车、咨询、订单生成的全过程，突破了时间和空间的限制，轻松便捷地完成选车购车的全过程，同时还可享受各种线下 4S 店没有的特别优惠。与传统的汽车 4S 店的"坐销"模式相比，网络营销的主动性和互动性将为汽车行业带来营销模式的全新变革，在充分利用网络的交互性、广泛性等基础上，整合各方面的优势资源于一体，为汽车生产厂商、经销商和消费者之间搭起了一座最好的沟通桥梁，开启了电子化和数字化营销的新篇章。

【任务实施】

简述各种汽车营销模式的特点，填写表 5-3。

表 5-3　各种营销模式的对比

营销模式	优点	缺点
代理制		
特许经营制		
品牌专营制		
自营自销		
汽车超市		
展卖制		
汽车大道		
汽车工业园区		
汽车网络营销		

任务二　我国汽车营销模式经典案例

【任务描述】

通过乘用车营销模式和商用车营销模式的经典案例分析，进一步了解不同的车企根据产品特点和国家法规选择最合适的营销模式。

【相关知识】

一、乘用车营销模式案例——广州本田汽车的销售模式

广州本田是我国第一家引进整车销售、售后服务、零配件供应、信息反馈"四位一体"营销模式的企业。

1. 四位一体的品牌专营销售

广州本田在成立之初，就开始建立以售后服务为中心的融合了四位一体的品牌专营特约销售服务店网络，采用全国统一销售价格并将车辆销售给直接用户的营销体制。

所谓"四位一体"是把整车的销售、售后服务、零配件供应、信息反馈一体化，满足市场的需求。品牌专营有利于引导顾客上门购车，促进销售，增强顾客对产品的信心，树立良好的企业形象，提高品牌的知名度，有利于提高特约店的专业服务水平。

统一价格可以消除顾客在价格方面的顾虑，避免特约店与顾客在价格问题上产生过多的争执，便于将恶性的价格竞争引导向良性的服务竞争，保证特约店的稳定经营。在市场紧俏的时候，可以减轻顾客在价格上的负担，保护顾客的利益；在市场饱和的时候，可以稳定价格，保护特约店的利益，便于市场的管理。

特约店代表广州本田与顾客直接接触，缩短广州本田、特约店与顾客之间的距离，建立良好的互相信赖的关系；便于对用户的跟踪服务，使顾客的信息可以及时、准确地得到反馈；利于广州本田对特约店的管理，对市场进行良好的培育。同时增强顾客对产品的信任度。

以售后服务为中心的"四位一体"的销售网络是一开始就进行的。通过专卖这种形式，建立全国统一的价格、服务标准、推销方式、专营的服务及与客户的沟通，从而缩短了企业与顾客的距离。随着整个公司产量的提高，网络也不断完善。这不但能

够增加产品的销售,而且能够在服务上及时跟踪用户,使顾客能够买得放心、用得称心。

首先,要适应客户的需求,特别要关心中国用户对于零配件、维修、保养等各个方面的需求。广州本田各个区域市场的专卖点所做的不仅仅是销售,"四位一体"还包括如汽车美容、保养等各方面的服务措施,也可以说是一种创意。广州本田是我国最早开始运行这种模式的企业,与美国、日本的售后服务相比较也是最出色的、最健全的。它能提供给客户良好的购车环境、纯正的厂家配件和统一的维修技术服务。

广州本田的经销商认为之所以在营销上能够如此成功,完全得益于这种体制。广州本田要求经销商给每位客户提供终生的服务,这样在给予客户足够的安全感和信任感的同时,也就保障了经销商们长远的利益。目前,经销商们在售后维修的利润几乎可以负担店面的日常运营成本,那么售车的利润就是经销商的纯利了。

2. 广州本田的售后服务理念

(1) 基本理念。在汽车产品的使用过程中,维护用户所期待的商品价值(性能及功能),提高客户价值,获得用户的满意和信赖,并提高用户对品牌的喜爱,提高客户忠诚度。

(2) 特约店销售服务的运营方针。特约店的运营应以售后服务为中心。通过良好的售后服务,创建用户购车后可以放心使用的环境,从而吸引和促使用户再次购买广州本田汽车。

通过售后服务收益来维护特约店的经营费用。因为通过新车销售获得的收益会因市场情况、经济环境的影响而产生波动,但汽车保有量相对稳中有升,因此,售后服务收益是稳定增长的。新车销售收益是一次性的,用户购车后的售后服务工作将伴随用户车辆的整个使用期,从而使特约店获得更长久的收益。维护用户所期待的商品价值。通过良好的售后服务,使用户车辆始终保持在良好的使用状态,使用户财产保值,在旧车交易时可获得良好的售价。

维持老用户,发展新用户,培育终身用户。经销商通过汽车销售,并提供售后服务与用户建立良好的关系,使每位用户都能成为广州本田的忠诚者与宣传员,从而去影响用户周围的潜在用户群,使更多的人了解广州本田汽车,了解特约店。

3. 双赢才会长久

(1) 选择经销商。如果投资回报率低,激励的动力就比较差,反过来会影响经销商、四位一体的专卖店对最终用户的服务水平。广州本田的目标是,每个销售点三年内必须能够收回投资。因此,为了保证经销网点建一家成功一家,在投资过程中,厂家都要返回一部分投资额给经销商或专卖店,如经销商投资1000万元,广州本田根据情况有可能给其返回200万元或300万元,从而鼓励经销商大胆投入。

广州本田选择经销商有以下几个必要的条件和标准:必须有资金的保障;经销商

资产结构应比较紧密和合理；必须有合法的经营场地和场所；最关键的还是要有为用户服务的正确观念和意识，也就是要有先进的服务理念。

广州本田希望所有的销售店都能通过售后服务来维持一个店的经营，而把销售作为纯利润的收入。选择经销商的过程中，广州本田是在进行调查的基础上，经中日双方企业领导层召开评价会，对其经营能力、资格进行评估后才作出结论的。

广州本田把设立销售网的重点放在大中城市和一些经济发达地区等用户群集中的地方。广州本田的建点原则是：客户在哪里，广州本田的网点就设在哪里。

（2）投资回报"钱"景美好。由于广州本田 4S 店的标准很高，投资不菲，一般都在千万以上，广州本田又必须考虑到专营店的投资回报，所以，广州本田在开始建店选址时异常慎重：广州本田会对目标区本田车的保有量做仔细调查，只有达到一定基数后才会批准开店；同时每个区域市场的店面数量视城市大小、本田车保有量多少核准一家或几家。

广州本田的原则是：让 4S 专营店通过对既有本田车、续售本田车的保养、维修、服务就可以挣回日常营运开支，支付人员、场地、耗材费用；而整车销售是专营店利润所在。这样，即使在开始利润不多时也可以自养，随着广州本田产量上升、销量增大，投资回报会更大。

以广州本田专营 500 台店为例：每位广州本田的经销商根据自身的实力及开店的时期不同，总投资额为 1400～1800 万元不等，包括基建费和设备采购费（不含地皮费），每年销售汽车为 600～800 辆（除了基本的 500 辆以外，广州本田会根据每位经销商的业绩追加配额），那么经销商每年售车的毛利应该在 1000 万元左右。另外广州本田的返利政策是卖车时即时兑现的。所以，在正常情况下经销商两年内收回投资成本完全不成问题。

就广州本田而言，他们对经销商的建店原则是在达到要求的前提下尽量压低成本。广州本田不设立大区商务中心，由厂方直接面对经销商，经销商直接对厂方负责，层级比较少，沟通快、经营成本低。

（3）广州本田品牌——值得打造。广州本田与所有的经销商们都在倾心打造着广州本田的品牌，从硬件上来讲，每家专卖店的店面设计整齐统一，内部的功能室和车间划分都非常严格。每位来访者都会感觉到置身于简洁高雅、井然有序的环境。更有经销商根据自身条件，投资了客户俱乐部、娱乐室、户外运动场等设施，让客户体会到了"家"的感觉。从软件上来讲，广州本田在服务程序上给经销商们制定了严格的几乎苛刻的规定。从车辆销售前的 97 项检查到对来宾、来电详细地登记存档，对客户定期的跟踪、提醒服务，乃至对客户的迎送，都有详细的要求。不仅如此，经销商们还要进一步了解客户的需求，开发个性化服务。

本田形象广告由广州本田自己做，营销广告由经销商做。经销商选择广告媒体的原则是投入产出比高的媒体，广告方案报厂方审批，厂方对经销商没有广告费用补贴。

（4）管理培训——利益挂钩。广州本田高层每个季度举行一次店长会议，商谈内容包括心得体会、不足、改进要求、销售动向等。

广州本田每年组织特约销售服务店于春秋两季举行春季、秋季服务周活动。为广州雅阁车用户进行免费检测保养服务，为前来维修保养的顾客提供零部件优惠。广州本田还组织特约销售服务店定期就销售、售后、零部件服务等开展用户满意度调查，针对用户的意见和建议改进特约销售服务店的服务。

建立以售后服务为中心的集整车销售、售后服务、零部件供应、信息反馈四位一体的特约店，通过提供舒适的购车环境、专业健全的售后服务和纯正的零部件，使用户从购车到用车全过程得到良好的服务，赢得用户的信赖和满意，吸引了源源不断的新老顾客。强调通过售后服务的收益覆盖特约店的整个经营费用，通过直销使特约店与用户之间建立相互信赖的关系，从而使特约店长期、稳定地发展，并树立起广州本田的品牌形象。

二、商用车营销模式案例——中国重汽的营销模式

2016年中国重汽集团全年销售整车突破20万辆，同比增长28.4%；其中重卡12.3万辆，同比增长25%；轻卡7.5万辆，同比增长35%；客车超过2500辆，同比增长48.6%。销售收入超过700亿元，同比增长14%，成为国内商用车行业中经济运行效益最好的企业之一。

中国重汽是国内重卡市场最优美的舞者，他们收获了销售，独创了"重汽模式"，制造出国内外重卡行业为之震撼的"重汽速度"和"重汽效应"，直接提升了整个中国重卡行业的国际竞争水平，而成为国企改革与重型汽车行业发展的典范。

重卡产品作为国民生产和建设的主要生产资料和工具，在经济建设、国防建设和物资流通领域中发挥着极其重要的作用。因此，重卡产品的销售形势和国际、国内宏观经济形势、国家相关法律法规、国防现代化建设的进程密不可分。作为联系重卡生产企业和直接用户的桥梁，重卡产品的销售模式也随着国际、国内市场需求形势变化而发生着变化。

自1949年新中国成立以来，特别是自1978年改革开放以来，中国的重型汽车工业获得了飞速发展，从"缺重少轻"的困难局面发展到"轿、轻、中、重、客、特"齐头并进发展，2009年，我国已经超越美国，成为世界第一的汽车生产和消费大国。在目前所有车型中，重卡产品在国际市场上的竞争力是最强的，与国际先进水平的差距也是最小的。自济南汽车制造总厂（现隶属于中国重型汽车集团公司）于1960年生产出第一辆黄河8吨重型载重汽车至今，我国重卡行业已经走过了50多年的历程。

目前，国内从事重型卡车生产的厂商有将近30家。据中国汽车工业协会统计，

2016年国内重型卡车（含非完整车辆、半挂牵引车）累计销售732919辆，同比累计增长33.08%。一汽、东风、重汽和陕汽四家企业累计销量超过10万辆，销量前十企业共销售706593辆，占据整个重型卡车（含非完整车辆、半挂牵引车）市场总销量96.41%的份额。重卡行业的快速发展，得益于日益成熟的销售模式和众多的汽车销售代理商。

1. 重卡产品销售模式发展历程

重卡产品销售基本上分为三个阶段，1949～1978年为第一阶段；1979～2000年为第二阶段；2001年及以后为第三阶段。

自1949至1978年，我国实行的是严格的计划经济。我国的汽车工业处于起步阶段，同时，因汽车的生产和销售采取的是配给制度，因此不存在严格意义上的汽车销售。

自1978年改革开放以来，我国的经济模式逐步从计划经济过渡到市场经济，汽车的生产和销售也逐步面向市场，由此也诞生了汽车销售这个行业和汽车销售行为及部门。但此时的汽车销售基本上是以汽车生产企业直属的销售公司为主甚至是唯一的渠道，并没有引入社会资源。此时，销售行为只发生于直接用户同生产厂家销售部门的销售人员之间。

随着重卡产品社会需求量的逐步扩大，这种厂家直接至用户的所谓的"直销"模式已经越来越不适应发展的需要。自2000年左右开始，以一汽、东风等为代表的国内重卡厂家，借鉴国际上重卡销售的通用做法，开始探讨以"经、代销"为主的间接重卡销售，这就进入了重卡销售模式的第三个阶段，即"经代销制"。这种销售模式的产生，为重卡产品快速进入市场、为厂家和用户搭建桥梁起到了关键作用，同时也促进了重卡的快速发展。

2. 重卡产品销售主要模式

（1）重卡经销网点单位的组成。第一批被授权可以销售重卡产品的网络成员主要由以下几个方面构成：一是改装单位，即利用各重卡底盘，改装后销售；二是各运输公司，手里掌握了部分需求信息，转而专一做销售代理；三是各区域物资公司，改制后增加汽车销售职能；四是各汽车维修厂，因接触用户较多，转而开展汽车销售业务；五是部分汽车配件销售商，开展汽车销售业务；六是需求较大区域、人脉关系比较好的人员。

（2）目前国内重卡销售主要模式。目前，国内重卡销售主要有两种模式，一是以4S店为基础，由4S店发展并管理其二级销售网络的"以点带面"模式；二是一级网络数量比较庞大，覆盖面广，不直接同二级网络接触的"面面俱到"模式。

第一种模式是以4S店为主，原则上不发展一般经销网点，但对一级网点发展二级网点的数量、政策、销售业绩等均有相关要求。网点单位一般位于地级市以上城市，网点数量较少，但实力较强且比较平均，单店销售量比较大，基本具有开展消费信贷能力。

第二种模式的主要特点是网点数量比较多，地级市、县级市均有网点，网络覆盖面广，能够深入终端，但网点的综合实力较弱，抵抗风险的能力较差，单家网点平均销量较少。

3. 各主要模式的利弊

应该说，两种销售模式各有利弊。两种销售模式利弊对比如表 5-4 所示。

表 5-4　国内重卡营销模式利弊比较

模式	利	弊
模式一	1. 网点单位营销能力、抵抗风险能力较强，厂家风险小 2. 网点数量较少，有利于管理 3. 有利于规范价格秩序，避免恶性竞争 4. 市场形象较好 5. 用户忠诚度高 6. 系统用户做得好	1. 网点少，不利于市场竞争 2. 容易产生"店大欺客"现象 3. 和基层用户接触少，覆盖面窄 4. 一旦网点单位发生风险，会对整个区域市场产生深远影响 5. 终端产品售价高
模式二	1. 网络覆盖面广，有利于扩大影响力 2. 竞争较充分 3. 终端产品价格低 4. 不会因某一网点出问题而影响整个区域 5. 散户及个体用户做得好	1. 网络多，容易产生恶性竞争 2. 网点综合实力差，容易产生个体经营风险 3. 主机厂管理难度大 4. 网点主动开发市场能力弱，宣传投入少 5. 忠诚度差

目前，在国内主流重卡生产厂家中，一汽、东风、欧曼主要采取第一种销售模式，中国重汽、陕汽和北方奔驰主要采取第二种模式。当然，两种销售模式并不是完全对立的，有些厂家在某一区域会采用第一种模式，同时也会在其他区域采取第二种模式。

至于哪一种模式更适合中国市场、能够取得更大的销售业绩，还和国内重卡的需求形势有关系。例如，前几年散户和个体用户购车较多，那么第二种模式相对优越一些；进入 2010 年以后，由于系统用户购车比例逐步增加，则第一种模式相对更能够发挥优势。

同时，模式的优劣还要综合考虑厂家的产品优势、价格优势、政策优势、品牌优势及所要面对的主要用户群体性质等综合因素。

4. 重卡销售模式发展趋势及方向

就目前而言，重卡市场需求的个性化越来越强，产品的种类也越来越多，中国重汽目前已有底盘及整车公告 2000 多个。中国重汽现在走的是一条以区域经销商、4S 店和专营店为主、以其他经销商为辅的营销模式，即在不同的区域，鼓励有实力的当地经销商建立中国重汽的 4S 店和专营店，作为中国重汽开拓市场的主力军，同时中国重汽通过政策支持，提高他们对中国重汽的忠诚度。对于其他经销单位，则采取一视同仁的办法，鼓励他们开拓一些特殊区域市场。毕竟中国的市场很大，具体情况千差万别，应该允许不同销售模式存在。

目前，轿车的销售是以第一种模式为主，国际上比较发达国家的重卡销售也是以第一种模式为主。但轿车的消费群体同重卡不同，且国外发达国家重卡的消费群体同中国也不同。因此，选择哪一种模式应该根据企业的具体情况而定。但个人认为在现阶段，以采取第二种模式为宜，待企业发展到一定规模、重卡消费市场趋于成熟、品牌影响力较强时，可采用第一种销售模式。

【任务实施】

老师将学生分组，并给每个小组安排任务，分别考察某个汽车经销商（经销不同车型，如轿车经销商、MPV 经销商、SUV 经销商、卡车经销商、客车经销商等），研究其经销模式特点，并陈述该种模式的优缺点。

【项目总结】

本项目主要介绍了各种汽车营销模式及其特点。

代理制模式：代理制是指买方或卖方委托流通企业在其代理权限范围内从事商品交易业务的一种商流形式，接受买方或卖方委托的流通企业称之为代理商。汽车营销代理就是汽车生产企业委托区域市场上的某些分销能力较强的代理商为其销售产品。

特许经营制：特许经营是一种营销产品和（或）服务和（或）技术的体系，是基于在法律和财务上分离和独立的当事人（特许人和他的单个受许人）之间紧密而持续的合作基础之上的营销产品和（或）服务和（或）技术的体系，依靠特许人授予其单个受许人权利，并附以义务，以便其使用特许人的概念进行经营。此项权利经由直接或间接财务上的交流，给予或迫使单个受许人在双方一致同意而制定的书面特许合同的框架之内，使用特许人的商号和（或）商标和（或）服务标记、经营诀窍、商业和技术方法、持续体系及其他工业和（或）知识产权。我国的"特许经营"汽车销售制度，指汽车销售企业要想经销某品牌的汽车，必须先取得该汽车供应商的许可，工商行政部门才进行工商登记并颁发工商执照，否则工商行政部门不进行工商登记和颁发工商执照，汽车供应商也不会向该企业发货，汽车销售企业也无法经销该品牌的汽车。但这里的"特许经营"并非垄断经营。获得汽车供应商的许可和获得工商营业执照是汽车销售企业获得品牌经营权的两大前提，并且后者以前者为条件。

品牌专营制：品牌专营汽车专卖店是指由汽车制造商或销售商授权，只经营销售专一汽车品牌，为消费者提供全方位购车服务的汽车交易场所。它是随着全球经济一体化趋势的深化而引入的"舶来品",也是目前国际较流行的经销模式。

自营自销:自营自销也称自产自销,顾名思义就是汽车生产企业自己生产、自己销售本公司的产品。通常采取自营自销这类模式的企业都有独立的销售网络体系。

汽车超市:汽车超市又称汽车商场或汽车大卖场。这种营销方式就是将各品牌的汽车产品集中在一起销售,在同一时间,给客户提供各种品牌、车型、价格等方面更多的选择权。

展卖:汽车展卖就是利用汽车展览会和汽车博览会及其他交易会形式,对汽车产品实行展销结合的一种营销方式。

汽车大道:汽车大道营销模式就是为了方便顾客进店,而在宽敞的道路两侧设立众多品牌的汽车专卖店(3S店或4S店),各店独立经营、自主经营,形成各品牌专卖店的聚集群。

汽车工业园区是结合中国市场"既集中又分散"的特点,将国外几种渠道模式有机结合,成为集约式汽车交易市场发展的新方向。但它不是汽车交易市场简单的平移和规模扩张。汽车园区相对于汽车交易市场和品牌专营店的最大优势就是功能的多元化。

汽车网络营销这一新的营销方式能充分发挥企业与客户的互相交流优势,而且企业可以为客户提供个性化的服务,是一种新型的、互动的、更加人性化的营销模式。与传统的汽车4S店的"坐销"模式相比,网络营销的主动性和互动性将为汽车行业带来营销模式的全新变革。

在最后内容中,以国内乘用车和商用车的经典营销模式为例进一步分析其特点。

【知识拓展】

汽车租赁

汽车租赁业被称为"朝阳产业",因为无须办理保险、无须年检维修、车型可随意更换等优点,以租车代替买车来控制成本,这种在外企中十分流行的管理方式,日益受到国内企事业单位和个人用户的青睐。

汽车租赁是指在约定时间内,租赁经营人将租赁汽车(包括载货汽车和载客汽车)交付承租人使用,不提供驾驶劳务的经营方式。汽车租赁的实质是在将汽车的产权与使用权分开的基础上,通过出租汽车的使用权而获取收益的一种经营行为,其出租标的除了实物汽车以外,还包含保证该车辆正常、合法上路行驶的所有手续与相关价值。不同于一般汽车出租业务的是,在租赁期间,承租人自行承担驾驶职责。汽车租赁业的核心思想是资源共享,服务社会。

一、汽车租赁的分类

1. 按照租赁期长短划分

1997年颁布实施的《汽车租赁试点工作暂行管理办法》中按照租赁期的长短将汽车租赁分为长期租赁和短期租赁。在实际经营中，一般认为15天以下为短期租赁，15～90天为中期租赁，90天以上为长期租赁。

长期租赁是指租赁企业与用户签订长期（一般以年计算）租赁合同，按长期租赁期间发生的费用（通常包括车辆价格、维修维护费、各种税费开支、保险费及利息等）扣除预计剩存价值后，按合同月数平均收取租赁费用，并提供汽车功能、税费、保险、维修及配件等综合服务的租赁形式。

短期租赁是指租赁企业根据用户要求签订合同，为用户提供短期内（一般以小时、日、月计算）的用车服务，收取短期租赁费，解决用户在租赁期间的各项服务要求的租赁形式。

2. 按照经营目的划分

汽车租赁按照经营目的划分为融资租赁和经营租赁。融资租赁是指承租人以取得汽车产品的所有权为目的，经营者则是以租赁的形式实现标的物所有权的转移，其实质是一种带有销售性质的长期租赁业务，一定程度上带有金融服务的特点。经营性租赁，指承租人以取得汽车产品的使用权为目的，经营者则是通过提供车辆功能、税费、保险、维修、配件等服务来实现投资收益。

二、汽车租赁业的国内外发展

1. 汽车租赁的国外发展状况

当前，在全球千亿美元的汽车租赁业务中，以欧美国家的租赁市场发展最为成熟。全球汽车租赁业的运营车辆的保有量及年需求总数约在300万辆左右，国际汽车租赁公司的汽车更新速度约为8～12个月左右。

在美国，以租赁形式销售的新汽车占该国汽车总销售量的三分之一左右，2006年已经超过36%，其中含融资租赁部分，并且大部分车为长期租赁，而旧车的租赁业务约为40万辆。日本每年的汽车租赁销售规模为200多万辆，约占全国新汽车销售量的15%，该比例有不断提高趋势；德国汽车租赁业的运营车辆总数为250万辆左右；法国2006年以租赁方式使用汽车的人数超过了400多万，占法国总人口的7%。

世界主要汽车租赁公司的运营车辆都保持在数十万辆左右，管理着多达数千个遍布全球的租赁站点，以美国通用汽车公司旗下的安飞士汽车租赁公司为例，全球范围内员工超过2万人，租赁站点2000个，年车辆预订量超过3000万次电话，平均每年完成2000万次租车交易，每月10万辆，每年120万辆的租赁车辆接受维护保养，有15万个客户因为每年至少在安飞士租15次车成为可以享受优惠服务的特别会员，年营业额超过40亿欧元。

2. 汽车租赁的国内现状

国内汽车租赁市场兴起于 1990 年北京亚运会,随后在北京、上海、广州及深圳等国际化程度较高的城市率先发展,直至 2000 年左右,汽车租赁市场开始在其他城市发展,进入 2001 年前后,掀起了第三轮的汽车租赁企业发展高峰。从此,国内汽车租赁行业有了大跨步的发展,从原来仅限在北京、上海、广州等大型城市的汽车租赁业务,发展到了中小城市,乃至县镇。

2014 年,我国汽车租赁的市场需求已经达到 30 万辆,全年市场规模达约 450 亿元,相比 2006 年租赁汽车 44864 辆,营业额 20 亿元,八年期间汽车租赁业增长二十多倍。未来几年,我国汽车租赁行业仍将保持高速增长,年增长率在 20%～25%之间。表 5-5 为 2013～2015 年中国租赁公司车队规模。

表 5-5　2013～2015 年中国租赁公司车队规模

租赁公司	2013 年车队规模（辆）	2014 年车队规模（辆）
神州租车	53000	63522
一嗨租车	13000	19746
avis	8000	8500
首汽	3500	9600
大众	5000	8000
瑞卡	3500	5000
友邻	2600	3500
至尊	2500	3000
锦江	2200	2500
车速递	900	1500
合计	94200	124868
其他租赁公司	274800	306760
总计	369000	431628

资料来源：公开资料整理

2015～2020 年我国汽车租赁行业市场规模预测如图 5-3 所示。

2013 年 3 月 12 日,杭州作为全国首创的电动汽车租赁城市,首批 30 辆市民租赁电动汽车进入试运行阶段。首批上路的电动汽车月租金是每辆每月 998 元,支付这笔租金后,其他保险费、电费、年检等规费,正常维修保养费用等,都不需另行支付,还享受 24 小时救援等服务。其中保险包括交强险、车损险、第三者责任险 10 万元、不计免赔、司乘险。

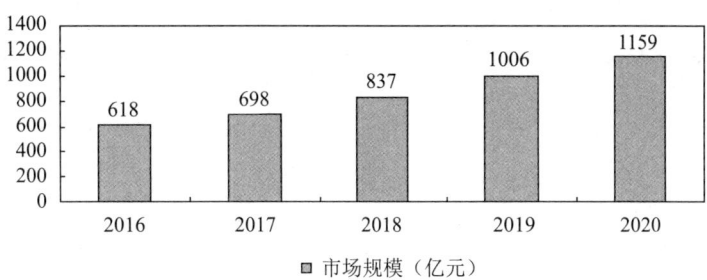

资料来源：中国产业信息网整理

图 5-3　2015～2020 年我国汽车租赁行业市场规模预测

三、汽车租赁业的发展方向

从国际汽车租赁业发展经验和我国汽车租赁业发展环境来看，汽车租赁业规模化、网络化、品牌化是发展方向。汽车租赁业在发展过程中，应注重与汽车产业、金融保险、旅游等行业的紧密衔接，积极采用信息化先进科学技术，不断提升汽车租赁业服务水平。

1. 汽车租赁规模化

目前，世界汽车租赁市场发展势头十分迅猛。一些汽车租赁公司从最初的小规模经营，逐步通过兼并重组，已整合发展成为租赁网点遍布全球主要国家、拥有数十万辆租赁车，数万名雇员的特大型跨国公司。规模化经营已成为全球汽车租赁业发展潮流，规模化经营为汽车租赁企业带来了规模化的效益。

2. 汽车租赁网络化

网络化发展是汽车租赁业发展的主要方向。建立全面覆盖的汽车租赁网络，使各地租赁门店共享客户资源，可以降低汽车租赁经营风险，解决租赁车辆的调度问题，还能为消费者提供异地还车便利服务。国际上大型汽车租赁企业都高度重视营业网点的网络化建设，不断扩大服务范围，建立了与现代汽车社会相适应的专业化、网络化的汽车租赁服务体系。

我国一些规模较大的汽车租赁企业（神州、一嗨、首汽、安飞士等）也开始不断提升网络化服务水平，已经建立覆盖北京、上海、深圳、广州、杭州等一、二线城市的营业网点，并逐步将服务网点推向三线城市，加快扩大服务范围，从而提供异地租还车服务。

汽车租赁的网络化发展，有利于为客户提供多方位的优质服务和产品，最终实现规模化经营的最优化和利润最大化，有利于汽车租赁企业拓展市场，扩大品牌影响力。

3. 汽车租赁品牌化

品牌是一个企业生存与发展的灵魂。国外大型汽车租赁企业高度重视品牌建设，把企业品牌当作生命，当作企业之本。汽车租赁企业要始终坚持汽车租赁品牌，既是对企业自身的自信,也充分保护客户权益,赢得客户的信任。国外汽车租赁企业的兼并重组较为频繁,但是为了维护顾客对汽车租赁品牌的忠诚度,打造"百年老店",我国汽车租赁企业也开始注重品牌的培育。

随着国民经济的发展,人民群众生活水平的不断提高,汽车租赁业相关政策法规的逐步完善,诚信体系的健全,国家对汽车租赁业的重视,行业管理的加强,我们应该对汽车租赁业发展前景充满信心,我国汽车租赁业一定能够成为欣欣向荣的朝阳产业。

【项目训练】

一、简答题

1. 什么是特许经营?其特点是什么?
2. 4S 包含的内容是什么?
3. 特许经营和品牌专营是一回事吗?二者有什么区别?
4. 什么是汽车超市?
5. 简要介绍我国的三大国际汽车展的情况。

二、综合题

1. 你认为现阶段什么营销模式最适合我国的汽车市场?并陈述你的理由。
2. 试讨论汽车网络营销的发展趋势。

项目六
汽车销售流程

【项目导读】　　汽车销售业务主要包括新车交易和二手车交易两大块，虽然目前我国新车销售已连续八年蝉联世界第一，但是我国人均汽车保有量依然远远低于世界平均保有水平，新车交易仍将在很长一段时间是我国汽车销售中的主要项目。同时，随着我国汽车市场和消费者的不断成熟，二手车交易的业务量也在飞速发展，根据世界其他国家的经验来看，二手车交易量基本和新车业务量持平，我国二手车市场在未来几年将保持爆发式增长。熟悉这两种业务流程对整个汽车营销工作至关重要。

任务一　新车销售流程

【任务描述】

作为一名汽车营销人员，特别是展厅销售人员，要熟练掌握汽车营销流程，能够熟练接待客户、推荐展车、介绍车况、促成交易，并且帮助客户给新车办好各种手续，使客户高兴而来，满意而归。

【相关知识】

一、汽车销售业务流程

汽车销售主要是通过每个汽车厂家的品牌店（4S 店）进行销售。汽车经销商根据自身品牌或企业的实际要求，建立自己的销售业务标准及流程，如图 6-1 所示。

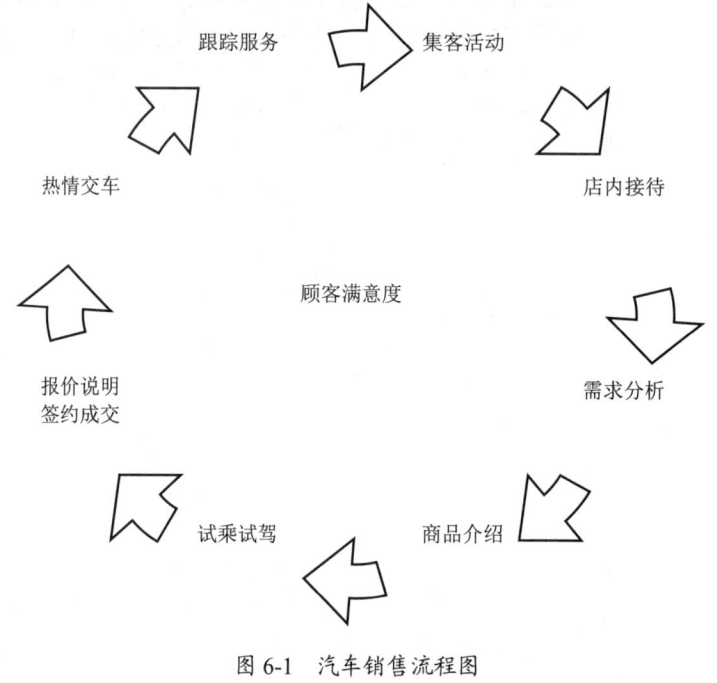

图 6-1　汽车销售流程图

该业务流程就是顾客与品牌汽车的接触过程。在每个环节中，销售人员有着不可替代的功用。每个环节中销售人员的表现对顾客满意度（CS）及顾客的购买决策有着深刻的影响。

1. 集客活动

（1）集客活动的目的

集客活动的目的主要有以下几个方面：

1）提升来店顾客组数，确保销售计划的完成。

2）维持与顾客的关系，收集顾客信息。

3）提升顾客满意度。

4）规范销售人员的日常工作，开展 PDCA 活动。

（2）集客活动的执行方法

1）P（Plan）制订计划，设定目标。

2）D（Do）销售人员进行顾客维系和集客动作。

3）C（Check）由销售部门经理进行检查和辅导。

4）A（Action）不断改进，提升效率。

（3）计划和目标的制订

1）销售人员每月的月末总结当月销售业绩，并于本月末 3 日内设定下月订单、销售目标，销售部经理设定经销店下月销售计划及目标。

2）销售人员向销售部经理汇报自己的销售计划，销售部经理对销售人员的报告内容加以批示。

3）每日召开早会，销售部经理宣布当天工作安排，销售人员确认自己的日程安排。

4）每日召开夕会，销售人员于夕会填写活动预订表，安排第二天的日程计划；销售部部经理检阅销售人员的活动预订表，指示次日工作计划。

（4）集客活动的实施

销售人员按自己的月/周/日计划进行集客活动，并记录顾客信息；销售部经理督促销售人员实施集客活动，并确认进展状况，如图 6-2 所示。实施集客活动是销售人员每天的工作重点。

1）走出去。利用各种形式的广告（平面、户外、媒体、网络等）、新车介绍、参加车展、参加各类汽车文化活动、小区巡展、汽车新闻发布会、发送邮件、大客户专访、政府/企业的招标采购、约定登门拜访、销售人员充分利用自己的名片、朋友和社交圈及保有客户。

2）请进来。在展厅内接待客户、邀请客户前来参加试乘试驾、组织相关的汽车文化活动、新车上市推介会、展销会等。

图 6-2 集客活动

3）从定期跟踪的保有客户中、从保有客户的推荐中、从来展厅或来电话的客户中、从来自于服务站的外来保养维修客户中开发新客户中进行集客活动，并据此确定客户的优先级和重要性。

2. 店内接待

店内接待是给客户建立第一印象的过程。通常情况下，顾客对购买汽车的过程都会有一个先入为主的负面想法，专业人员周到礼貌的接待将慢慢消除顾客消极的思想情绪，并为顾客将来购买本品牌汽车带来愉快而满意的经历。

（1）顾客接待的目的

1）充分展现品牌形象和"顾客第一"的服务理念。

2）建立顾客的信心，为销售服务奠定基础。

3）消除顾客的疑虑，为引导顾客需求作好准备。

4）通过良好的沟通，争取顾客能再次来店。

（2）顾客接待的执行方法

1）销售人员按照经销店销售标准执行接待工作。

2）严格规范销售人员的接待礼仪，并予以制度化。

3）销售部经理在展厅进行走动式管理。

4）销售人员主动积极地应对顾客，从顾客满意到顾客感动。

（3）顾客接待的准备

顾客接待的准备工作是一天工作的开始。

1）销售人员应穿着汽车销售店指定的制服，保持整洁卫生，佩戴胸牌，见图6-3（a）。

2）每日早会销售人员互检仪容仪表和着装规范。

3）销售人员从办公室进入展厅前在穿衣镜前自检仪容仪表和着装，见图6-3（b）。

4）每位销售人员都配有销售工具夹，与顾客商谈时随身携带，见图6-3（c）。

5）每日早会销售人员自行检查销售工具夹内的资料是否齐全，及时更新。

6）每日早会设定排班顺序，制订排班表。

7）接待人员在接待台站立接待，销售人员在展厅等候来店顾客，见图6-3（d）。

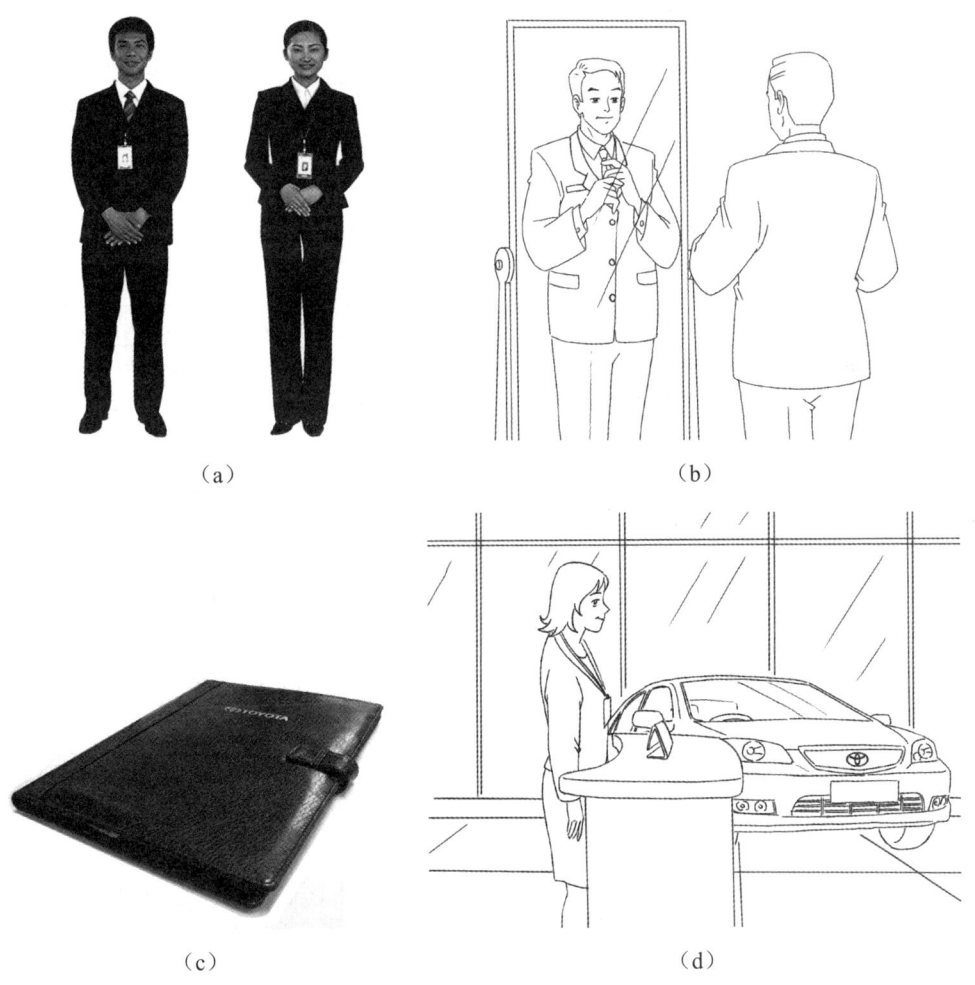

图6-3 顾客接待的准备

（4）顾客来店时

1）值班保安人员着标准制服，对来店顾客问候致意，并指引展厅入口，见图6-4（a）。

2）若顾客开车前来，值班保安主动引导顾客进入顾客停车场停车，见图6-4（b）。

3）顾客进店时，值班销售人员至展厅门外迎接，点头、微笑、主动招呼顾客，见图6-4（c）。

4）销售人员随身携带名片夹，第一时间介绍自己，并递上名片，请教顾客的称谓，见图6-4（d）。

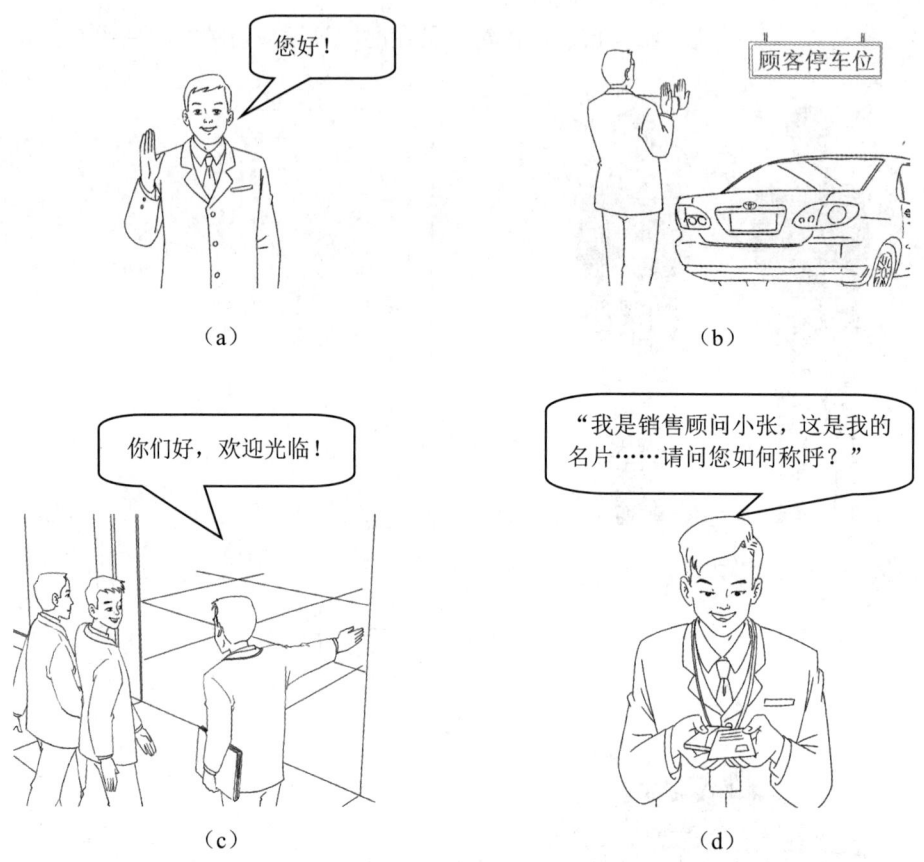

图6-4　顾客来店接待

5）销售人员抬手开启自动门，引导顾客进入展厅。
6）经销店的所有员工在接近顾客至3米左右时应主动问候来店顾客（全员参与）。
7）若雨天顾客开车前来，主动拿伞出门迎接顾客。
8）销售人员主动询问顾客来访目的。
9）按顾客意愿进行，请顾客自由参观浏览，明确告知顾客：自己在旁随时候教。

（5）顾客自己参观车辆时

1）与顾客保持5米左右的距离，在顾客目光所及的范围内关注顾客动向和兴趣点，如图6-5所示。
2）顾客表示想问问题时，销售人员主动趋前询问。
3）觉察到顾客对商品有兴趣时，销售人员应主动趋前询问。

图 6-5 顾客自己参观时

（6）请顾客入座时

1）销售人员应向顾客提供可选择的免费饮料，主动邀请顾客就近入座，座位朝向应使顾客可观赏感兴趣的车辆，便于观察、说明。

2）征求顾客同意后坐到顾客右侧，保持适当的身体距离。

3）关注顾客的同伴（不要忽略"影响者"），并给他们以尊重和重视，积极听取他们的意见，因为这些影响者的意见在很大程度上会影响交易的成败。

（7）顾客离开时

1）若顾客开车前来，陪同顾客到车辆边，感谢顾客惠顾并道谢。

2）值班保安人员提醒顾客道路状况，指引方向，见图 6-6（a）。

3）销售人员送顾客至展厅门外，感谢顾客惠顾，热情欢迎再次来店，见图 6-6（b）。

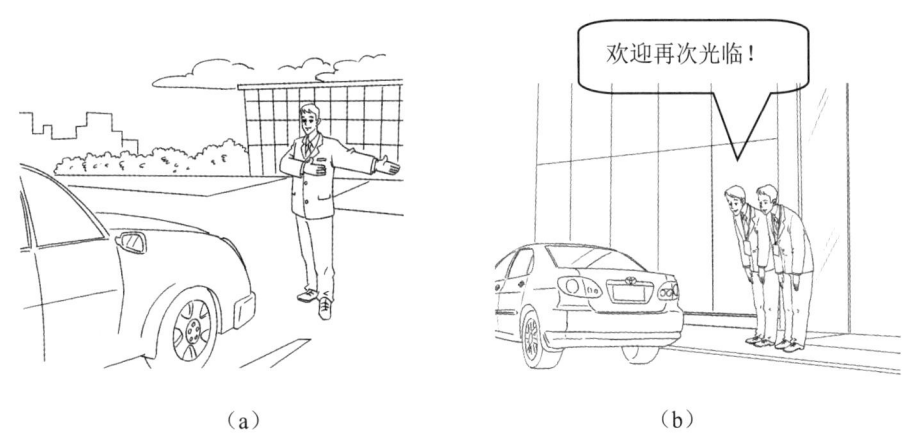

(a)   (b)

图 6-6 顾客离开时

4）提醒顾客清点随身携带的物品。

5）若汽车出口位于交通路口，则保安人员引导车辆到主要道路上。

6）微笑、目送顾客离去（至少5秒钟时间）。

7）值班保安人员向顾客致意道别。

8）顾客离去后，销售人员要整理顾客信息，填写《来店（电）顾客登记表》，记录顾客信息。

（8）电话应对——打出电话

1）做好打电话前的准备工作，尤其是顾客资料和信息。

2）接通电话后先表明自己的身份，并确认对方身份，见图6-7（a）。

3）电话结束时感谢顾客接听电话，待对方挂断电话后再挂电话。

4）记录顾客信息和资料。

（9）电话应对——接听电话

1）电话铃响3声之内接听电话，微笑应对。

2）主动报经销店名称、接听人姓名与职务，见图6-7（b）。

（a）　　　　　　　　　　（b）

图6-7　电话应对

3）在电话中明确顾客信息，包括联络方式、跟踪事项等，并适时总结。

4）结束时感谢顾客致电，并积极邀请顾客来店参观。

5）待对方挂断电话后再挂电话。

6）填写《来店（电）顾客登记表》，记录顾客信息。

3. 需求分析

销售人员面对的顾客千差万别，顾客的需求也多种多样。在接待客户的过程中，销售人员应主动地了解客户的需求是什么，来店的真实目的是什么。获得客户真实需求的最有效方法就是聆听。销售人员一定要学会听的方式，掌握听的技巧，与顾客顺畅沟通，充分地了解顾客的需求，以客户为中心进行顾问式销售。

（1）需求分析的目的

1）明确顾客的真正需求，并提供专业的解决方案。

2）收集详尽的顾客信息，建立准确的顾客档案。

3）在顾客心中建立专业、热忱的汽车销售顾问的形象。

4）通过寒暄建立与顾客的融洽关系。

（2）需求分析的执行方法

1）通过提问与倾听了解顾客信息，尤其是与购车相关的重要信息。

2）通过《来店顾客调查问卷》收集顾客信息。

3）详细地记录顾客信息，建立顾客档案。

4）总结顾客的需求信息，并推荐合适的车型。

（3）收集顾客信息

1）从寒暄开始，找到公共话题，创造轻松的氛围（见图6-8）。

图6-8 收集顾客信息

2）收集顾客的个人信息，例如姓名、电话、通信方式、家庭情况、业余爱好等。

3）收集顾客的购车信息，例如目标车型、购车日期、购车用途等。

4）利用《来店顾客调查问卷》或集客活动，收集并记录顾客信息。

（4）分析并确认顾客需求

1）在适当的时机总结与顾客谈话的主要内容，寻求顾客的确认。

2）根据顾客需求主动推荐合适的车型，并适当说明。

4. 商品说明

在汽车销售的过程中，商品说明是完成销售的关键环节，也是说服顾客的关键一步。通过调研发现，在展车展示过程中做出购买决定的顾客占最终购买客户的 70% 以上。当然，客户做出不购买的决定往往也发生在这个环节。因此，产品介绍环节的重点就是要根据客户的需要、客户的喜好和客户关心的问题等有针对性地进行产品介绍，并让客户亲身体验，实现从理性到感性的转变，增加其购买欲望。详细的车辆展示方法和技巧，将在后面讲述。

（1）商品说明的目的

1）针对顾客的利益，专业地介绍商品的特点，建立顾客信心。

2）解决顾客可能存在的购买障碍，激发购买欲望。

（2）商品说明的执行方法

1）商品说明的准备工作，勤加练习。

2）充分利用各种销售工具，例如展车宣传资料、展示车辆等。

3）车辆介绍时要针对顾客需求，运用 FAB（Features，车辆的配备和特性；Advantages，配备和特性的优势；Benefits，顾客的利益和好处）的技巧。

4）让顾客参与到车辆说明过程中来，关注顾客的兴趣点。

（3）商品说明的准备

1）掌握品牌汽车商品知识，能够熟练进行六方位商品说明（关于六方位商品说明法后续章节详细讲解）。

2）充分了解竞品信息，掌握品牌汽车商品的对比优势。

3）在销售工具夹内准备主要的车型资料和竞品车型资料，便于向顾客展示说明。

4）展厅内展示架上每一车型准备 10 份以上的商品宣传彩页，随时补足，便于顾客取阅。

（4）展车设置

展车摆放时，注意以下事项，如图 6-9 所示。

1）展车摆放要按品牌汽车销售店规范执行，包括展车数量、型号、位置、照明、车辆信息牌等。

2）车前后均有车牌（前后牌），指示车辆名称/型号。

3）保持展车全车洁净，轮胎上蜡，轮毂中央的车标摆正，轮胎下放置轮胎胶垫。

图 6-9　展车设置

4）展车不上锁，车窗关闭，配备天窗的车型则打开遮阳内饰板。

5）展车内座椅、饰板等的塑胶保护膜须全部去除，放置精品脚垫。

6）展车方向盘调整至较高位置，座椅头枕调整至最低位置，驾驶座座椅向后调，椅背与椅垫成105°角，与副驾驶座椅背角度对齐一致。

7）展车时钟与音响系统预先设定，选择信号清晰的电台，并准备3组不同风格的音乐光盘备用。

（5）展车旁的商品说明

1）从顾客最关心的部分和配备开始说明，激发顾客的兴趣。

2）创造机会让顾客动手触摸或操作有关配备，见图6-10（a）。

3）注意顾客反应，不断寻求顾客的观感与认同，引导顾客提问。

4）顾客在展车内时，销售人员的视线不要高于顾客的视线，见图6-10（b）。

（a）　　　　　　　　　　　　　　　（b）

图 6-10　展车旁的商品说明

5）销售人员介绍车辆配备时动作要专业、规范，切忌用"单指"指示。

6）销售人员在说明过程中要爱护车辆，切勿随意触碰车辆漆面。

7）若有多组顾客看车，可以请求支援。

（6）洽谈桌旁的商品说明

1）充分利用商品型录、宣传小册子和销售工具夹内的商品资料辅助说明，如图6-11所示。

2）注意饮料的供应和续杯。

（7）回答顾客的疑问

1）强调品牌汽车商品的优势，避免恶意贬低竞争产品。

2）若销售人员遇到疑难问题，可请其他同事配合，正确回答顾客的问题，不能"蒙"顾客。

（8）商品说明结束时

1）针对顾客需求，口头总结商品特点与顾客利益。

2）在商品目录上注明重点说明的配备，作为商品说明的总结文件。

3）转交车型目录，并写下销售人员的联系方式或附上名片，如图6-12所示。

图6-11　洽谈桌旁的说明

图6-12　商品说明结束

4）主动邀请顾客试乘试驾。

5）待顾客离开展厅后及时整理和清洁展车，回复原状。

5. 试乘试驾

试乘试驾环节是客户获取车辆第一手材料的最好机会，在试乘试驾过程中，销售人员可以针对客户的需求及购买动机来做必要的解释和说明，以便增进客户的信任感。

在试乘试驾过程中,销售人员应避免多说话,让客户集中精力对车辆进行细致的体验。

(1)试乘试驾的目的

1)通过动态介绍,建立顾客对商品的信心,激发购买欲望。

2)收集更多的顾客信息,为促进销售作准备。

(2)试乘试驾的执行方法

1)按品牌汽车要求,完善试乘试驾的流程和车辆等准备工作。

2)销售人员在顾客试乘时充分展示车辆特性,并作说明。

3)让顾客有时间自己体验车辆的动态特性。

4)适时询问顾客的订约意向,收集顾客信息。

(3)试乘试驾的准备

1)经销店必须准备专门的试乘试驾用车,尤其是品牌汽车要求的车型。

2)试乘试驾车由专人管理,保证车况处于最佳状态,油箱内有1/2箱燃油。

3)试乘试驾车应定期美容,保持整洁,停放于品牌汽车规定的专用停车区域。

4)试乘试驾车证照齐全,并有保险。

5)按车型特性规划试乘试驾路线,避开交通拥挤路段。

6)随车放置《欢迎参加试乘试驾活动》文件,并附有试乘试驾路线图。

7)销售人员必须具有合法的驾驶执照。

8)若销售人员驾驶技术不熟练,可请其他合格的销售人员进行试乘试驾,自己陪同。

(4)试乘试驾前

1)商品说明结束后,要主动邀请顾客进行试乘试驾。

2)安排小型试乘试驾活动,积极邀请顾客参加,见图6-13(a)。

3)在展厅或停车场显眼处设置"欢迎试乘试驾"的指示牌。

4)向顾客说明试乘试驾流程,重点说明销售人员先行驾驶的必要性。

5)向顾客说明试乘试驾路线,请顾客严格遵守,见图6-13(b)。

6)查验顾客的驾驶证并复印存档,签署安全协议与相关文件(《试乘试驾记录表》)。

7)向顾客简要说明车辆的主要配备和操作方法。

(5)试乘试驾时

1)若有多人参加试乘试驾,则请其他顾客坐在车辆后排座位。

2)确认车上人员系好安全带,提醒安全事项。

3)销售人员将车辆驶出专用停车区域,示范驾驶。

4)销售人员驾驶时对车辆行驶状态进行车辆说明,展示车辆动态特性,见图6-14(a)。

5)让顾客自己体验车辆性能,销售人员提醒体验重点,见图6-14(b)。

6)仔细倾听顾客的谈话,观察顾客的驾驶方式,发现更多的顾客需求。

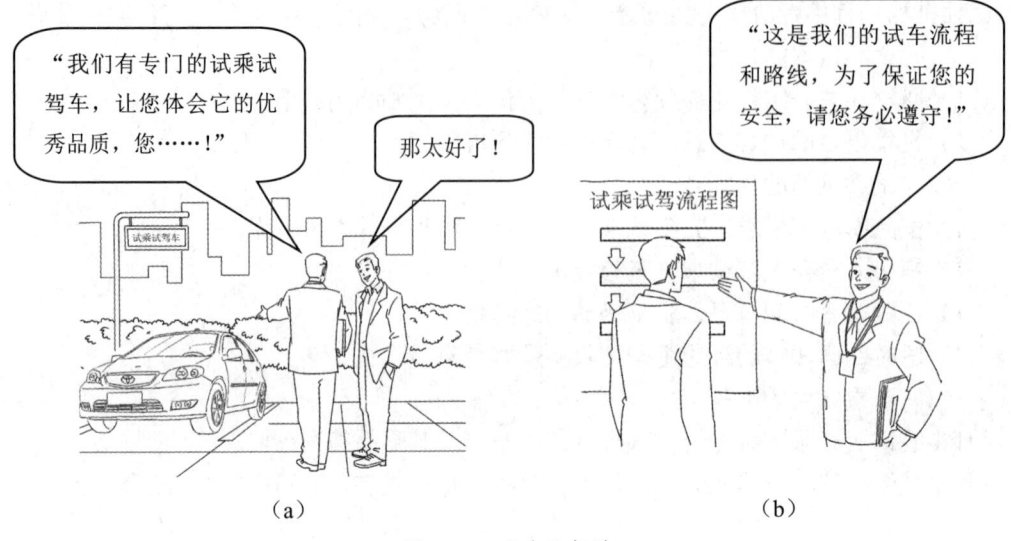

图 6-13　试乘试驾前

图 6-14　试乘试驾时

7）在预定的安全地点换手。

8）换手时协助顾客调整座椅、后视镜等配备，确认顾客乘坐舒适并系好安全带，再次提醒安全驾驶事项。

9）在顾客的视线范围内换到副驾驶座。

10）准备不同种类的音乐光盘供顾客选择，试听音响系统。

（6）试乘试驾后

1）确认顾客已有足够时间来体验车辆性能，不排除再度试乘试驾的可能性。

2）适当称赞顾客的驾驶技术。

3）引导顾客回展厅（洽谈区），总结试乘试驾体验，填写《试乘试驾意见表》。

4）适时询问顾客的订约意向。

5）待顾客离去后，填写顾客信息，注明顾客的驾驶特性和关注点。

6. 报价说明及签约成交

销售人员经过不懈努力，开始进入与顾客成交的阶段。在这个环节中最重要的是如何让客户更加主动，并且给客户留出充分的时间让客户做出购买决定，不断增强客户的购买信心。

（1）报价说明及签约成交的目的

1）让顾客了解购车细节，促进购买成交。

2）做好顾客的购车顾问，提升顾客满意度。

（2）报价说明及签约成交的执行方法

1）根据顾客需求制作商谈备忘，对各种问题进行详细说明。

2）详细解释相关文件和流程，回答顾客提出的问题。

3）制作合同书并取得上司认可，与顾客签约。

4）安排交车日期，跟踪余款处理，与顾客保持联络。

（3）销售价格说明

1）请顾客确认所选择的车型，以及保险、按揭、一条龙服务等代办手续的意向。

2）根据顾客需求拟订销售方案，制作商谈备忘。

3）对报价内容、付款方法及各种费用进行详尽易懂的说明，耐心回答顾客的问题。

4）说明销售价格时，再次总结商品的主要配备及顾客利益。

5）利用《上牌手续及费用清单》，详细说明车辆购置程序及相关费用。

6）必要时重复已作过的说明，并确认顾客完全明白。

7）让顾客有充分的时间自主地审核销售方案，见图6-15。

（4）制作合同

1）请顾客确认报价内容。

2）检查库存状况，合理安排交车时间，并取得顾客认可。

3）制作销售合同，准确填写合同中的相关资料。

4）与销售部经理就合同内容进行确认并得到其认可。

（5）签约及订金手续

1）专心处理顾客签约事宜，谢绝外界一切干扰，暂不接电话，表示对顾客的尊重。

2）协助顾客确认所有细节，请顾客签字后把合同书副本交给顾客。

3）销售人员带领顾客前往财务部门，并确认往来发票。

4）合同正式成立后，销售人员将合同的内容录入到微机管理系统。

图 6-15　销售价格说明

（6）履约与余款处理

1）销售人员根据实际情况与顾客约定交车时间。

2）顾客等车期间，保持与顾客的联络，让顾客及时了解车辆的准备情况，见图 6-16。

图 6-16　履约与余款处理

3）销售人员确认配送车辆后，提前通知顾客准备好余款。

4）销售人员进行余款交纳的跟踪确认，直至顾客完成交纳款。

（7）顾客等车期间的联系方法

1）签约后交车前销售人员将《袖珍驾驶员指南》邮寄给顾客，或携带《驾驶员手册》拜访顾客，见图 6-17（a）。

2）保持与顾客的联系，瞅准时机打个电话给顾客（也可安排专人在签约后与顾客联络）。

3）若等车期间恰逢节日，邮寄一份小礼物表示心意，见图6-17（b）。

图6-17 顾客等车期间的联系

（8）若交车有延误

1）第一时间通知顾客，并表示歉意。

2）告知解决方案，取得顾客认同。

3）在等待交车期间，应与顾客保持联络，让顾客及时了解车辆的准备情况。

（9）当顾客决定不成交时

1）不对顾客施加压力，表示理解，并协助顾客解决问题。

2）给顾客足够时间考虑，不催促顾客作决定。

3）若顾客最终选择其他品牌，则明确原因并填写《未成交顾客记录表》。

7. 热情交车

销售流程中交车环节是客户最兴奋的时刻。按约定的时间交付给客户所预订的洁净、无缺陷的车辆是销售人员的宗旨和目标，这将会提高客户满意度并强化用户对专营店的信任感。如果客户有了愉快的交车体验，那么就为长期的合作关系奠定了坚实的基础。销售人员要树立一个非常重要的观念：交车的服务过程就是与客户建立紧密的朋友关系，准备进入到新一轮客户开发的过程。

（1）车辆交付的目的

1）通过交车激发顾客热情，感动顾客，建立长期关系。

2）为顾客解决后顾之忧，建立用车顾问的形象。

（2）车辆交付的执行方法

1）按品牌汽车规范完成交车前的准备工作，做好预约。

2）在交车过程中保持对顾客的关注，热情友好。

3）确保有足够的时间说明车辆、文件和费用，解答顾客疑问。

4）建立顾客与售后服务部门的联系。

5）通过简短热烈的交车仪式激发顾客热情。

（3）交车前的准备

1）销售人员委托售后服务部门进行 PDS（新车到店后、交给客户前的检查）。

2）再次确认顾客的付款条件和付款情况，以及对顾客的承诺事项。

3）电话联系顾客，确认交车时间，并告知交车流程和所需时间，征得顾客认可。

4）展厅门口设置交车恭喜牌，交车区场地打扫干净，设置告示牌。

5）清洗车辆，保证车辆内外美观整洁，车内地板铺上保护纸垫。

6）重点检查车窗、后视镜、烟灰缸、备用轮胎和工具，校正时钟，调整收音机频道等。

7）若车辆配有 NAVI 系统（车辆自带语音电子导航系统），则设定经销店的位置。

8）待交车辆油箱内加注 1/4 箱燃油。

9）通知相关人员交车仪式的时间和顾客信息，确认出席人员。

（4）交车顾客接待

1）交车顾客到达时，销售人员到门口迎接，态度要热情。

2）恭喜顾客，并立刻为顾客挂上交车贵宾证（不同车型分别设定）。

3）每位员工见到戴有交车贵宾证的顾客，应立刻道喜祝贺。

（5）费用说明及文件交付

1）销售人员借助《新车订购单》说明各项购车费用。

2）销售人员利用相关手续及费用清单说明其他相关费用。

3）销售人员向顾客介绍服务部门销售顾问。

4）销售顾问利用说明指南和保养手册解释车辆检查和维护的日程及其重要性。

5）销售顾问利用保修手册说明车辆保修内容和范围，重点是保修期限和保修项目等重要事项。

6）销售顾问利用相关书面资料介绍品牌汽车的售后服务网络，以及本经销店服务部的营业时间、预约流程、24 小时救援服务体制等内容。

7）清点并移交车辆文件以及车辆钥匙。

（6）车辆验收与操作说明

1）销售人员陪同接车顾客进行车辆检查。

2）销售人员利用新车交接确认表用简单易懂的语言进行车辆说明。

3）销售人员利用驾驶员手册介绍如何使用新车。

4）销售人员利用安全注意事项进行安全说明。

5）协助顾客确认所定购的精品、附属件，告知赠送 1/4 箱燃油。

6）确认所有事项后，与顾客核对交车过程及文件确认表与新车交接确认表，并请顾客签名确认。

（7）交车仪式

1）介绍销售部经理、服务部经理或其他相关人员与顾客认识。

2）向顾客赠送鲜花，拍摄纪念照。另外，可向顾客及其家人赠送小礼物。

3）经销店有空闲的工作人员列席交车仪式，鼓掌以示祝贺。

（8）与交车顾客告别

1）确认顾客可接受的售后跟踪和联系方式，并简要告知跟踪服务内容。

2）送别顾客，目送顾客驾车离去，见图 6-18（a）。

3）顾客离去后整理顾客资料。

4）向销售部经理报告交车活动，使用微机管理系统完成"交车完成"环节。

5）预估顾客到达目的地的时间，致电确认安全到达，见图 6-18（b）。

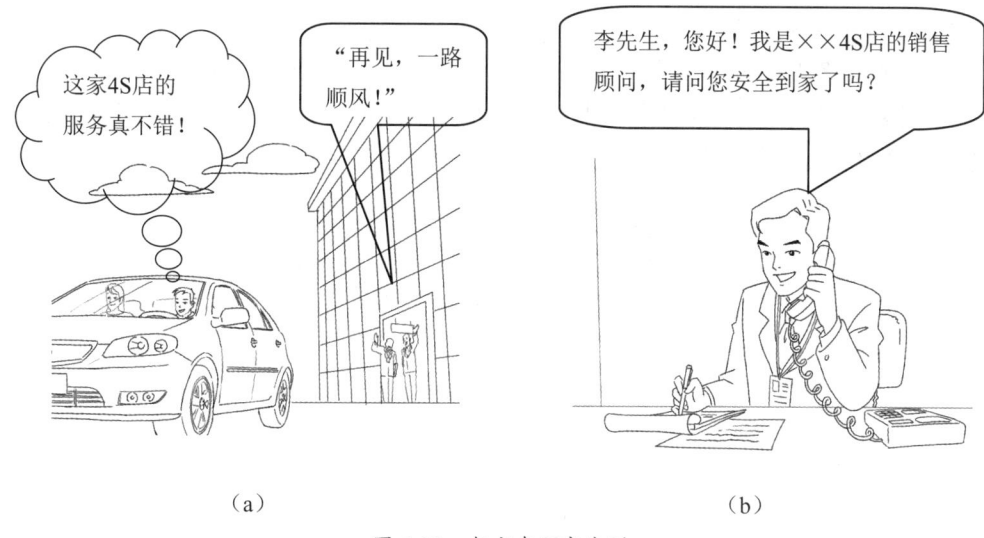

图 6-18　与交车顾客告别

8. 跟踪与服务

销售流程的后续跟踪环节的要点是在客户购买新车之后与"首次保养"之间如何继续促进和发展双方的关系，由于第一次维修保养服务是客户亲身体验专营店"服务流程"的一次亲密接触的机会,因此,做好首次保养目的是给客户留下美好的第一印象,保证客户日后到经销店进行维修保养,提高客户忠诚度。

营销人员要通过定期跟踪服务,巩固与客户之间的良好关系,并不断延长这种关系,从而不断地获得新的潜在意向客户。

(1) 售后跟踪的目的

1) 维持与顾客的联系,保持顾客满意,提升顾客服务掌握率。

2) 通过顾客推介,促进新车销售。

(2) 售后跟踪的执行方法

1) 按品牌汽车规范进行新车顾客的维系活动。

2) 进行集客活动,收集销售信息,开发潜在客户。

3) 与售后部门保持联络,设定合理的跟踪频率。

(3) 售后跟踪的准备

1) 查阅顾客基本信息,确认重点内容,包括姓名、电话、购买车型及投诉等。

2) 销售人员在交车后 3 日内发给顾客感谢信,并电话致谢,确认车辆使用情况。

3) 联络后信息记录客户档案,并归档保存。

4) 销售人员在交车后根据约定的时间与顾客电话联系,询问车辆使用情况,通知免费车检。

5) 顾客进行首保后,客户信息转交售后服务部门管理。

(4) 顾客关系维系

1) 重视与已购车顾客建立日常联系。做好计划,通过电话、信件与顾客保持联系,请顾客推介潜在顾客,见图 6-19。

图 6-19　顾客关系维系

2）将维系工作规范化，确认何时做何事。
3）每次售后跟踪后，将新的顾客信息填入客户档案，及时更新。
4）销售部经理定期查核销售人员的顾客关系维系情况。
5）做好顾客维修保养记录，每次跟踪前检阅顾客车辆保养信息。
6）每3个月进行一次售后跟踪联络。

二、新车上牌流程

在我国绝大部分地区，汽车办证的程序仍是较繁琐的一件事情。以下根据国家的有关规定，结合我国部分地区的实际情况来介绍一下新车上牌的相关实务，因新车上牌的手续各地区差异较大，所以在此只介绍一些通用的做法。为了方便客户，同时为了服务竞争的需要，一般的汽车销售商都有为客户代办上牌的服务。不过，还是有不少新车车主会选择自己去挂车牌。那么，刚刚买了新车又想自己办理新车上牌手续的新车主如何办理新车上牌手续呢？

（1）客户选定好车型，交纳购车款以后，汽车经销商会为客户提供厂家的汽车质量合格证和有效期为五天的车辆移动证（或临时牌照），并开具购车发票，购车发票共分为报税联、注册登记联、发票联三联。在开具购车发票时，机动车所有人需要提供本人的姓名和身份证号码。

需要强调的是，机动车所有人在提供本人姓名和身份证号码时，一定要认真核对，保证准确无误，如果这两个信息出现差错，更改比较麻烦。

（2）机动车所有人持购车发票的报税联和汽车质量合格证复印件、身份证原件和复印件（单位车辆需带企业组织机构代码证原件及公章），到车辆购置税办公大厅办理车辆购置附加税。

（3）在办理完车辆购置附加税后，机动车所有人就可以携带办理车辆购置附加税的相应手续和购车发票的注册登记联、汽车质量合格证原件、身份证原件和复印件（必须使用A4纸复印）到车管所投递资料，申请上牌。

（4）到达车管所后，先领取一份新车入户登记表（公车需加盖公章），准确无误地填写车主与车辆的相关信息（有专人指导），然后排队递交。

（5）对车辆进行外部检测，核对发动机号码、车架号码、车辆型号等。

（6）车辆进行外检后，到大厅办理车辆相关保险（交强险和其他商业保险）。

（7）办理完车辆保险后，在注册大厅办理车辆注册登记手续。

（8）在大厅交付车船使用税、车辆行驶证、车辆牌照等相关费用。

（9）交付相关费用后，机动车所有人就可以开始在电脑上随机选取自己的车牌号码了。客户有8～10次（各地不一）机会选取车牌号码，最后从这一组号码中选取自己最满意的一个号码作为车牌号。

需要强调的是，2008年10月1日以后，机动车所有人可以通过计算机自动选取或者按机动车号牌标准规定自行编排的方式获取机动车号牌号码。

（10）选择完车牌号码后就可以进行牌照安装了。

（11）安装好新的车牌后，必须对新车进行拍照存档。

（12）喷印玻璃防盗号，领取尾气排放合格证。

（13）在车管所办理的最后一道程序为领取车辆行驶证和机动车登记证书。

如果机动车所有人是外地户口，还必须到管辖派出所办理暂住证。因为在办理新车挂牌的程序当中，外地户口的客户除了需要提供身份证以外，还必须提供暂住证。在完成了以上工序以后，汽车这时才真正具有了属于自己的"户口本"，汽车购买人也就成为"正式"车主了。

【任务实施】

1. 老师安排学生到停车场，两人一组，现场模拟客户接待，根据学生表现给以点评，评价标准见表6-1。

表6-1 客户接待评分表

考核指标	具体内容	分值	得分
个人风采	着装整洁，内容健康向上	10	
	走姿、站位正确，声音洪亮，表现流畅		
	现场发挥好，感染力强		
	活力充沛，精神饱满		
	内容形式新颖，富有创意		
汽车营销礼仪	主动迎接欢迎来店，第一时间自我介绍，主动递名片，规范并符合社交礼仪，姿态自然从容，声音清晰，语音语速适中	10	
销售接待及需求分析	询问客户称谓，是否首次进店，询问客户来店意图，需要提供何种服务，双手拉椅子，引导客户面向展车	25	
	客户入座第一时间，主动提供三种以上饮品，能提供车型彩页等有效辅助工具或服务		
	主动询问有无预约，积极引荐销售顾问，能否简洁准确地转述客户信息		
汽车营销礼仪	自我介绍并递交名片，允许后就座，声音清晰，语音语速适中	10	

续表

考核指标	具体内容	分值	得分
汽车营销礼仪	寒暄，赞美自然得体，站姿、蹲姿手势引导规范，绕车介绍能主动开车门，并用手规范地护头	10	
	主动留下客户的联系方式，提醒客户带好随身物品，陪同客户到店门口，感谢客户惠顾，向客户道别		
销售接待	规范，符合社交礼仪	15	
	能提供车型彩页等资料，资料正面面向客户，双手递送		
	适当赞美或寒暄，引入需求分析自然流畅		
需求分析	主动询问客户在用车情况，购车用途，车辆使用者信息，购车预算	20	
	能主动运用开放性问题和封闭性问题向客户了解对新车的关注（安全性，环保，排放等）		
总评		100	

2．根据上述实训任务 1 分配的角色，模拟接待客户后，整理客户信息，见表 6-2，便于后续跟进。

表 6-2　意向客户跟进表

任务书

车型 _____　　小组成员 _____　　小组编号 _____

顾客信息						
客户姓名		性别		客户现有车型		
客户情况（特征、年龄、职业、爱好、收入等）			手机			
			详细地址			
			意向车型		意向颜色	
客户信息来源：□来电　□来店　□广告　□走访　□市场推广　□介绍（介绍人 _____ ）□其他						
周边已购车人群	姓名		联系方式		已购车型/时间	
其他考虑车型：品牌：　　车型：			本次购买原因：□新购　□新增　□替换　□其他			
因素	价格	车身外形	售后服务	安全性	发动机	油耗　空间　配置　加速性　操控性
跟进速度	□初访　□展示　□试驾　□车型　□颜色　□价格　□签约　□交车					

续表

初次（　　年　　月　　日　　点）洽谈印象	
洽谈情况：	下次跟进时间：
结果：	下次访问方式：
客户级别：	

3. 根据上述实训任务 1 和 2 跟客户的接触，对客户的需求有了大致的了解，可以帮助客户填写一份需求分析表，如表 6-3 所示。

表 6-3　客户需求分析表

姓名		性别：□男　　□女		客户行为类型	□主导型　　□分析型　　□社交型		
联系电话				QQ 或 E-mail				
职业			驾龄		家庭情况：□未婚　　□已婚　　□有孩		
兴趣爱好：							
保有车辆：　　　　　　（无车） 车型：　　　　　　购买年份：　　　　　　排量： 用户对现车评价：							
新购车用途：□家庭　　□商务　　□公务　　□特种　　□其他							
购买者：　　　　　　使用者：　　　　　　决策者：							
朋友/家人意见：							
购买欲算：　　　　　　拟购数量：　　　　　　拟购时间：							
关注车型 　　　　车型　　　是否满意　　　不满意之处 　　1 　　2 　　3							
购车期望 配备：1. 动力配备：排量_____　　手动　　自动　　其他_____ 　　　2. 安全配备：ABS　　EBD　　双气囊　　倒车雷达　　其他_____ 　　　3. 舒适配备：天窗　　空调　　音响　　真皮　　其他_____ 　　　4. 其他配备：							
建议车型				建议理由：			

任务二　六方位绕车

【任务描述】

销售顾问在介绍车辆的过程中，通过各项目、各部位的利益展示（见表6-4），把客户的思维及兴趣带进去，让他们真正体验一番。

表6-4　六方位绕车介绍法的介绍要点

方位		重点介绍
方位一	车辆前方	外观与造型、整体印象、品牌、超值所在
方位二	车辆侧面	安全性及侧视效果等
方位三	车辆后方	尾部特色、后备箱等
方位四	车辆后座	乘坐舒适性及乘坐空间等
方位五	驾驶室	驾驶的操控性及乘坐的舒适性等
方位六	发动机舱	发动机特点及动力性等

【相关知识】

据说六方位绕车介绍法最早是由奔驰汽车公司所应用，后来被日本丰田汽车公司采用并进一步完善。它是一个比较规范的汽车产品展示流程，也是商品汽车说明准备和演练的主要方法，可以使销售人员有逻辑地组织并记忆商品车的配备和功能，有效利用展车作为销售工具。在做绕车介绍时，要注意使用FAB法，除了说明车辆配置、特点以外，更重要的是要强调这些配置、特点能给客户带来什么样的利益，这是客户最为关心的部分。只有这样，销售人员的介绍才能打动客户，得到更好的效果。

一、FAB 介绍

在对顾客有针对性地进行 FAB 介绍前，营销人员首先要了解顾客对哪些方面比较感兴趣，或是顾客对品牌汽车中最关注的是什么，他们的需求是什么，顾客追求的是安全性、经济性，还是操控性，还是几个方面都有所要求等，这就需要销售顾问用心去观察。

F 是 Features（特点）或 Function（功能，配置），指品牌汽车的商品特点。

A 是 Advantages（优势）或 Action（作用），所指明的是前述商品车特点与功能的优势点，同时也涵盖与同级商品或竞争车型的比较数据。

B 是 Benefits（利益），指明前述商品车特点与功能的优势点所能提供给顾客的益处。

二、六方位绕车介绍法

下面举例详细介绍六方位绕车介绍法。

1. 方位一：车辆前方

如图 6-20 所示，介绍重点：车辆的整体印象、前部造型、前大灯、全车钣金件间隙等。注意事项有：①车辆左大灯前 80cm 左右，面对顾客；②邀请顾客在离车辆正前方 45°角，2～3 米的距离；③局部介绍时，要五指并拢，手心向上引导顾客观看，必要时可微微躬身。

图 6-20　车前方绕车介绍示意图

2. 方位二：车辆侧面

如图 6-21 所示，介绍重点：车辆的侧部造型、轮胎和轮毂、悬架系统及安全性方面的主要配备等。注意事项有：①介绍应在车辆侧面进行；②将顾客邀请至 B 柱外 60～100cm 的位置观看车辆。

3. 方位三：车辆后方

如图 6-22 所示，介绍重点：车辆的尾部造型、组合尾灯、行李箱、驻车/倒车测距雷达等。注意事项有：①销售顾问站在车辆左后方的位置进行介绍，距离车辆后保险杠 50cm 左右的距离；②邀请顾客在车辆右后方或正中的位置观看。

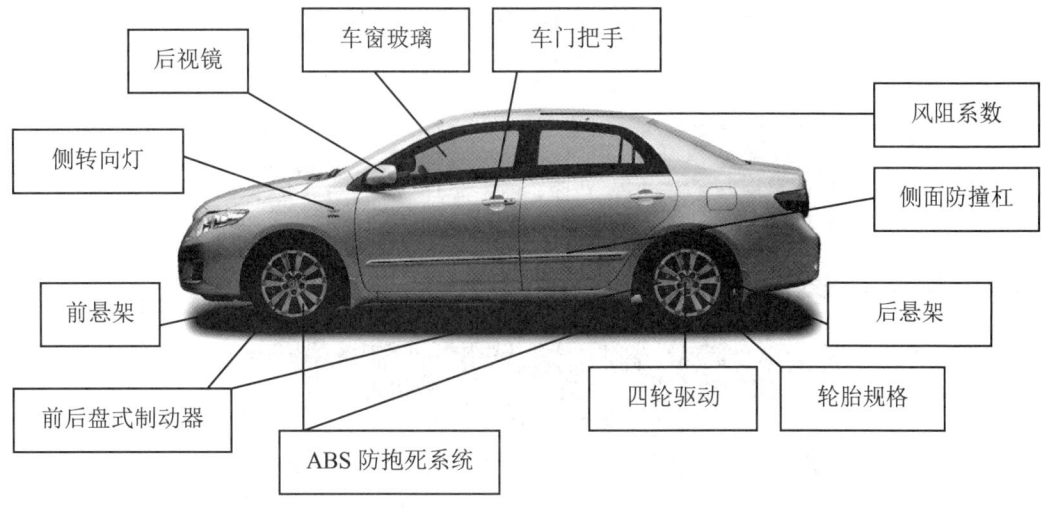

图 6-21　车侧方绕车介绍示意图

图 6-22　车后方绕车介绍示意图

4. 方位四：车辆后座

如图 6-23 所示，介绍重点：车辆的后排乘坐空间、后车窗遮阳帘、静谧性等。注意事项有：①积极鼓励顾客更多地体验车辆，激发顾客的想象，促使顾客产生希望拥有本品牌汽车的冲动；②销售顾问可在展车内或展车外介绍，但一定要邀请顾客进入展车内参观、体验。

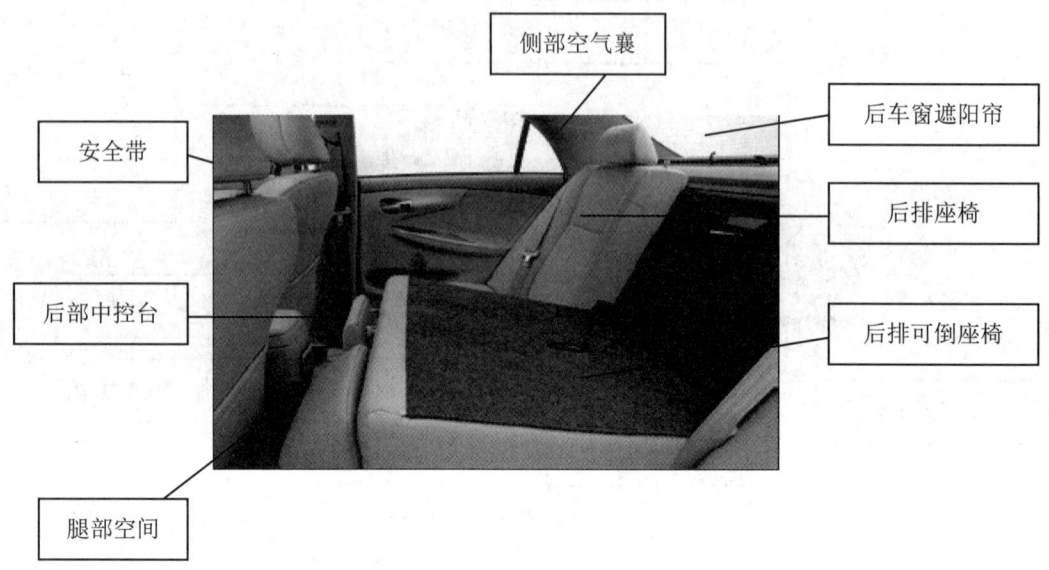

图 6-23　车辆后座绕车介绍示意图

5. 方位五：驾驶室

如图 6-24 所示，介绍重点：车辆的驾驶席座椅、操控装置（如 EPS 电子助力转向系统）、安全性（SRS 空气囊）、（自动）变速装置（4 挡或 6 挡）、车内储物空间、音响及电子导航系统等。注意事项有：①打开驾驶室车门，站在 B 柱位置前为顾客介绍方向盘、变速装置；②请客户进入展车，销售顾问以标准蹲姿为顾客调整座椅；③蹲着或者在得到顾客允许以后坐到副驾驶席继续介绍其他功能。

6. 方位六：发动机舱

如图 6-25 所示，介绍重点：发动机型式（如：单或双 VVT-i）、减少对行人伤害的车身设计等。注意事项有：①对等待观看的顾客说"请稍等"，离开车辆前端来到驾驶室旁。②打开车门，拉动发动机舱盖锁定释放杆。③关上驾驶室门，返回车辆前端，用双手打开发动机舱盖。

在进行六方位绕车时应注意的事项：

（1）销售人员要保持微笑，主动、热情地为顾客提供服务。

（2）在介绍过程中，销售人员要使用规范的站姿、走姿、蹲姿、坐姿。

（3）在介绍车辆的时候，不忘使用"您看""您请""请问您"等文明礼貌用语。

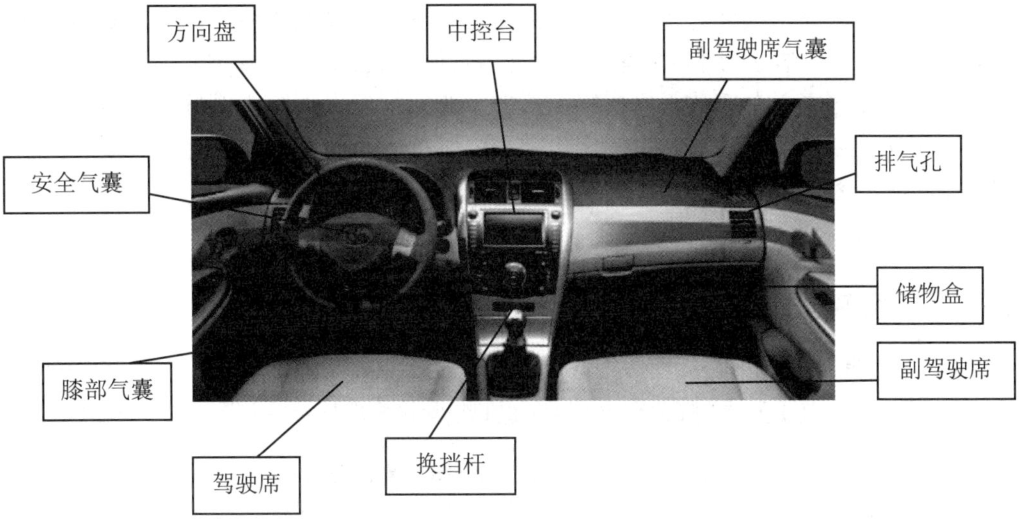

图 6-24 驾驶座绕车介绍示意图

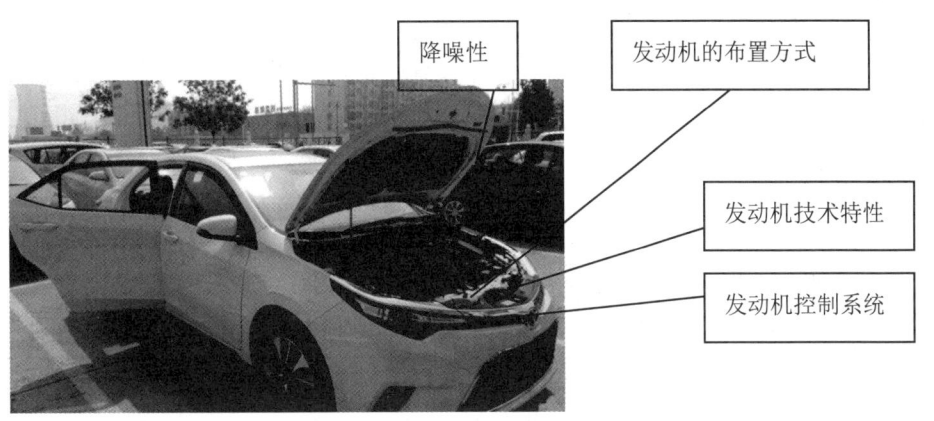

图 6-25 发动机室绕车介绍示意图

（4）在对顾客进行需求分析时，尽量全面深入了解顾客的需求。

（5）只有在顾客允许后，才能为顾客进行商品说明，不要强行对顾客介绍，顾客可能已经事先了解了车辆知识。

（6）为顾客做指引、介绍的时候，手臂伸出，五指并拢，手心向上。

（7）开关车门时，要注意举止文明，轻开轻闭。

（8）顾客进入展车内时，销售顾问应用手掌挡在车门框下（掌心向下，五指并拢）保护顾客。

（9）爱护展车，尤其要预防车漆被顾客不慎刮伤的现象出现。

（10）保持展车内外的清洁及车内饰物的整齐。如果顾客手持香烟、饮料、食品等容易破坏车内清洁的物品，销售人员应礼貌地制止其进入展车参观。

虽然前面已经对车辆的六方位绕车法做了介绍，但作为销售人员，也不能死记硬背这些教条，要活学活用，在了解客户需求的基础上，有目的地、有针对性地给顾客作介绍，满足客户的需求，提高顾客满意度。

【任务实施】

1. 老师带学生到实验室，指定某一较新车辆，由学生完成该车六方位绕车介绍的重点内容，填写表6-5，然后制作PPT进行讲解，老师点评，点评表如表6-6所示。

表6-5　XX车型六方位绕车介绍的要点

方位		重点介绍内容
方位一	车辆前方	
方位二	车辆侧面	
方位三	车辆后方	
方位四	车辆后座	
方位五	驾驶室	
方位六	发动机舱	

表6-6　教师考核记录表

实训项目：六方位绕车介绍的PPT制作及讲述
组号：　　　　　　　　　　　　　　　　　姓名：

项目	评分重点	必要的记录	分值	评分
PPT讲解	PPT内容是否全面		10	
	PPT的布局		8	
	PPT的色彩、字体、字号的安排		8	
	讲解者仪表		5	
	多媒体设备的使用		8	
	讲解者的语言是否规范		10	
	讲解者的肢体动作		10	
	讲述效果		10	
	时间安排		10	

续表

项目	评分重点	必要的记录	分值	评分
点评及回答提问	表达能力		10	
	思维能力		5	
	回答问题准确性		6	
总分			100	

2. 老师将学生分组，分组扮演不同角色，模拟展厅接待购车客户，并解答客户异议。老师根据学生表现给予打分。考核表如表6-7所示。

表6-7　汽车销售顾问实操考核表

序号	考核内容	YES			NO	备注
		3	2	1	0	
		创新完美	完全符合	基本符合	不符合	
1	迎接客户的站姿	3	2	1	0	
2	是否面带微笑	3	2	1	0	
3	是否问候并自我介绍	3	2	1	0	
4	自我介绍是否使对方印象深刻有创意	3	2	1	0	
5	语气语态是否自然亲切	3	2	1	0	
6	行为是否符合礼仪规范	3	2	1	0	
7	站在车前45°	3	2	1	0	
7-1	是否能够正确说明特征点	3	2	1	0	
7-2	是否能够利用FAB法介绍特征点	3	2	1	0	
7-3	不少于三个特征点	3	2	1	0	
7-4	介绍特征点时是否考虑客户感受	3	2	1	0	
8	站在车左侧方	3	2	1	0	
8-1	是否能够正确说明特征点	3	2	1	0	
8-2	是否能够利用FAB法介绍特征点	3	2	1	0	
8-3	不少于三个特征点	3	2	1	0	
8-4	介绍特征点时是否考虑客户感受	3	2	1	0	
9	站在车后方	3	2	1	0	
9-1	是否能够正确说明特征点	3	2	1	0	

续表

序号	考核内容	YES			NO	备注
		3	2	1	0	
		创新完美	完全符合	基本符合	不符合	
9-2	是否能够利用 FAB 法介绍特征点	3	2	1	0	
9-3	不少于三个特征点	3	2	1	0	
9-4	介绍特征点时是否考虑客户感受	3	2	1	0	
10	站在车右侧方	3	2	1	0	
10-1	是否能够正确说明特征点	3	2	1	0	
10-2	是否能够利用 FAB 法介绍特征点	3	2	1	0	
10-3	不少于三个特征点	3	2	1	0	
10-4	介绍特征点时是否考虑客户感受	3	2	1	0	
11	坐在驾驶舱	3	2	1	0	
11-1	是否主动邀请客户试坐驾驶室	3	2	1	0	
11-2	是否能够正确说明特征点	3	2	1	0	
11-3	是否能够利用 FAB 法介绍特征点	3	2	1	0	
11-4	不少于三个特征点	3	2	1	0	
11-5	介绍特征点时是否考虑客户感受	3	2	1	0	
12	站在发动机舱前方	3	2	1	0	
12-1	能否正确打开发动机舱	3	2	1	0	
12-2	是否能够正确说明特征点	3	2	1	0	
12-3	是否能够利用 FAB 法介绍特征点	3	2	1	0	
12-4	不少于三个特征点	3	2	1	0	
12-5	介绍特征点时是否考虑客户感受	3	2	1	0	
13	是否主动邀请客户触摸、感受	3	2	1	0	
14	是否利用展示车辆之际了解客户信息	3	2	1	0	
15	总评					

【项目总结】

本项目是汽车营销实务中较重要的一部分内容,介绍了与汽车营销实务相关知识。

首先介绍了新车销售流程，详细讲解了新车销售中的顾问式销售程序并详细介绍集客、客户接待、车辆介绍、车辆演示、交车等程序几个主要环节；每个环节的具体做法和应注意的问题，以及六方位绕车的具体做法，和在每个方位如何利用 FAB 方法介绍车辆特征。

FAB 就是 F 是 Features（特点）或 Function（功能，配置），指品牌汽车的商品特点；A 是 Advantages（优势）或 Action（作用），所指明的是前述商品车特点与功能的优势点，同时也涵盖与同级商品或竞争车型的比较数据；B 是 Benefits（利益），指明前述商品车特点与功能的优势点所能提供给顾客的益处。

【项目训练】

一、简答题

1. 在售前跟进程序的实际操作中，要注意哪些细节？
2. 在车辆介绍环节中，如何结合消费者购车行为向用户介绍车辆？
3. 二手车交易的整个流程是怎样的？
4. 汽车销售流程由哪几个环节组成？每个环节的关键点在哪？
5. 什么是六方位绕车介绍法？各个方位分别应介绍车辆的哪些特征？
6. FAB 的含义是什么？

二、综合题

假如你是一位新车展厅的销售主管，关于新车销售流程的关键点你将如何培训你的员工？

项目七
客户服务

【项目导读】　消费者的需求各种各样,作为营销人员应该准确把握汽车客户的真正需求,以便做出正确营销方案。一旦客户产生异议,需要能够准确分析客户产生异议的真正原因,掌握处理客户异议的方法和技巧,解决客户异议,促成交易,提高客户满意度。客户对服务的满意程度会影响交易的成功与否。

任务一　客户服务与客户满意度

【任务描述】

为客户服务,首先要了解客户的需求,针对客户需求提供相应的服务内容与服务方式,准确把握服务水平与客户满意度的关系。

【相关知识】

一、客户服务的含义

【案例 7-1】美国陆军第八师在修建水利工程时,客户服务人员给工地附近居民打电话,这段电话的录音是这样的:你好!夫人,请原谅打扰您,我们在炸掉这座水坝让河改道的过程中,不可避免地会产生一点尘土和噪音,敬请谅解。我们准备在我们施工区的外围栽种一些花草树木,您不反对吧?很高兴为您服务,如果您能顺便填写这份市民满意度调查,我们会非常感激。我们非常希望成为您在做决定时的帮手,祝您快乐。

这段录音是美国陆军第八师在修建水坝之前,给施工区辐射周边居民每家打的一个电话。从这个电话你会发现一个有趣的现象,难道说工兵搞建筑也需要做客户服务?他们专门有一个客户服务部门,而且是经过专业培训的客户服务部门,专门负责打电话。

以前,在国内经常见到这种现象:早晨起来出门,发现在修路,挺好的路刨了一条沟,有些指示牌写着"前方施工请绕行"。现在好像比原来好了一些,字也比原来多了一点:"前方施工请您绕行,由于施工给您带来不便,请您谅解"。

多了的这句话就是客户服务的语言,有了一点点客户服务意识。我们经常在新闻里听到某某施工工地彻夜施工扰民,人们睡不着觉,到处投诉。采访施工单位,施工单位觉得他们所做的一切是理所应当的,周边的居民应理解我们才对,而不是我们去理解居民。这就是中国的客户服务和世界先进客户服务水平的巨大差异。

那么客户服务究竟是什么呢?客户服务是一种无形的产品,而不是普通意义上的产品。服务产品是无形的,服务是虚的,看不见摸不着。而普通意义上的产品是有形的,看得见摸得着。在卖服务产品的时候,只能通过语言描绘。告诉你购买这个服务产品以后,你能得到什么样的服务,但是没有办法让你看得见摸得着。所以现在,就是在研究如何把无形产品变为有形产品。怎样才能变成有形产品呢？就是把一种无形的东西通过客户服务人员，通过服务的环境，通过各种方便服务的方式，来把它变成有形的产品。

卖服务卡的，像月卡、季卡、年度卡、贵宾卡等，这是一种服务，而这种服务原本是无形的。你有了这张卡之后，消费可以打八折，这是一种承诺。但是有的企业会把这种承诺制成一张很精美的卡片送给你，这张卡本身没有意义，那为什么要花钱做张卡？只要答应你，做个登记，以后你来的时候八折优惠不就可以了吗？这张卡就是把无形的服务变成有形服务的一种载体，让你感觉到这个东西是有形的。

在这个充满竞争的经济社会，每个行业都有对客户服务工作不同的诠释和要求。在同一行业，产品同质化程度越来越高，市场竞争已从产品竞争、价格竞争转向服务竞争、人才竞争，并且日趋激烈。在这种形势下，企业提高自身的服务质量，增强企业的竞争优势，创造企业的服务品牌已是当务之急，刻不容缓。也正因如此，客户服务工作对于从业人员的专业知识、心理素质、综合素质的要求也越来越高。

从某种程度上，客户服务可以看成是一个企业的成本中心，是一个持续过程较长的工作，短时间内产生的利益回报较低，维持良好的客户服务需要投入较大的成本，提供优质的客户服务更需要企业持续投入大量精力和财力。客户是公司的资源，是根基，是命脉，是口碑，是核心竞争力。通过提供优质的服务，可以赢得客户的信赖和支持，确保留住每一个现有的客户，并使其协助不断开拓潜在客户，为企业带来源源不断的效益，这也正是客户服务的魅力所在，客户服务的特点表现在以下几个方面：

（1）好的服务会带来更多的生意。服务的品质往往是使同类型产品在市场竞争中脱颖而出的唯一因素。

（2）服务与价格并列为第二要素。消费者在选择产品时，经常会把服务的品质列为优先考虑，而产品本身的品质则为第二考虑要素，拙劣的产品固然是使消费者止步的罪魁祸首，而失败的服务则是第二号凶手。这不仅影响客户对企业的形象，还影响他们对产品的价值观。

（3）好的服务是一种附加价值，有助于提高产品的价值。消费者在购买时，不可避免地会考虑以及对比类似产品的额外价值。

（4）服务必须即时提供。服务是一种即时的行动，在客户产生需求或不满时，提供即时有效的服务，是打动客户的最佳时机。无论我们为客户提供什么服务内容，都要又快又准。

遗憾的是，现在很多企业的各个部门在处理事情时都是从自己的部门利益出发的，一个企业内部的部门之间好像是"独立"的。但是好的公司每个部门的目标是一致的——就是让整个企业的效益最大化，各部门紧密地团结在一起，协调处理各种事务。如果面对客户的抱怨，这个部门认为这是其他部门的事，其他的部门又会认为这不是他们部门的事,这样推来推去的,费了很多劲,到最后问题没能解决,却使顾客满腹牢骚,对客户的损失是带来很多麻烦,对公司的损失是不但少了一个甚至几十个客户,而且使企业的形象大打折扣,当客户对企业不再信任时,这只是一个恶性循环的开始。

一个企业,仅仅完成任务是不够的,要建立整套系统和设施为客户提供各种需求。一个完善的客户资源管理系统可以扫清企业和客户之间的各种障碍,使得双方保持良好的关系,维护客户对企业的信任,建立客户对企业长期的忠诚度,良好口碑的建立及口头传播,保持优良的市场核心竞争力,这样的企业才是强大的、长期的、安全的。

二、客户需求分析

先看两个案例。

【案例 7-2】某客户来 4S 店维修刹车,接待员小王很客气地接待了他,并及时安排了维修,作业后试车正常,也在预定时间交了车。可是,客户接车半小时后又怒气冲冲地回来了,原来,他接车离开维修站回单位时遇到交警检查,他的车转向灯不亮,被罚款 50 元,客户埋怨小王没帮他检查车辆,维修站出来不应该出现这样的事情,小王说:客户事先没有说灯不好啊!于是,小王与客户发生了争执并围观了一大群客户看热闹。

【案例 7-3】接受"客户满意度"培训后,接待员小王的服务意识得到了很大提高,有位客户来店维修刹车,小王很礼貌热情地接待了他,并及时安排了维修,作业后试车正常。但是,发现该车的前转向灯不亮,电话联系客户,可是对方电话一直关机,小王本着认真负责的态度,先把转向灯给换了,以节省时间。预定交车时间到的时候,客户准时前来接车,在结账时,发现前转向灯是预算外的项目,任小王怎样解释,客户都不接受,拒绝付转向灯的维修费用。于是,纠纷开始了。

从上面两个案例可知道,在客户服务的时候除了具有社交礼仪、专业知识外,还必须要抓住客户需求。那什么是客户需求?营销人员如何了解客户需求呢?

1. 客户需求的概念

需求是个体由于某种生理或心理因素而产生内心紧张,从而形成与周围环境之间的某种不平衡状态。需求不断地得到满足,又不断地产生新的需求,从而使人类活动不断地向更高层次发展。汽车客户的需求是客户购买行为产生的源泉。

2. 汽车客户需求层次

需求是消费者有能力购买并且愿意购买的某个目标产品的欲望。当人们具有购买能力时,欲望就转化为需求。

汽车客户的需求层次及其特征如下:

(1)代步的需求,这是汽车消费者最基本的需求层次,即通过购车满足自己日常出行的需要。

（2）安全的需求，主要包括汽车的制动性、操纵稳定性、安全防盗性等。随着汽车技术的发展、车速的提高，人们对汽车安全性的重视程度与日俱增，从信息安全、主动安全，到被动安全，都成为客户挑选汽车的主要诉求点。

（3）燃油经济性需求，汽车的燃油经济性以汽车百公里燃油消耗量来衡量，它是汽车的一个重要性能，也是每个拥有汽车的人最关心的指标之一，关系到每个人的切身利益。

（4）动力性需求，包括最高车速、加速能力、爬坡能力等。

（5）舒适性的需求，包括汽车的内饰用料是否讲究、座椅是否符合人体工程学原理、车厢是否宽大、结构是否紧凑、电子系统是否先进等。

（6）环保的需求，如客户汽车的排放标准、噪声标准需求，这些体现了客户对社会环境的关注。

（7）汽车文化需求，高质量的服务能给人们带来愉快的精神享受，因此，汽车也是一种精神文化的载体，而汽车维护、休闲娱乐、汽车文化交流服务等汽车精神层面的需求就成为影响客户购买行为的重要因素。

（8）个性享受的需求，这是汽车消费的最高层次，这类车主购车是为了张扬自己的个性，体现自己的身份地位，追求生活的享受。

三、了解客户需求的途径

客户的需求是千差万别的，不了解客户的需求，就无法提供有效的服务，更不可能赢得客户忠诚。如表 7-1 所示，是广本经销商对顾客满意度设计的调查问卷，通过客户对某些服务项目的满意程度了解客户需求。

表 7-1　广本 4S 店销售满意度调查问卷

项目	调查内容	是/否	评价		
			不满意	一般	满意
销售开始	当您进入特约店后有没有得到工作人员充分的关注和指引呢？				
	您觉得工作人员在进店接待方面的表现，评价如何呢？		非常满意	比较满意	一般
	您觉得工作人员在进店接待方面有什么地方需要改进呢？		不太满意	很不满意	不记得/不涉及
	销售顾问有对比竞品与本品的具体优劣势吗？				

续表

项目	调查内容	是/否	评价		
			不满意	一般	满意
销售开始	您对销售顾问的对比竞品优劣势，评价如何呢？		非常满意	比较满意	一般
	您觉得销售顾问在竞品对比方面有哪些地方需要改进呢？		不太满意	很不满意	不记得/不涉及
销售顾问（前期）	销售顾问是否能及时响应您的需求和疑问呢？				
	您对销售顾问的响应速度，评价如何呢？		非常满意	比较满意	一般
	那您觉得销售顾问在响应速度方面有什么地方需要改进呢？		不太满意	很不满意	不记得/不涉及
	请问销售顾问是否有通过实车试驾，为您介绍汽车的真实性能呢？				
	您对销售顾问提供的实车试驾，评价如何呢？		非常满意	比较满意	一般
	您觉得销售顾问在实车试驾方面有什么地方需要改进呢？		不太满意	很不满意	不记得/不涉及
	销售顾问有没有根据您的购车需求，为您提供合理的购车建议？				
	您对销售顾问提供的购车建议,评价如何？		非常满意	比较满意	一般
			不太满意	很不满意	不记得/不涉及
交易条件	请问您和销售顾问达成最终价格协议的过程是否简单快捷呢？				
	您对达成最终价格协议的过程，评价如何呢？		非常满意	比较满意	一般
	您觉得销售顾问在达成最终价格协议方面有什么地方需要改进呢？		不太满意	很不满意	不记得/不涉及
交车过程	请问特约店最终交付给您的新车是否干净，无凹陷和划痕呢？				
	您对新车的干净程度和车况,评价如何呢？		非常满意	比较满意	一般
	您觉得特约店在新车的车况方面有什么地方需要改进呢？		不太满意	很不满意	不记得/不涉及
	交车过程中，销售顾问对于新车配置的解释，是否详细清楚？				

续表

项目	调查内容	是/否	评价		
			不满意	一般	满意
交车过程	您对销售顾问的新车配置解释，评价如何？		非常满意	比较满意	一般
	那么您觉得销售顾问在新车配置解释方面有哪些地方需要改进呢？		不太满意	很不满意	不记得/不涉及
	工作人员有主动向您介绍节油技巧吗？				
销售顾问（后期）	交车时，销售顾问有兑现购车时许下的承诺？				
	您对销售顾问在诚信方面的表现，评价如何呢？		非常满意	比较满意	一般
	您觉得销售顾问在诚信方面有什么地方需要改进呢？		不太满意	很不满意	不记得/不涉及
交车后	交车后，特约店有邀请您参加车主活动吗？				
	交车后，销售顾问是否有主动回访并询问您新车的使用情况？				
	销售顾问有给您发送过关怀短信吗？（提示语：天气变化、交通路况、生日假日问候等）				
来店途径	请问您在本次购车过程中，您获得的车型信息及活动信息是通过何种方式获得的？（请您在您来店途径选项前面的□打钩）	□报纸（晚报、新报） □网络（专业网站、公司网站） □短信/彩信 □朋友介绍 □电台 □杂志 □户外广告 □其他（　　　）			
售后回访	您提车后，我店1周内将有人与您联系，向您询问车辆的使用情况，衷心希望您用车愉快！				

在实践中，通常可以通过以下方法来了解客户的需求：

1. 利用提问来了解客户的需求

要了解客户的需求，提问题是最直接、最简便有效的方式。通过提问可以准确而有效地了解到客户的真正需求，为客户提供他们所需要的服务，在实际运用中有以下几种提问方式可以供我们灵活选择运用：

（1）提问式问题。单刀直入、观点明确的提问能使客户详述你所不知道的情况。例如，你可以问："小姐，您打开电脑时，发生了什么情况？"这常常是为客户服务时最先问的问题，提这个问题可以获得更多的细节。

（2）封闭式问题。封闭式的问题即让客户回答"是"或"否"，目的是确认某种事实、客户的观点、希望或反映的情况。封闭式问题可以更快地发现问题，找出问题的症结所在。例如"小姐，当电脑出现问题时，您是让它开着还是关着？"这个问题是让客户回答是"开"还是"关"。如果没有得到回答，还应该继续问一些其他的问题，从而确认问题的所在。

（3）了解对方身份的问题。在与客户刚开始谈话时，可以问一些了解客户身份的问题，例如对方姓名、账号、电话号码等，目的是获得解决问题所需要的信息。

（4）描述性问题。让客户描述情况，谈谈他的观点，这有利于了解客户的兴趣和问题所在。

（5）澄清性问题。在适当的时候询问、澄清客户所说的问题，也可以了解到客户的需求。

（6）有针对性的问题。例如要问客户对所提供的服务是否满意，这有助于提醒客户再次惠顾。

（7）询问其他要求的问题。与客户交流的最后，还可以问他还需要哪些服务。例如"先生，还有没有其他我们能为您做的？"通过主动询问客户的其他要求，客户会更容易记住你和你的公司。

2. 通过倾听客户谈话来了解客户的需求

在与客户进行沟通时，必须集中精力，认真倾听客户的回答，站在对方的角度去理解对方所说的内容，了解对方在想些什么，对方的需要是什么，要尽可能多地了解对方的情况，以便为客户提供满意的服务。

3. 通过观察来了解客户的需求

要想说服客户，就必须了解客户当前的需要，然后着重从这一层次的需要出发，动之以情，晓之以理。在与客户沟通的过程中，你可以通过观察客户的非语言行为进一步了解他的需要、欲望、观点和想法。总而言之，通过适当地询问，认真倾听，以及观察他们的非语言行为，可以了解客户的需求和想法，更好地为他们服务。

四、顾客满意战略

在汽车销售过程中，要强化服务理念，其目的就是要以顾客需求为中心，提升客户对企业或品牌的满意度和忠诚度，提升企业形象和品牌形象，与消费者建立知识联盟，提高企业的核心竞争优势，增加企业和客户的价值，使企业和客户得到双赢的结果。

进入 20 世纪 90 年代，日本、美国等发达国家开始在企业营销中引入 CS。所谓 CS 是英语 Customer Satisfaction 的缩写，意为顾客（客户）满意。它本是商业经营中一个普遍使用的概念，没有特别的含义。1986 年，一位美国心理学家借用 CS 这个词来界定消费者在商品消费过程中需求满足的状态，使 CS 由一个一般概念演变为一个科学概念。

企业界在心理学家定义的基础上，对 CS 的内涵进行了扩展，把它从一种界定指标发展成一套营销战略，直接指导企业的营销甚至经营活动，并被称为"CS 战略"。

$$CS = \frac{客户评价}{客户期望值} \begin{cases} >1 \text{ 非常满意} \\ <1 \text{ 失望} \end{cases}$$

美国市场营销大师菲力普·科特勒在《市场营销管理》一书中明确指出："企业的整个经营活动要以顾客满意度为指针，要从顾客角度，用顾客的观点而非企业自身利益的观点来分析考虑消费者的需求。"科特勒的观点，成为现代市场营销观念的经典名言。从某种意义上说，只有使顾客感到满意的企业才能在激烈的市场竞争中生存并发展下去。满意的顾客产生的结果如图 7-1 所示。

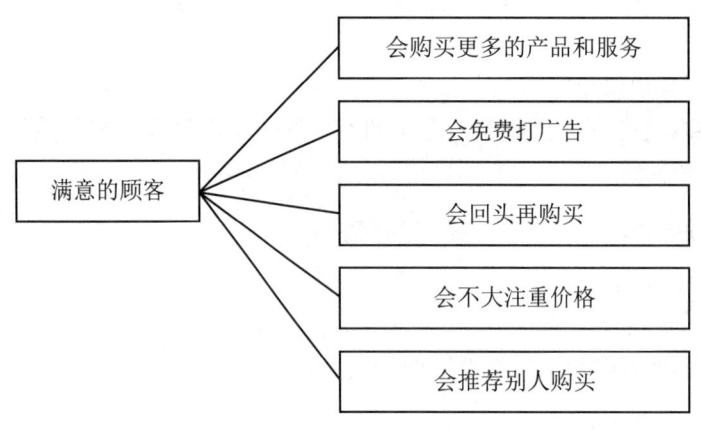

图 7-1　满意的顾客产生的后果

无论从理论上还是从实践上看，顾客满意营销战略确实开辟了企业经营战略的新视野、新观点和新方法。对于我国汽车企业而言，充分认识、研究和培育汽车营销的顾客满意理念，将推动汽车市场的消费，使汽车消费市场趋于完善。

美国哈佛商业杂志发表的一项研究报告指出："再次光临的顾客比初次登门的人，可为公司多带来 25%～85% 的利润，而吸引他们再来的因素中，首先是服务质量的好坏，其次是产品本身，最后才是价格。"据美国汽车业的调查，一个满意的顾客会引发 8 笔潜在生意，其中，至少有 1 笔成交；一个不满意的顾客会影响 25 个人的购买意愿。争取一位新顾客所花的成本是保住一位老顾客所花成本的 6 倍。

顾客满意营销战略的产生，是由于市场竞争的日益加剧。早期的企业竞争主要取决于产品的价格、质量等因素。随着汽车技术的不断进步和技术市场的发展，汽车行业的生产工艺水平日趋接近，分工合作的程度越来越高，各竞争企业之间的技术差距缩小，汽车产品的同质化程度相对越来越高。企业竞争环境发生了变化，买方市场的特征逐渐明显，消费者的经验和消费心理也日趋成熟，消费者对产品和服务的需求已从"价廉物美"转向"满足需求"，于是，综合服务质量成了企业竞争的关键，靠优质服务使顾客感到满意已成为众多优秀企业的共识，以服务营销为手段提高顾客满意度是企业在竞争激烈的市场中的理性选择。

五、顾客让渡价值与提升顾客满意水平

1. 顾客让渡价值

顾客让渡价值是顾客总价值与顾客总成本的差额。顾客总价值包括产品价值、服务价值、人员价值和形象价值；顾客总成本包括货币成本、时间成本、体力成本和精神成本，如图7-2所示。

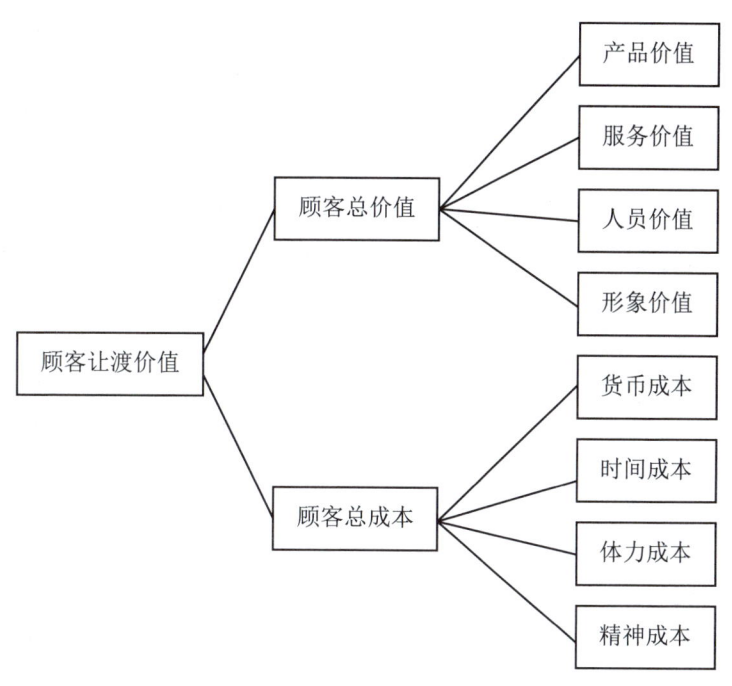

图7-2　顾客让渡价值

2. 顾客让渡价值的分析

（1）顾客让渡价值的大小受顾客总价值与顾客总成本两方面因素的影响。顾客总价值是产品价值、服务价值、人员价值和形象价值等因素的函数，其中任何一项价值因素的变化都会影响顾客总价值。顾客总成本是货币成本、时间成本、体力成本、精

神成本等因素的函数，其中任何一项成本因素的变化均会影响顾客总成本。

顾客总价值与顾客总成本的变化及其影响作用不是各自独立的，而是相互影响的。因此，汽车企业在制定汽车市场营销决策时，应综合考虑构成顾客总价值与顾客总成本的各项因素之间的相互关系，从而用较低的成本为顾客提供具有更多顾客让渡价值的汽车产品。

（2）不同的消费者群体对汽车产品价值的期望与对各项成本的重视程度是不同的。例如，对于"时间就是金钱"的工作繁忙的消费者群体而言，时间成本是最重要的因素；对于收入相对较低的汽车消费者来说，货币成本是购买汽车时首先考虑的因素。因此，企业应根据不同顾客群的需求特点，有针对性地设计提高顾客总价值、降低顾客总成本的方法，以提高顾客的满意水平。

（3）采取"顾客让渡价值最大化"的营销策略应掌握一个合理的"度"。企业通常采取"顾客让渡价值最大化"策略来争取更多的顾客，战胜竞争对手，巩固或提高企业产品的市场占有率。但我们必须认识到，片面追求"顾客让渡价值最大化"，其结果往往会导致企业的成本增加，利润减少。因此，在营销实践中，企业应掌握一个合理的度，兼顾企业的经济效益和顾客让渡价值的合理平衡。

3. 顾客满意

科特勒认为"满意是一种感觉状态的水平，它来源于对一件产品所设想的绩效或产出与人们的期望所进行的比较"。顾客对产品或服务的期望来源于以往的经验、他人经验的影响以及营销人员或竞争者的信息承诺。而绩效来源于顾客总价值与顾客总成本之间的差异。

顾客的购买行为往往是顾客形成了一个价值判断，并根据这一判断而采取的购买决定。购买者在购买之后是否满意取决于与购买者的期望值相关联的产品的绩效。顾客满意是指一个人通过对一个产品的可感知的效果（或结果）与他的期望值相比较后所形成的感觉状态。用一个简单的公式可以表达：

$$顾客满意 = 顾客感知效果 / 顾客期望值$$

满意水平是顾客感知效果和顾客期望值之间的差异函数。能否实现顾客满意取决于三个重要因素：顾客对产品的先期期望、产品的实际表现、产品表现与顾客期望的比较。如果产品实际表现效果低于顾客期望，顾客就会感到不满意。如果顾客感知效果与顾客期望相匹配，顾客就会感到满意。如果顾客感知效果超过顾客期望，顾客就会高度满意甚至惊喜，顾客感到满意、高度满意，都会促使顾客提高购买欲望，完成购买行为。

在一个消费包装品目录里，发现44%自称"满意"的顾客后来改变了品牌选择。而只有那些真正十分满意的顾客（即"忠诚的顾客"）才没有或没打算更换原品牌。

这就为汽车企业提出了具体的要求，那就是要让顾客达到高度的满意。一项调查显示，丰田公司顾客中有75%是高度满意的，约75%的顾客说他们打算再购买丰田产品。事实是，高度满意和愉快引发了顾客对品牌在情绪上的共鸣，而不仅是一种消费偏好，这种共鸣树立了顾客的高度忠诚。对于以顾客为导向的公司来说，顾客满意既是目标，也是工具。所以，汽车企业的经营战略必须以全面顾客满意为中心，企业经营成败的关键是能否赢得市场和顾客。企业能做到让顾客全面满意，赢得顾客，就能争取到汽车市场的份额，在激烈的竞争中立于不败之地，获得应有的经济效益。

顾客满意策略考虑问题的起点是顾客，它要求企业建立为顾客服务、使顾客感到满意的系统。为了实现客户满意，汽车企业应主要从以下几个方面入手：

（1）开发令客户满意的汽车产品。从客户需求出发，研究目标顾客的消费习惯、消费能力和消费水平，了解客户的现实需求和潜在需求，以此确定产品的开发方向。

（2）提供令消费者满意的售前、售中、售后服务。企业要不断提高服务水平，最大限度地使客户感到安心。只有真诚服务，才能换来客户的满意，而满意是客户再次消费的主要因素。

（3）增加实用实惠的售后服务项目。除了为客户提供技术性能好、性价比高的汽车产品外，充分方便客户，增加电话预约订购、咨询导购、技术指导、上门服务等内容，为客户提供全方位的便利服务。

（4）进行顾客满意观念教育。即对企业全体员工进行顾客满意观念教育，使"顾客第一"的观念深入人心，使全体员工能真正了解和认识到顾客满意行动的重要性，并形成与此相适应的企业文化，形成对顾客充满爱心的观念和价值观。

4. 顾客满意度

顾客满意度就是量化了的顾客满意。顾客满意是指人们对所购买的产品或服务的满意程度，以及由此产生的决定他们今后是否继续购买的可能性。顾客满意度的高低取决于购前期望与购后实际体验之间的关系，用公式可以表达为：

$$顾客满意度 = 顾客总价值 / 顾客总成本$$

企业要实现较高的顾客满意度，必须从以下方面来真正理解顾客需求：表达出来的需求、真正的需求、未表达出来的需求、核心需求满足后的附加需求、秘密需求。

顾客满意度与企业的服务水平不是一个简单的线性关系，并不是服务水平越高，顾客满意度也就越高，而是当顾客满意度到达一定值后，反而随服务水平的提高而迅速下降，其变化情况可以用图7-3来表示。

顾客满意程度可能有三种情况：

（1）如果企业的产品或服务给客户带来的可感知实际效果低于客户对它们的期望，那么客户就会失望即不满意。

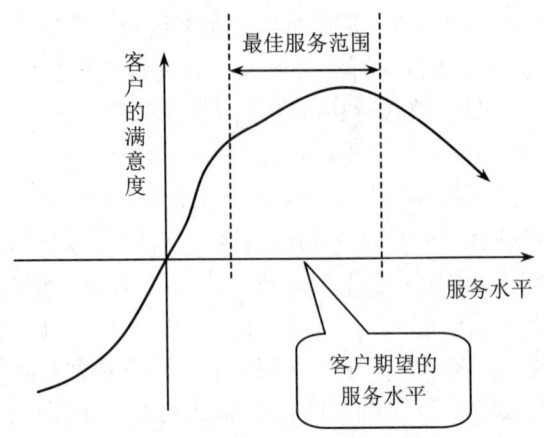

图 7-3　服务水平与客户满意度的关系

（2）如果企业的产品或服务给客户带来的可感知实际效果恰好与客户的期望完全相符，那么客户就会基本满意。

（3）如果企业的产品或服务给客户带来的可感知实际效果好于客户对它们的期望，客户就会感到非常满意。

现实生活中确实是这样的，服务过头，热情过头，反而会使客户感到别扭，感到不自在、不舒服。凡事都有个度，恰到好处，过头了就会出现过犹不及或者物极必反的情况，汽车厂商提供各种服务也是这样。

客户满意度较高，就能促进客户对企业或对品牌忠诚度的提高。客户对汽车产品除关注汽车产品的价格、性能外，还特别注重与汽车产品的相关服务。在汽车产品的售前、售中和售后服务中，若都能使客户满意，那么企业形象或产品品牌形象就能赢得该客户的信任。对企业来说，使顾客获得满意的服务比顾客获得满意的产品更能驱动顾客重复购买该企业的产品。

此外，通过服务还可实现汽车销售商与顾客之间的信息交流。汽车销售商可将汽车的基本情况、汽车产品的基本知识、汽车品牌信息、产品的服务信息及时准确地传递给顾客。而顾客的消费需求信息、顾客的背景信息、顾客的消费行为、消费观念及其变化趋势，可反馈给汽车销售商。

在汽车工业中，由于汽车产品市场竞争加剧，使制造商之间在有形产品竞争中拉开差距的难度越来越大，保持一定数量的产品差异化很困难。为此，在汽车行业中注重品牌意识越来越强。所有竞争者都集中精力创造品牌形象，许多制造商都积极地购买、恢复或发掘品牌，以通过品牌形象提升企业的价值。

5. 顾客忠诚

所谓顾客忠诚，是指顾客在满意的基础上，进一步对某品牌或企业的产品作出长期购买的行为，是顾客的消费意识和购买行为的结合。顾客忠诚的特征主要表现在以下四点：

（1）再次或大量地购买企业该品牌的产品或服务。

（2）主动地向亲朋好友和周围的人群推荐该品牌的产品或服务。

（3）几乎没有选择其他品牌产品或服务的念头，能抵制其他品牌的促销诱惑。

（4）发现该品牌产品或服务的某些缺陷，能以谅解的心情主动向企业反馈信息，求得解决，而且不影响再次购买。

"老顾客是最好的顾客"。高度忠诚的顾客是企业最宝贵的财富，因此，建立顾客忠诚非常重要。强调忠诚顾客对企业贡献的有二八定律：企业80%的利润来自20%的顾客（忠诚的消费者）。

6. 顾客满意与顾客忠诚的关系

满意与忠诚是两个完全不同的概念，满意度不断增加并不代表顾客对企业的忠诚度也在增加。满意本身具有多个层次，声称满意的人们，其满意的水平和原因可能是大相径庭的，有些顾客会对产品产生高度的满意，如惊喜的感受，并再次购买，从而表现出忠诚行为；而大部分顾客所经历的满意程度，则不足以产生这种效果。因此，顾客满意先于顾客忠诚，并且有可能直接引起顾客忠诚，但是，并不必然如此。市场调查数据显示，65%～85%表示满意的顾客会毫不犹豫地选择竞争对手的产品，所以，顾客满意的最高目标是提升顾客的忠诚度，而不是满意度。

六、客户满意的意义

客户满意是企业实现利润、增加效益的基础，客户满意与企业盈利之间具有明显的相关性。客户只有对自己以往的购买经历感到满意，才可能继续重复购买本企业的产品或服务，从而不断给企业带来利润。与此同时，客户满意可以节省成本，因为客户满意会降低宣传、销售等方面的费用，而且满意客户的口碑效应会降低企业开发新客户的成本。

客户满意是企业战胜竞争对手的最好手段。客户及其需要是企业建立和发展的基础，如何更好地满足客户的需求，是企业成功的关键。从今天的市场来看，客户对产品和服务的要求越来越高，所以只有以优异的产品和服务赢得客户的高度满意的企业，才有可能在市场竞争中获得长期的、起决定作用的优势。例如，施乐的"全面满意"，它保证在客户购买3年内，如有任何不满意，企业将为其更换相同或类似产品，一切费用由企业承担；施乐公司的广告宣称："在你也满意之前，我们将永远不会达到100%的满意。"本田公司的广告则称："我们客户之所以这样满意的理由之一是我们不满意。"

1. 提升顾客满意的理念

现在,企业领导者已经认识到顾客满意的重要性,并着手实施本企业顾客满意度的调研,以探究企业目前的顾客满意状况,希望找出企业目前在顾客满意方面存在的问题,以提升本企业的顾客满意水平。

在具体实施提高顾客满意水平的各种措施之前,企业的领导者与全体员工应首先确立以下理念:

(1) 拥有什么样的顾客取决于企业自身。

(2) 企业的产品与服务要永远超前于顾客预期。

(3) 鼓励顾客抱怨,并为顾客提供反馈信息的机会。

2. 提高顾客让渡价值

消费者在购买产品或服务之后是否满意,取决于与购买者的期望值相关联的产品的功效,可见,要提高顾客的满意程度,应从提高产品与服务的可感知效果入手。顾客让渡价值在某种意义上等价于顾客感知效果。因为顾客在选购商品或服务时,往往从价值与成本两个方面进行考虑,从中选出价值最高、成本最低的产品或服务,即顾客让渡价值最大化的产品或服务,作为消费者优先选购的对象。因此,提高顾客让渡价值是提高顾客满意水平的主要手段。

提高顾客让渡价值有两个可供选择的途径:提高顾客总价值,或降低顾客总成本。由于顾客总成本具有一定的刚性,它不可能无限制地降低,因而作用程度有限,而更积极的方法是提高顾客总价值,具体的做法有:

(1) 提高产品价值。

(2) 提高服务价值。

(3) 提高人员价值。

(4) 提高形象价值。

(5) 降低货币成本。

(6) 降低时间成本。

(7) 降低精神成本。

(8) 降低体力成本。

企业领导者与全体员工都应充分认识到顾客满意的重要性,并积极参与到提升顾客满意水平的各项举措中去。企业为使顾客满意所做的各种努力,虽然会花费一定的成本,但只要控制得当,这种付出必将获得充分的回报——不仅可以增加企业的利润,提高短期效益,还能为企业获得长远利益奠定良好的基础。

【任务实施】

老师安排学生组织一次客户满意度调查,让学生分析调研数据,提出提高客户满意度的措施。

附:

客户满意度问卷调查

顾客姓名:_____   手机电话:_____   销售顾问:_____

尊敬的顾客:

您好!感谢您信任我们并选择在我店购车。为使我们的服务更加完善,能够提供给您更加优质的服务,提高用户满意度,请您在百忙中协助我们做好此份《客户满意度问卷调查》。

问卷内容:

1. 当您来店时,销售顾问能在第一时间接待您;
   □ 较差   □ 一般   □ 满意   □ 非常满意

2. 销售顾问能随身携带有名片,在您进店时,能进行简短的自我介绍,并请教您的称呼;
   □ 较差   □ 一般   □ 满意   □ 非常满意

3. 销售顾问在给您介绍的产品时,能准确自如地为您提供各种车型的配备、性能和所有技术参数;
   □ 较差   □ 一般   □ 满意   □ 非常满意

4. 在您遇到疑问时,销售顾问能及时、主动趋前询问;
   □ 较差   □ 一般   □ 满意   □ 非常满意

5. 销售人员请您坐下洽谈时,能第一时间为您奉上可供选择的免费饮料;
   □ 较差   □ 一般   □ 满意   □ 非常满意

6. 当您想了解某种信息时,销售顾问能为您提供整套的产品资料向您展示;
   □ 较差   □ 一般   □ 满意   □ 非常满意

7. 在您离开展厅时,销售人员能主动送您到展厅门外;
   □ 较差   □ 一般   □ 满意   □ 非常满意

8. 在您给店里打来电话时,能听到销售人员通报自己特约店名称及自己的姓名;
   □ 较差   □ 一般   □ 满意   □ 非常满意

9. 在您不清楚路线的情况下,能给予给您明确的指引,并在电话结束时感谢您的来电;

　　　　□较差　　　　　□一般　　　　　□满意　　　　　□非常满意

10．在您签约成交时，销售人员为您解释过各项费用，使您对所交付的费用能清楚了解；

　　　　□较差　　　　　□一般　　　　　□满意　　　　　□非常满意

11．在与您签定购车合同时，对交车的时间向您确认，并对可能延误的情况予以说明；

　　　　□较差　　　　　□一般　　　　　□满意　　　　　□非常满意

12．通知您提车时，能清楚的告诉您所要准备的手续及各种付款方式的提示；

　　　　□较差　　　　　□一般　　　　　□满意　　　　　□非常满意

13．若您在店内办理一条龙服务，销售人员能尽量给您安排合适的时间，并向您说明所需时间及此项流程；

　　　　□较差　　　　　□一般　　　　　□满意　　　　　□非常满意

14．在销售人员向您交车时，您对新车的清洁程度是否满意；

　　　　□较差　　　　　□一般　　　　　□满意　　　　　□非常满意

15．销售顾问能清晰明了地向您讲解了车辆各功能的操作办法，逐一为您做了演示，并请您亲自操作；

　　　　□较差　　　　　□一般　　　　　□满意　　　　　□非常满意

16．在与您合影留念时，为您介绍了服务部门负责人员，并恭喜您喜购新车；

　　　　□较差　　　　　□一般　　　　　□满意　　　　　□非常满意

17．对您首次保养的服务项目及公里数能够重点提示，并清楚的为您加以解释；

　　　　□较差　　　　　□一般　　　　　□满意　　　　　□非常满意

18．销售人员利用《保修手册》，向您说明了保修内容和保修范围；

　　　　□较差　　　　　□一般　　　　　□满意　　　　　□非常满意

19．销售人员对当您的新车一旦发生故障，您所需准备的有关手续和联系方法的提示；

　　　　□较差　　　　　□一般　　　　　□满意　　　　　□非常满意

20．在为您交车时，与您逐一核对过所定购的选装件、备胎、千斤顶、随车工具；

　　　　□较差　　　　　□一般　　　　　□满意　　　　　□非常满意

21．销售人员与您确认可接受的售后跟踪和联系方式，并简要告知您跟踪内容；

　　　　□较差　　　　　□一般　　　　　□满意　　　　　□非常满意

22．从看车、定车到购车，您对于我们销售顾问为您提供的整个销售过程的服务是否满意，并请您在10分制内给予打分；

　　　　□较差　　　　　□一般　　　　　□满意　　　　　□非常满意

总分：（　　　）分

如方便，请您为我们提出一些具体意见或建议：_____
_____
_____
_____

此份问卷对提高我们的服务质量起着至关重要的作用，为了表示谢意，我们将赠送您一份有 XX 标志的精美小礼品！

任务二　客户异议处理

【任务描述】

营销人员要正确认识客户异议，准确分析客户异议产生原因，掌握客户异议处理技巧，并运用到工作实践中去，最终提高客户满意度，树立公司和产品的良好形象。

【相关知识】

一、客户异议的概念及产生原因

1. 客户异议的概念

所谓客户异议，是客户对销售人员或其推销活动所做出的一种在形式上表现为怀疑或否定或反对意见的一种反应。简单地说，被客户用来作为拒绝购买理由的意见、问题、看法就是客户异议。

在汽车销售过程中，销售人员经常会遇到客户提出的各种异议。遇到最多的异议就是价格问题，如客户总是认为公司的价格还不够低，想让公司让价。另外，我们经常遇到一些客户这样说："其他的店都送装具了，你们店为什么不送呢？"有些客户甚至还会怀疑公司的售后服务能力问题。在汽车销售的过程中，这些来自于客户的异议非常正常。

2. 客户异议产生的原因

客户异议产生的原因多种多样，可以简单地将其归结为三大类：

（1）异议产生的原因在客户

凡是因为客户本身的原因而产生的异议都属于此类，主要有以下几种情况：

1）拒绝改变。大多数的人对于改变都会出自本能产生抵抗，营销人员的工作具有改变客户的含意。例如，客户要从目前使用的 A 品牌转成 B 品牌；用户要从目前收入中拿出一部分资金来购买未来的保障等，都是让客户改变目前的状况，这就需要营销人员使客户愿意接受改变。

2）客户情绪低落。当客户情绪正处于低潮时，就没有心情进行商谈，极易提出异议。此时，营销人员要特别注意观察客户的情绪变化。

3）缺乏购买意愿。车辆或营销人员的言行没有能引起客户的注意及兴趣，这主要是指客户的购买意愿没有被激发出来。

4）客户的期望没有得到满足。客户的内心需要没有得到充分满足，因而无法认同营销人员推荐的车型。

5）预算不足。客户预算不足，但是又不愿说出来，这时就容易通过价格上的异议为借口掩盖内心的想法。

6）借口、推托。客户不想花费时间会谈，或者只是想欣赏一下汽车，根本就没有购车的想法，或是根本没看中营销人员推荐的车型而又不想伤害营销人员的自尊心，异议就是最好的借口。

7）客户抱有隐藏式的异议。客户抱有隐藏异议时，会"顾左右而言他"地提出各式各样的异议。

（2）异议产生的原因在营销人员

凡是因为营销人员而产生的异议都属于此类，主要有以下几种情况：

1）营销人员无法赢得客户的好感。营销人员的举止、态度无法赢得客户的好感。

2）做了夸大不实的陈述。营销人员为了提高销量，说服客户，往往以不实的说辞哄骗客户，结果招致更多的异议。

3）使用过多的专业术语。营销人员在介绍汽车产品时，若使用过于高深的专业知识，会让客户觉得是故意卖弄而产生反感，或者因听不懂而提出异议。

4）资料引用不正确。营销人员引用了不正确的调查资料，引起客户的异议。

5）不当的沟通。营销人员说得太多或听得太少都很难把握客户问题的关键所在，从而让客户产生异议。

6）展示失败。营销人员没有弄明白客户内心真正的注意点，只是凭自己的想象展示汽车，让客户产生异议。

7）姿态过高，处处让客户词穷。营销人员处处说赢客户，让客户感觉不愉快，客户也会因此产生一些主观异议。如不喜欢这种颜色、不喜欢这个式样等。

做销售也要学会大浪淘沙，通过对客户进行需求分析，识别客户购买动机的真假。如果多方面的信息证明客户并不是真正想购车，营销人员就把对方当做一般客人对待好了，绝对不能因为客户不买车就冷眼相待。

销售人员只有在了解客户异议产生的真正原因时，才能更冷静地处理化解异议。

（3）价格方面的原因

1）价格过高，客户认为产品价格过于昂贵，不符合心理期望值或经济承受能力，这是因价格原因而产生异议的最普遍的情况。

2）价格过低，在某些情况下，客户会因销售商品的价格过低，担心产品的质量以及档次而拒绝购买产品。

3）讨价还价。客户只是想通过提出异议来获得更多的折扣或优惠。

3. 客户异议的分类

客户异议可以分为真实的异议、虚假的异议以及隐藏的异议三种，作为营销人员必须要能够辨别其真正的含义，并采取不同的方法去处理。

（1）真实的异议

此时客户一般会表达目前不需要或对产品不满意或对产品抱有偏见，如从朋友处听说你们的汽车容易出故障。面对真实的异议，营销人员必须视状况采取立刻处理或延后处理的策略（见表7-2）。

表 7-2 真实的客户异议的处理方式

立刻处理客户异议	延后处理客户异议
以下状况，最好立刻处理客户异议： ● 当客户提出的异议是属于他关心的重要问题时； ● 必须处理异议后才能继续进行销售说明时； ● 当处理异议后，能立刻签订合同时	以下状况，最好延后处理客户异议： ● 对权限外或确实不确定的事情，要承认无法立即回答，但是保证会第一时间找到答案并告诉顾客； ● 当客户还没有完全了解产品的特性及利益前，提出价格问题时； ● 当客户提出的异议在后面能够更清楚地证明时

（2）虚假的异议

虚假的异议一般分为以下两种：

1）客户用借口、敷衍的方式应付销售人员，不诚意地和销售人员会谈，不想真心介入销售活动，内心不想购车。

2）客户提出很多异议，但这些异议并不是客户真正在意的地方，如"这辆车是去年流行的款式，已过时了""这车子的外观不够流线型"等，听起来好像是一项异议，但不是客户真正的异议。

（3）隐藏的异议

隐藏的异议是指客户并不把真正的异议提出，而是提出各种其他真的异议或假的异议，目的是要借此假象达成隐藏异议解决的有利环境。例如客户希望降价，但却提出其他如品质、外观、颜色等方面的异议，以降低产品的价值，而达成降价的目的。

面对客户的异议，营销人员必须保持正确的态度，才能用正确的方法把事情做好。营销人员应秉持下列态度：

1）异议是客户宣泄内心想法的最好途径；
2）正确处理异议能缩短订单的距离，争论异议会扩大订单的距离；
3）没有异议的客户才是最难处理的客户；
4）异议表示营销人员给客户的利益仍然不能满足客户的需求；
5）注意聆听客户说的话，区分真的异议、假的异议及隐藏的异议；
6）不可用夸大或不实的话来处理异议，当营销人员不知道客户问题的答案时，应坦诚地告诉客户自己不知道；同时告诉客户，自己会尽快找出答案告诉用户，并确实做到；
7）将异议视为客户希望获得更多的讯息的信号；
8）异议表示客户仍有求于营销人员。

二、处理客户异议的原则

1. 事前做好准备

"不打无准备之仗"，是营销人员战胜客户异议应遵循的一个基本原则。

营销人员在走出公司大门之前就要将客户可能会提出的各种拒绝理由列出来，然后考虑一个完善的解答之策。面对客户的拒绝，只要事前有准备，就能从容应付；若事前无准备，面对客户突然的异议，就会不知所措，不能给客户一个满意的答复，说服客户。加拿大的一些企业曾专门组织专家收集客户异议，并制订出标准的应答语，要求营销人员记住并熟练运用。现在，我国也有好多企业将营销过程中经常碰到的问题组织成册，并提供标准的应对方法，发给营销人员，以使营销人员快速获得一些市场应对常识。

编制标准应答语的具体程序是：

（1）把营销人员每天遇到的客户异议写下来；
（2）进行分类统计，依照每一异议出现的次数多少排列出顺序，出现频率最高的异议排在前面；
（3）以集体讨论方式编制适当的应答语，并编写整理成册；
（4）营销人员熟记应答语；
（5）由经验丰富的营销人员扮演客户，大家轮流练习标准应答语；
（6）对练习过程中发现的不足，通过讨论进行修改和完善；
（7）对修改过的应答语进行再练习，并定稿；
（8）将定稿应答语印成小册子发给营销人员，以供随时翻阅，达到运用自如、脱口而出的程度。

2. 选择恰当的时机

美国通过对几千名销售人员的研究，发现好的销售人员遇到客户严重反对的次数只是差的销售人员的 1/10。经过调查发现，优秀的销售人员对客户提出的异议不仅能给予比较圆满的答复，而且能选择恰当的时机进行答复。懂得在何时回答客户异议的销售人员能取得更大的销售成绩，并获得客户的好评。

销售人员对客户异议答复的时机选择有以下 4 种情况：

（1）在客户异议尚未提出时解答。防患于未然是消除客户异议的最好方法。销售人员觉察到客户将会提出某种异议，最好在客户提出之前就主动给予解释，化解客户异议，从而避免因纠正客户的看法或反驳客户的意见而引起客户的不快。

销售人员应具备预先揣摩到客户异议并抢先处理的能力，因为客户异议的发生有一定的规律性。如销售人员谈论产品的优点时，客户很可能会从最差的方面去提出问题。有时虽然客户没有正式提出异议，但是他们的表情、动作以及谈话的用词和声调等可能有所流露，销售人员如果觉察到了客户的这种细微变化，就可以抢先解答。

（2）异议提出后立即回答。绝大多数异议需要立即给予回答。这样，既可以表示对客户的尊重，给予正面回答，又可以促使客户购买。

（3）客户提出异议后过一段时间再回答。有些异议需要销售人员暂时保持沉默：一是客户异议显得模棱两可、让人费解；二是客户异议明显站不住脚，不必回答；三是客户异议不是三言两语可以辩解得了的；四是客户异议超过了销售人员的职能权利和能力水平；五是客户异议涉及到较深的专业知识，解释过程不易为客户马上理解，急于回答此类客户异议是不明智的。实践表明，与其仓促错答十题，不如从容地答对一题。

（4）不回答客户异议。许多客户异议本身根本不需要回答，如容易造成争论的话题，可一笑置之的戏言，异议具有不可辩驳的正确性，明知故问的发难等。销售人员不回答时可采取以下技巧：沉默；装作没听见，继续按自己的思路说下去；答非所问，悄悄转移对方的话题；插科打诨幽默一番，最后不了了之等。

3. 争辩是销售的第一大忌

不管客户如何批评营销人员，营销人员永远不要与客户争辩，因为争辩不是说服客户的好方法。正如一位哲人所说："您无法凭争辩去说服一个人喜欢啤酒。"与客户争辩，失败的永远是营销人员。有一句销售行话说得好："争论占的便宜越多，销售吃的亏越大"。

4. 营销人员要给客户留"面子"

营销人员要尊重客户的意见。客户的意见无论是对是错、是深刻还是幼稚，营销人员都不能表现出轻视的样子，如不耐烦、轻蔑、走神、东张西望、绷着脸、耷拉着头等。销售人员要双眼正视客户，面部略带微笑，表现出全神贯注的样子。并且，销售人员不能语气生硬地对客户说"您错了""连这您也不懂"之类的话语，也不能显得比客户知道的更多；"让我给您解释一下……""您没搞懂我说的意思，我是说……"这些说法明显地抬高了自己，贬低了客户，会挫伤客户的自尊心。

三、处理客户异议的方法和技巧

1. 忽视法

所谓"忽视法"，顾名思义，就是当客户提出一些反对意见，但并不是真的想要获得解决或讨论时，如果这些意见和眼前的目的扯不上直接关系，只要面带笑容地同意他就好了。对于一些"为反对而反对"或"只是想表现自己的看法高人一等"的客户意见，如果认真地予以回应，不但费时，还有节外生枝的可能，因此，只要让客户满足了表达的欲望，就可采用忽视法，迅速地引开话题。

忽视法经常的做法是：
（1）微笑点头，表示"同意"或表示"听了您的话"。
（2）"您真幽默。"
（3）"嗯，真是高见！"

2. 补偿法

当客户提出的异议，有事实依据时，应该承认并欣然接受，强力否认事实是不明智的举动。但记得要给客户一些补偿，让他获得心理的平衡，也就是让他产生两种感觉：
（1）产品的价值与售价一致的感觉。
（2）产品的优点对客户是重要的，产品没有的优点对客户而言是不太重要的。世界上没有一样十全十美的产品，当然要求产品的优点越多越好，但真正影响客户购买与否的关键点其实不多，补偿法能有效地弥补产品本身的弱点。补偿法的运用范围非常广泛，效果也很实用。

3. 太极法

太极法用在销售上的基本做法是当客户提出某些拒绝购买的异议时，销售人员能立刻回复说："这正是我认为您要购买的理由……"如果销售人员能立即将客户的反对意见，直接转换为客户必须购买的理由则会收到事半功倍的效果。

太极法能处理的异议多半是客户通常并不十分坚持的异议，特别是客户的一些借口，太极法最大的目的，是让销售人员能借处理异议而迅速地陈述产品能带给客户的利益，以引起客户的注意。

4. 询问法

询问法在处理异议中扮演两个角色：一方面通过询问，销售人员可以把握客户真正的异议点；另一方面可以化异议于无形中。

销售人员在没有确定客户反对意见前，往往可能会引出更多的异议。如果我们采用询问法可能效果就会好得多。这种方法就是，当客户提出某种异议时，销售人员并不针锋相对地反驳，而是采用委婉的询问或反问，指出采纳客户的异议，可能带来的不良后果，而后静观其变。

例如：

客户：这款车在 XXX 经销店比你们便宜 3000 元。

销售人员：我们为您提供的是百分百全面服务，难道您希望我们的服务也打折吗？

销售人员通过询问或反问，提请客户注意，随意打折的汽车可能得不到良好的售后服务。

销售人员如果稍加留意，不急着去处理客户的反对意见，而能提出关心、关切的询问或委婉的反问，能够顺利化解客户的异议。

5. "是的……如果"法

人有一个通性，不管有理没理，当自己的意见被别人直接反驳时，内心总是不痛快的，甚至会被激怒，尤其是遭到一位素昧平生的销售人员的正面反驳。屡次正面反驳客户，会让客户恼羞成怒，就算你说得都对，没有恶意，也会引起客户的反感。因此，销售人员最好不要开门见山地直接提出反对意见。在表达不同意见时，尽量利用"是的……如果"的句法，软化不同意见的口语。用"是的"同意客户的部分意见，然后在"如果"的后面，表达另外一种情况可能会更好。

例如：

客户：这车太贵了，我现在还买不起。

销售人员：是的，我想大多数的人都和您一样，马上购买会有困难。如果根据您的收入状况，在您发年终奖金时，多支一些，余款结合您每个月的收入，采用分期付款的方式，您支付起来就一点都不费力了。

如果把销售人员的回答变成如下：

销售人员：你的想法不正确，因为……

很显然，前一种回答从逻辑上来讲顾客更容易接受，而且不容易产生强烈的抗拒心理。

"是的……如果……"，是源自于"是的……但是……"的句法，因为"但是"这个字眼在转折时过于强烈，很容易让客户感觉到你说的"是的"并没有太多诚意，你强调的是"但是"后面的诉求。因此，如果坚持使用"但是"，要多加留意，以免失去处理客户异议的原意。

6. 直接反驳技巧

一般来说，直接反驳客户容易与客户争辩，往往事后懊恼，无法挽回。但在遇到如下情况时应该使用直接反驳法。

（1）客户对企业的服务、诚信有所怀疑时。

（2）客户引用的资料不正确。

当出现上面两种情况时，营销人员必须直接反驳。因为客户如对你企业的服务、诚信有所怀疑，你拿到订单的机会可以说几乎是零。如果客户引用的资料不正确，你要以正确的资料佐证你的说法，客户则容易接受，并对你信任。

例如：

客户：你们企业的服务态度不好，电话联系时，语气总是很生硬！

销售人员：如果有这种情况，我们一定从严查处。我们企业对员工的要求是"顾客至上，服务第一"，我相信这肯定是个别现象。

使用直接反驳技巧时，在遣词用语方面要特别地留意，态度要诚恳，对事不对人，切勿伤害了客户的自尊心，一定要让客户感受到你的专业与敬业。

技巧能帮助销售人员提高效率，但对异议必须抱有正确的态度，这样才能在面对客户异议时冷静、沉稳。冷静沉稳才能辨别异议的真伪、才能从异议中发现客户的需求、才能把异议转换成每个销售机会。因此，销售人员在训练自己处理异议时，不但要寻找技巧，同时也要培养面对客户异议的正确态度。

【任务实施】

老师将学生分组，每组四人，其中两人扮演客户，两人扮演营销人员，模拟展厅客户接待，完成下列任务。

任 务 书

车型 _____ 小组成员 _____ 小组编号 _____

一、分析并列举出本车型在报价成交阶段出现的客户异议。

二、针对报价成交阶段出现的客户异议,选择适当的客户异议处理方法,并形成相应的应对话术。

三、根据自己编写的话术,再次进行情景模拟,之后两组人员互换角色,再次演练,针对出现的客户异议再次运用客户异议处理技巧,并形成话术。

【项目总结】

汽车企业只有通过提供高质量的汽车产品,并提高客户服务质量,才能赢得客户信赖,在激烈的市场竞争中获胜;要赢得客户信赖,企业必须以顾客为中心,理解通过提高顾客让渡价值,通过顾客关系管理来实现顾客满意,并不断提高顾客满意度,提高顾客忠诚度。而客户资源管理系统,是一种使用专用工具、工艺和技术来帮助管理部门实现业务功能运作和提高的管理原则,旨在优化客户关系产生的总价值。它是以客户为中心,将企业中一切与客户相关的人、财、物等资源及其进销存等环节进行统一调配、管理,实现客户价值最大化,增加企业效益,降低企业成本。

在客户关系管理过程中,企业的整个经营活动要以顾客满意度为指针,要从顾客角度,用顾客的观点而非企业自身利益的观点来分析考虑消费者的需求。

满意与忠诚是两个完全不同的概念,满意度不断增加并不代表顾客对企业的忠诚度也在增加。满意本身具有多个层次,声称满意的人们,其满意的水平和原因可能是大相径庭的,有些顾客会对产品产生高度的满意,如惊喜的感受,并再次购买,从而表现出忠诚行为;而大部分顾客所经历的满意程度,则不足以产生这种效果。因此,顾客满意先于顾客忠诚,并且有可能直接引起顾客忠诚,但是,并不必然如此。市场调查数据显示,65%~85%表示满意的顾客会毫不犹豫地选择竞争对手的产品。所以顾客满意的最高目标是提升顾客的忠诚度,而不是满意度。

在汽车销售过程中,销售人员经常会遇到客户提出的各种异议。对客户的抱怨和投诉处理得好,不仅可以增强客户的忠诚度,还可以提升企业的形象。若处理得不好,不但会导致客户流失,还会给公司带来负面影响。客户异议产生的原因多种多样,可以简单地将其归结为三大类:异议产生的原因在客户、异议产生的原因在营销人员、价格方面的原因等。

客户异议可以分为真实的异议、虚假的异议以及隐藏的异议三种,作为营销人员必须要能够辨别其真正的含义,并采取不同的方法去处理。处理客户异议的原则主要是事前做好准备、选择恰当的时机、防止争辩、要给客户留住"面子",营销人员必须掌握一些常用的异议处理技巧,如忽视法、补偿法、太极法、询问法、"是的……如果"法、直接反驳技巧等等。

【知识拓展】

顾客满意度分析实务

顾客满意度是一种心理状态,是一种自我体验。对这种心理状态要进行界定,否则无法对顾客满意度进行评价。心理学家认为情感体验可以按梯级理论划分成若干层次,相应地可以把顾客满意度分成7个级度或5个级度。

7个级度为:很不满意、不满意、不太满意、一般、较满意、满意和很满意。5个级度为:很不满意、不满意、一般、满意和很满意。

管理专家根据心理学的梯级理论对7个级度给出了如下参考指标:

(1)很不满意。表现:愤慨、恼怒、投诉、反宣传。很不满意状态是指顾客在消费了某种商品或服务之后感到愤慨、恼羞成怒、难以容忍,不仅企图找机会投诉,而且还会利用一切机会进行反宣传,以发泄心中的不快。

(2)不满意。表现:气愤、烦恼。不满意状态是指顾客在购买或消费某种商品或服务后所产生的气愤、烦恼状态。在这种状态下,顾客尚可勉强忍受,希望通过一定方式进行弥补,在适当的时候,也会进行反宣传,提醒自己的亲朋不要去购买同样的商品或服务。

(3)不太满意。表现:抱怨、遗憾。不太满意状态是指顾客在购买某种商品或服务后所产生的抱怨、遗憾状态。

（4）一般。表现：无明显正、负情绪。一般状态是指顾客在购买某种商品或服务的过程中所形成的没有明显情绪的状态。

（5）较满意。表现：好感、赞许、肯定。较满意状态是指顾客在购买某种商品或服务时所形成的好感、赞许和肯定状态。

（6）满意。表现：称心、赞扬、愉快。满意状态是指顾客在购买某种商品或服务时产生的称心、赞扬和愉快状态。在这种状态下，顾客不仅对自己的选择予以肯定，还会乐于向亲朋好友推荐，自己的期望与现实基本相符，找不出大的遗憾所在。

（7）很满意。表现：激动、满足、感谢。很满意状态是指顾客在购买某种商品或服务之后所形成的激动、满足、感谢状态。在这种状态下，顾客的期望不仅完全达到，没有任何遗憾，而且可能还大大超出了自己的期望。这时候顾客不仅为自己的选择而自豪，还会利用一切机会向亲朋好友宣传、介绍推荐，希望他人都来消费。

5个级度的参考指标类似。顾客满意的级度是相对的，因为满意度虽有层次之分，但毕竟界限模糊，从一个层次到另一个层次并没有明显的界限。之所以进行顾客满意级度的划分，目的是供企业进行顾客满意度的评价之用。

【项目训练】

1. 客户服务对企业的重要性。
2. 分析汽车客户的需求层次。
3. 销售员如何了解客户的需求。
4. 简述顾客让渡价值的含义。
5. 什么是顾客满意与顾客满意度？
6. 简析顾客满意与顾客忠诚的关系。
7. 客户异议产生的原因有哪些？
8. 客户异议的处理原则有哪些？
9. 根据汽车市场的实践情况进行分析，为什么自称"满意"的顾客后来却选择了其他品牌的汽车？
10. 为了实现客户满意，汽车企业应如何操作？
11. 举例说明处理客户异议的方法和技巧。

项目八
汽车营销礼仪

【项目导读】　　汽车营销既是一种汽车销售活动，同时又是一种商务交际活动。汽车营销人员每天要和不同的客户和各种类型的人打交道，要应酬各种场面，必须善于交际，懂得社交礼仪。汽车营销人员销售汽车产品的过程，同时也是一个推销自己的过程。一位汽车营销人员有得体的仪表，高雅的风度，彬彬有礼、落落大方的举止，是成功推销自己的首要条件。本项目主要介绍营销人员应具备的基本的个人礼仪和基本的商务礼仪。

任务一　汽车营销人员的个人礼仪

【任务描述】

在销售过程中,汽车营销人员要接近顾客,引导顾客的消费理念,激发顾客的购买欲望,首先要让顾客对自己产生好感,才能取得顾客信任,取得销售的成功。一位汽车营销人员,有得体的仪表,高雅的风度,彬彬有礼、落落大方的举止,是成功推销自己的首要条件。对于不同企业的汽车营销人员的服饰、举止、言谈、仪表等,虽然没有完全统一的标准,但也存在许多需要遵守的最基本的礼仪规范。

【相关知识】

一、礼仪的意义

1. 有利于树立良好的企业形象

汽车营销人员在市场上的一举一动都代表着企业。企业文化、企业精神、企业形象等无形资产通过营销人员传递给市场,所以,讲究礼仪、彬彬有礼、言行适度,可以增强用户对企业的信任感,有助于提高企业形象,从而提高市场竞争力。

2. 有助于汽车营销活动的顺利进行

市场营销实际上是一种社交活动,掌握一定的礼仪知识和技巧,可以使对方感到友好和被尊重,得到对方的信任,使营销活动顺利进行。

3. 有利于开拓市场

随着改革开放和市场经济的发展,企业间的分工合作越来越细,掌握必要的商务礼仪,尤其是目标市场的各种商务礼仪,对于企业开拓市场,扩大经营,无疑是有利的。

二、礼仪的原则

在现代社会日常生活中,人们礼尚往来,待人接物、使用礼仪时,必须了解、掌握一些具有普遍性、共同性的生活规律,这些规律就是礼仪的原则。现把这些原则归纳为以下几个方面。

1. 真诚尊重的原则

真诚是对待他人、对待事物的一种态度，是真心实意的一种表现。在交际过程中表现为诚信无欺、言行一致、表里如一。只有这样，交际对象才能感受到你的尊敬和友好；否则，别人会认为你口是心非、弄虚作假，这样就达不到交际目的，更无法保证交际效果。

尊重他人是指在社会交往中，不可失敬于人，不可伤害他人的个人尊严，更不能侮辱对方的人格。尊重他人就是尊重自己，就是维护个人乃至组织的形象。要对对方表示自己的尊重之意，首先应做到谦虚谨慎、理解对方，同时应站在对方的角度考虑问题，给予适度的照顾。

2. 平等适度的原则

礼仪是在平等的基础上形成的，平等是礼仪的核心。即在交际中尊重交往对象，不以貌取人，不以职业、地位、权势压人，对任何交往对象都一视同仁，给予同等程度的礼遇。

适度就是把握分寸，根据具体情况、具体情境行使相应的礼仪，既彬彬有礼，又不卑不亢；既热情大方，又不轻浮谄谀。不能因为性别、年龄、教育程度、职业、地位、身份等的差异就厚此薄彼，给予不同待遇。

3. 自信自律的原则

自信是社交场合的重要的心理素质，只有对自己充满信心的人，才能在交往中做到遇强者而不卑不亢，遇弱者而慷慨解囊，遇磨难而化险为夷，遇侮辱而挺身反击。

自律就是自我要求、自我约束、自我对照、自我反省、自我检查。古人说"己所不欲，勿施于人"，因此，销售人员要按照礼仪规范严格要求自己，明确自己该做什么，不该做什么。

4. 信用宽容的原则

孔子曰："民无信不立，与朋友交，言而有信。"信用即讲信誉，在社交场合表现为守时守约。与客户约定好会见、会谈、会议等时间，绝不拖延迟到；与客户达成的约定或签订的协议，要说到做到。

宽容就是既要严以律己，又要宽以待人，要豁达大度，不斤斤计较。容许别人有行动与见解自由，对不同于自己的观点和行为的客户，要站在对方的立场去考虑问题，容忍他人、理解他人、体谅他人。

三、服饰礼仪

形象是金，在客户眼里，每一个营销人员的个人形象就如同他所提供的产品、服务一样重要。它不仅真实地反映了每一个营销人员本人的素养、阅历以及是否训练有素，而且还体现着他所在企业的管理水平与服务质量。所以，服饰礼仪就显得非常重要。

在汽车特约经销店里，一天会有许多顾客光临，营销人员和顾客接触的机会最多，而且有时还要去拜访顾客。所以，营销人员必须注意保持穿戴整洁、仪表端正，给客户留下一个良好的第一印象。

弗朗格·贝德格在《我怎样成功地进行推销》中写到"初次见面给人的印象90%产生于服装"。服装要整齐、清洁、挺直，穿着时应该熨出褶线，领、袖和下摆有形状，不能卷折，穿在身上要平整，并且尽量与鞋袜颜色协调（不超过三色）。

男营销员的服装以西装为主，面料要讲究，衬衣、领带与西装的色彩反差要明显，这样给对方的印象深刻。长袖衬衣的下摆要塞进裤内。女营销员穿裙装时，长筒袜不能露在裙子之外，皮鞋经常上油。

对汽车营销人员而言，一般要求在工作岗位按规定穿着统一的职业装。职业装最基本的功能就是便于工作，同时也是企业形象的组成部分。着公司职业装的营销人员既代表公司的经营理念，又能让客户感觉到可以信赖。

在穿着职业装时，需要注意下面几个问题：

1. 保持整洁

穿着职业装，必须保持干净、整齐。服装作为营销人员的"第二张脸"，首先要时刻留意是否清洁，一旦发现脏了，应尽快换洗。另外，还应注意配套使用的饰物是否清洁。例如，掸去皮鞋上面的灰尘和污点；拜访顾客的时候，袜子不能穿脏的破的，勤换勤洗；准备干净的手帕带在身上，方便使用。其次要保持服装整齐，不能皱皱巴巴，以免给消费者留下窝囊邋遢、不修边幅、消极颓废、懒惰等不良印象。脱下外套时，竖直挂放，切勿乱扔乱叠。洗涤后的衣物，适当加以熨烫。如有破损，修补后不影响整体美观，可以继续使用，但如果修补痕迹明显，如打补丁或选用不搭配的纽扣来代替等，则不再适合穿着。

2. 大方得体

一般而言，汽车营销人员的职业装首选质地纯正、色彩淡雅、图案朴实的款式，既突出实用性，又自然大方；既便利工作，又精明干练。

3. 饰物协调

与职业装配套使用的饰物一般有衬衫、毛衣、帽子、鞋袜、皮带、手帕、领带、领带夹等。饰物的搭配可因个人的文化修养、事物见识而定，但要使其在整体风格上与职业装相互一致，保持应具有的神韵，并符合身份。例如，要戴干净、大小合适的帽子，且要戴端正，不要歪戴；不在衣服、腰带上乱挂徽章及其他多余装饰物。

四、仪表礼仪

仪表者，外观也。我们说某个人的仪表，就是指他的外部轮廓、表情、容貌、举止、服饰等给别人留下的印象。仪表一般由两部分构成：一部分是静态的，就是指他的某些特征短时间内不会变化，如性别、体形；另一部分则是动态的，如举止、表情。

1. 头发

一般情况下，人们观察一个人往往是从头开始。因此，营销人员如果不打算使自己"有失于头"的话，对与头发有关的礼仪就应认真学习和遵守。头发需要去护理和修饰，使之更加美观大方，适合自身特点。

首先，需要对头发进行清洗、梳理和养护等基本护理。营销人员要勤洗发，清除头屑，防止异味；随身携带头梳，以备不时之需，但要避免在公众面前梳理头发。除此之外，还应重视对头发的养护问题。

其次，需要对头发进行修剪、造型等修饰。营销人员在选择发型时，应根据自己的性别、年龄、发质、身材、脸型和个人品位、流行趋势等因素综合考虑。做到整洁、规范、勤理发，长度适中，款式适合自己，给顾客一个好印象。男性营销人员要做到"前发不附额，侧发不掩耳，后发不及领"即前面头发不要挡住额头，两侧头发不要挡住耳朵，后面的头发不要碰到衬衣的领子。女性营销人员，如需要使用发夹、发绳时，首选朴实的，色彩宜选黑、蓝、棕、灰等。我们称头发的造型为发型。

2. 面部

营销人员在工作岗位上，要始终精神焕发、神采奕奕，体现自己的敬业精神，维护公司的企业形象。

（1）表情。在人际交往过程中，55%的信息传递是依靠表情来完成的，可见运用表情的重要性。人类有丰富的表情，作为营销人员，表情要明快，时常保持微笑，阴沉着脸会损坏顾客对你的印象。

（2）眼睛。眼睛是心灵的窗户，营销人员一定要把这扇"窗户"擦亮，保持清洁。

（3）口部。每天刷牙，保持口部无异味、无异物。营销人员是做服务工作的，直接面对顾客，尽量不吃带有刺激性气味的食物。

（4）胡须。男性营销人员若没有特殊的宗教信仰和民族习惯，最好不要留胡子，要养成每日剃须的习惯，否则会使顾客觉得你邋遢。

（5）鼻子。注意不要让鼻毛长到外面来，保持鼻孔清洁。

（6）耳朵。耳朵是面部重要的部位之一，但往往也容易被遗忘、忽略。营销人员要把耳部里的耳垢清理干净。

3. 手

手是汽车营销人员平常用得最多的身体部位，在接待客户与客户握手时，在向客户介绍车辆用手指引时，在签订合同时等，汽车营销人员都需要"展示"他的手。呵护手重点是要保持手部干净、细腻，指甲长度适中，及时清洗指甲中的污垢。

护手应选择专门的手部护肤品。最好是选用一些油脂多一点的产品，因为手的角质层比较厚，足够的油脂可以帮助手部皮肤吸收。更简单的方法是充分利用身边的东西来呵护手部，如用醋或淘米水洗手，可以除去残留在手部肌肤表面的碱性物质；滴几滴牛奶或酸奶在手部，按摩至完全吸收，可以使手部嫩滑等。若手部出现皲裂，可以取一至两粒拨去外膜的鱼肝油擦在手上，轻轻按摩，手部就能恢复光滑润泽。

五、举止礼仪

汽车营销人员要塑造良好的交际形象，必须讲究礼貌礼节，注意自己的行为举止。举止礼仪是自我心态的外在表现，一个人的外在举止行为可直接表明他的态度。对于汽车营销人员的行为举止，要求做到彬彬有礼、落落大方，遵守一般的进退礼节，尽量避免各种不礼貌或不文明的习惯。

无论在何种交际场合，汽车营销人员都要做到不卑不亢、不慌不忙、举止得体、有礼有节。另外，要养成良好的卫生习惯，克服各种不雅举止。个人举止要求如下：

1. 行如风

通过观察一个人走路的姿势，可以判断此人的精神面貌。营销人员走路应抬头、挺胸、收腹，昂首阔步，重心平移，身体平行移动，手自然下垂摆动，视线水平前视，表现出稳健的姿态。切忌走路内八字或外八字，或弯腰驼背、摇头晃脑。

2. 立如松

自然站立，抬头、挺胸、收腹，两眼凝视前方，手臂自然下垂或交叉置于腹部，两脚自然分开，开度15cm左右（不超过自己的肩宽）。切忌双手叉腰或倒背手，这样表示自满自大；切忌长时间注视脚步或地板，这样表示害羞自卑；忌东倒西歪、倚物而立。

3. 坐如钟

坐椅子时坐前1/3部分，采用前伸式坐姿，这样给人稳重的感觉。女性就座时，两手压住腿上后部裙子，身体前倾，慢慢坐下；坐下后，应两膝合拢，双手重叠放于腿上。男性就座时，两膝间留有一个拳头位置，两膝平行向前，两手放在腿上，不宜翘二郎腿，忌双腿不停抖动。

六、谈吐礼仪

作为一名汽车营销人员，说话清楚流利是最起码的要求，而要成为一名优秀的汽车营销人员,必须掌握一些基本的交谈原则和技巧,遵守谈吐的基本礼仪。

汽车营销人员与顾客交谈时态度要诚恳热情,措辞要准确得体,语言要文雅谦恭,不含糊其辞、吞吞吐吐,不信口开河、出言不逊,要注意倾听,要给顾客说话的机会,"说三分,听七分",这些都是交谈的基本原则。具体要注意以下几个方面:说话声音要适当,要注意交谈时的眼神及动作,交谈中要给对方说话机会以及要注意对方的禁忌。

【任务实施】

1. 个人仪容仪表考核

每个同学对照礼仪考核表自己给自己打分,然后老师点评。礼仪考核表见表8-1。

表8-1 个人礼仪考核表

考核项目	考核内容		分值	自评分	小组评分	实得分
个人仪表	头发	前不遮眉	3			
		两边不及耳	3			
		后不及衣领	3			
		没有头皮屑	3			
		无怪异染发烫发	3			
	领带	平结	5			
		交叉结	5			
		双环结	5			
		温莎结	5			
	衣着	衣领正、挺	5			
		衣扣无错漏	5			
		干净整洁	5			
	鞋袜	皮鞋干净无灰尘	5			
		深色袜	5			
个人妆容		面部皮肤干净无痘无痕	5			
		指甲修齐,不留长	5			
		女士淡妆(眉毛口红)	5			
		体味清新	5			
整体形象		端庄大方	10			
		整洁、搭配协调	10			

2. 个人体态考核

每个同学对照体态考核表给自己打分，然后老师点评。体态考核表见表 8-2。

表 8-2 体态礼仪考核表

考核项目	考核内容		分值	自评分	小组评分	实得分
站姿	身体各部位的正确姿势	头部、颈部、面部	5			
		两肩、胸部	5			
		腰部、臀部	5			
		手位	5			
		两脚	5			
	不同站姿的展示	肃立	5			
		直立	5			
	靠墙顶书站姿训练效果（5 分钟）		15			
坐姿	坐姿基本动作		5			
	脚的摆放（至少四种方式）		5			
	入座后姿态的整体保持效果		5			
	入座前后前后的要求		5			
走姿	身体姿态		5			
	跨步的均匀度		5			
	手位摆动的情况		5			
	根据情景变换步态		5			
	身体与手脚的协调配合		5			
	动态美感		5			
总评			100			

任务二　汽车营销人员的商务礼仪

【任务描述】

营销人员要经常参加各种各样的商务活动，掌握了商务礼仪可以给个人形象增加光彩，促进商务活动的顺利进行。

【相关知识】

一、相识的礼仪

与顾客初次相见,打完招呼后,介绍、称呼、握手就是最基本的交际礼节了。

1. 介绍礼仪

介绍是商务活动中经常遇到的重要环节,介绍的礼仪是通过交际大门的钥匙,是社交场合中相互了解的基本方式,包括为自我介绍、自己被介绍、介绍他人。

(1)自我介绍。自我介绍是营销工作中常见的现象。自我介绍时,态度要谦虚,不可自吹自擂,不要滔滔不绝,让别人无法插话。过于迫切与陌生顾客拉近距离,会使对方莫名其妙,产生防范心理。

(2)自己被介绍。当别人将自己介绍给他人以及为自己介绍他人时,应该站起来,身体正对对方,表示诚意认识对方,并记住对方的姓名、单位、职务等情况。被介绍的人应主动向对方问候、微笑、点头致意。

(3)介绍他人。当自己做介绍人为他人介绍时,要注意介绍的基本原则,即应该受到尊重的一方有优先了解权。先向身份高者介绍身份低者,先向年长者介绍年幼者,先向女士介绍男士等。

2. 握手礼仪

握手是社交场合中运用最多的一种礼节。汽车营销人员与顾客初次见面,经过介绍后,通过握手能够拉近汽车营销人员与顾客间的距离。如果应用得当,不用说话就能显示出热情、友好的待人之道,进一步增添他人对你的信赖感。但握手是有讲究的,不加注意就会给顾客留下不懂礼貌的印象。

汽车营销人员在与顾客握手时,要主动热情、自然大方、面带微笑,双目要注视对方,切不可斜视或低着头,可根据场合,一边握手,一边寒暄致意。对年长者和身份较高的顾客,应双手握住对方的手,稍稍欠身,以表敬意。

(1)伸手的前后顺序。一般而言,应该是位高者居前,即地位高的人先伸手。男士和女士握手时,一般是女士先伸手,但是,作为女士,除非十分不便,否则应主动伸出手以示友好;晚辈和长辈握手时,一般是长辈先伸手;上级和下级握手时,一般是上级先伸手;老师和学生握手时,一般是老师先伸手。客户抵达时应由营销人员先伸手表示欢迎,客户离开时,一般由客户先伸手表示辞行。

(2)握手的手位。标准的手位应该是手掌与地面垂直,手尖稍稍向下,四根手指并拢,拇指适当地张开。与客户握手时应注意双手的卫生,尽量不要戴着手套握手,切忌用左手与客户握手或戴着墨镜与客户握手。男士与女士握手时,一般应只握女士的手指部分或轻轻接触。

（3）力度与时间。最佳握手的握力应保持不松不紧，以表示热情友善。跟别人握手的时间不能太短，也不能太长，一般是三到四秒钟。握手时适当寒暄，不能默默无语，同时要以自然、热情的表情进行配合。

3. 名片的使用

名片是现代人的自我介绍信和社交的联谊卡，名片的交换可在交流前或交流结束、临别之际进行，视具体情况而定。

（1）名片的送出和接受。地位低的人首先把名片递给地位高的人，男士先递给女士，晚辈先递给长辈，下级先递给上级，营销人员先递给客户。递名片时最好用双手拿着它两个上角，正面应朝着对方，同时说请多指教、多联系等。

接受名片时，应起身迎接，面带微笑，目视对方，双手接过，并致谢。接到名片后一定要仔细阅读，可以小声念出对方的姓名、职位，既表示对对方的重视，又了解对方的确切身份。最后把对方的名片放在自己的名片包里、上衣口袋里或放在办公室的抽屉里，让对方产生被重视的感觉。

（2）名片的索取。索取客户名片时，应视对方的反应，选择恰当的时机，一般是在自己送出名片时，主动向对方索取。索取名片时应采用请求的口气，如"能否有幸和您交换一下名片？""您方便的话，能否给我一张您的名片，以便日后联系？""不知道以后怎么跟您联系呢？"等等。

二、电话礼仪

电话是一种常见的通信、交际工具。客户可以通过营销人员或对方的声音、语气、态度等来感受对方的礼仪，这是营销人员个人形象的重要组成部分。

接听电话时，应遵循以下原则。

1. 及时接听

电话铃一响，应立即停止自己目前正在做的事情，及时接听。不要让铃声响过四遍，让对方等待；也不要铃声刚响一次，就拿起听筒，这样会令对方觉得突然。最好是铃声响两次之后拿起话筒，这反映了营销人员待人接物的一种态度。

2. 礼貌应答

拿起电话应先自报家门，"您好，这里是××公司××部"；若未能及时接听，应给予道歉，"不好意思，让您久等了！"通话时要聚精会神，面带微笑，让对方听起来更热情；用语要文明、礼貌，语调平和、音量适中，发音正确，吐字清楚，话语有感染力、亲和力。接到误拨进来的电话，要耐心地告诉对方拨错了电话。通话因故后，要耐心等候对方再拨进来。通话结束时，要向对方道一声"再见"。若咳嗽或打喷嚏，应掩住话筒，并侧头，继续通话时应首先表示歉意。

分清主次

听电话时不要与其他人交谈，也不能看文件、看电视，甚至吃东西，要边听边记。在会晤重要客人或举行会议时有人打来电话，可向其说明原因，表示歉意，承诺稍后再联系。接听电话时，千万不要不理睬另一个打进来的电话，可对正在通话一方说明原因，承诺稍候联系，随后再继续另一个电话。

4. 常规应对

记录通话内容时，重点部分要确认一遍，以免漏听漏记。代接电话时，首先要告诉电话拨打方要找的人不在，然后才问他是否可以代为传达，同时注意以礼相待，尊重隐私、记录准确、传达及时。

若有需要给客户打电话，在通话之前，应做好充分准备，把与对方的谈话要点罗列出来，避免出现说话缺少条理、丢三落四的现象。通话时，应保持微笑、身体坐直、双脚平放、目光平视前方，胸口距离桌面一拳远，不要趴着、仰着、坐在桌角上，更不要把双脚架在桌子上，不要一边走一边打电话。一般按照双方事先约定的时间拨通对方电话，若没有预先约定，应选择对方便利的时间。一般提倡预约拨打电话的方式，可在前一次联系时约定下一次通话时间，也可以采用手机短信的方式预约。对未预约的电话，要避开临近下班的时间，因为这时打电话，对方往往急于下班，很可能得不到满意的答复。若确有必要往对方家里打电话时，应注意避开吃饭或休息时间。电话接通后，应首先通报自己的姓名、身份。必要时，应询问对方是否方便，在对方方便的情况下再开始交谈。通话时嗓门不要过高，时间应控制在 3 分钟内。通话完毕时应道"再见"，然后轻轻放下电话，在确认对方挂机后再挂机。整个通话过程中，用语应文明、礼貌，内容要简明、扼要。

三、陪同引导的礼仪

引导时，手掌平展，五指自然合拢，手与前臂成一直线，手心倾斜指引方向，位于客人 1～2 步之前。如在楼梯间陪同引导，应在客人侧上方 2～3 级台阶距离引导；如在狭小路段或转弯处引导，应让客人先行；如在电梯处引导，应先入电梯，按住按钮，方便客人进入；离开电梯时，应按住按钮，让客人先走。

四、语言礼仪

语言是人际交往中必不可少的工具。语言礼仪是营销人员必须掌握的基本礼仪之一。

1. 恰当用词

言谈中的常用语包括"谢谢""对不起""没关系""你好""请您……""麻烦您……""也许……""可能……""我的想法是……""请教""打扰"等，这些语言的使用不是机械的、固定的，应视情况而定。只要你的言谈举止彬彬有礼，客户就会对你的个人修养留下较深的印象。但有些语言是绝对不能使用的，如"绝对……""肯定……""你必须……""我从来没见过你这样……的人""真讨厌""真烦人""你真笨""你不能干……""你肯定又……"。

2. 恰当的称呼

称呼的作用是唤起或明确对话者以及对对话者的尊重，同时也是对对方事业的肯定。中国人比较看重自己已取得的地位，因此对有头衔的人称呼他的头衔，是对他最大的尊重和肯定。在不清楚对方身份的情况下，一般用"女士""先生"来称呼。

3. 保持适当的空间距离

人际交往的空间距离可以划分为 4 种基本类型。

（1）亲密距离（45cm 之内）。彼此能感受到对方的体温和气息，伸手能够触及到对方，属于私下情境。

（2）个人距离（45～120cm）。较少直接的身体接触，但能够友好交谈，让彼此感到亲密的气息。

（3）社交距离（1.2～3.6m）。社交性或礼节上的人际距离，这种距离给人一种安全感，处在这种距离中的两人，既不会担心受到伤害，也不会觉得太生疏，可以友好交谈。

（4）公众距离（3.6～7.5m）。一般说来，演说者与听众之间的标准距离就是公众距离，还有明星与粉丝之间也是如此。这种距离能够让仰慕者更加喜欢偶像，既不会遥不可及，又能够保持神秘感。

营销人员与客户之间的空间距离就属于社交距离。谈话的要求之一是双方都能听清楚对方的声音。距离太近，稍有不慎就会把口沫溅到别人脸上，非常尴尬；距离过远，又会令对方误认为是不友好，所以保持 1.5m 左右的社交距离，在常人的主观感受上是最舒服的。

4. 选择友好的谈话内容

营销人员在与客户交谈的过程中，除了介绍满足客户需求的商品特征、回答客户提出的问题外，为了活跃双方谈话的气氛，可以选择大家共同感兴趣的话题。谈话内容不应涉及对方的年龄、收入、婚姻状况、身体状况等隐私问题。对方不愿回答的问题也不宜追根问底，对方反感的话题应表示歉意或立即转移话题。

五、访问礼仪

访问和接待是社会交往中必不可少的环节。随着社会化程度的不断加深，消费者的行为越来越理性。尤其是面对纷繁复杂的市场时，顾客的选择与营销人员、企业的发展有着密切的关联，所以访问就显得非常重要。

访问按照时间先后来划分，可以分为售前访问和售后跟踪访问。

1. 售前访问

售前访问是为了研究分析客户的购买心理，了解客户的真实需求，通过向客户提供各种服务来激发客户的购买需求和购买动机，从而发生购买行为。售前访问一般由客户第一次光顾销售店时接待客户的销售顾问来进行。访问的主要目的有：

（1）向客户传递产品及品牌信息。

（2）了解客户的真正需求，帮助客户选择能满足其要求的产品，以促成交易。

（3）加深客户对产品及品牌的了解，使其产生信任感。

（4）鼓励潜在客户选择本企业产品。

（5）提高企业及品牌知名度。

根据客户的购买意向、发展潜力将客户划分为A、B、C三类。A类：购买意向明确，在近期就会采取购买行为的；B类：购买意向不明，近6个月可能会发生交易的；C类：购买意向不明，未来6个月不会发生交易的。

A类客户应被作为重点目标客户，他们一般表现积极，自己挑选产品，主动询问车辆情况。营销人员应重点对这类客户进行售前访问。访问方法可根据具体情况，灵活采用电话、电子邮件、邮寄、传真和登门拜访等方式。

采用电话访问时应注意：①根据客户的真实信息，确认访问对象；②电话接通时，首先介绍自己、公司名称及访问的目的；③访问过程中，激起客户对销售店情形的回忆，并补充给客户更多的产品信息，引起客户的兴趣，欢迎客户再次光临销售店；④感谢对方抽出时间接受访问和对谈话的兴趣；⑤约定下次拜访时间。

作为一种新兴的联络方式，电子邮件具有快捷、经济的特点。公司可以定期或不定期地向客户发送一些信息，方便客户及时了解公司的新产品及服务信息。使用这种方法时，要注意信息的内容选择，切忌放入大量广告，引起客户反感。

由于电子邮件的普遍使用，书面邮寄越来越少使用。物以稀为贵，在现代，若采用这种传统方式，必能取得电子邮件不能超越的效果，尤其是在节假日、客户生日时，给客户邮寄礼物和慰问明信片，能给客户带来很大的感动。当然，也可以使用这种个性化的方式向客户邮寄相关产品的资料信息。

传真主要为了快速、迅捷地给客户反馈有关产品及市场的新信息，特点是方便、及时、易操作。

采用登门拜访，拜访前应事先和被访对象约定，以免扑空或扰乱客户的计划。拜访时要准时赴约。拜访时间长短应根据拜访目的和主人的意愿而定。一般而言，时间宜短不宜长。到达被访人所在地时，一定要用手轻轻敲门，待主人打开房门后，在他（她）未开口说话之前，以亲切的音调主动向主人打招呼问候，并作自我介绍，主动将名片双手递上，在与他（她）交换名片后，对客户抽空见自己表达谢意。例如，"×先生，早上好！我是×××公司的销售顾问××，这是我的名片，谢谢您能抽出时间让我见到您！"进屋后应待主人安排指点后坐下。为了营造一个好的气氛，拉近彼此之间的距离，缓和客户对陌生人来访的紧张情绪，可以先开始一段自然的寒暄，再过渡到来访的用意，一般可以先通过询问客户达到探寻客户需求的真正目的，这是营销人员应掌握的最基本的销售技巧。在询问客户时，问题面要采用由宽到窄的方式逐渐进行深度探寻，再让客户自由发挥，让我们知道更多的东西。营销人员要做的只是让客户始终不远离会谈的主题就可以了，然后根据会谈过程中所记下的重点，对客户所谈到的内容进行简单总结，确保清楚、完整，并得到客户一致同意。在结束拜访时，营销人员应该再次确认一下本次来访的主要目的是否达到，然后向客户约定下次拜访内容和时间。拜访时应彬彬有礼，注意一般交往细节。告辞时要同主人告别，说"再见""谢谢"；主人相送时，应说"请回""请留步""再见"。

登门拜访时要注意以下几点：

（1）拜访应选择适当的时间，如果双方有约，应准时赴约。万一因故不得不迟到或取消访问，应立即通知对方。

（2）如果客户因故不能马上接待，应安静地等候，不要显现出不耐烦。

（3）与客户的意见相左时，不要争论不休。对客户提供的帮助要致以谢意。

（4）谈话时开门见山，不要海阔天空，浪费时间。

（5）要注意观察客户的举止表情，适可而止，当客户有不耐烦或有为难的表情时，应转换话题或口气，当客户有欲结束会见的表示时，应立即起身告辞。

2. 售后跟踪访问

售后跟踪访问是指产品售出之后对客户所作的回访。目的是提高客户的满意度、强化客户的忠诚度，同时了解客户使用产品的情况，及时为客户提供售后服务，延长客户对产品的满足感，提高企业和品牌知名度。

售后跟踪访问也可以采用包括电话、电子邮件、邮寄、传真、登门拜访等方式。

采用电话回访时，首先介绍自己及公司。例如，"×先生，我是×××公司的销售顾问××，您在××时候在我公司买了××"。提及客户购买时的情况，引起客户的回忆，倾听客户的谈话，了解产品的使用情况，邀请客户再次光临销售店，并对客户的购买表示感谢。

通过电子邮件、邮寄、传真等方式，消除客户抱怨，帮助客户解决问题，加强感情联络。

若客户对产品不满意，必要时可登门回访，主动向客户道歉，从心理上安抚客户，了解产品的质量，并承诺将给予满意的解决方案。

不同类型的消费者，所采用的售后跟踪访问方式也有区别。对产品使用满意的客户，由营销人员或售后人员，采用电话、电子邮件、邮寄等方式进行常规的回访就可以了。对产品不满意、抱怨很多的客户，除了采用常规的方式回访，必要时还需要营销人员、售后人员，甚至经理登门拜访，安抚客户情绪并解决实质问题。

六、宴请礼仪

1. 宴请的类型

国际上通用的宴请有四种形式，即宴会、招待会、茶会、工作餐。采取何种形式，一般根据活动的目的、邀请对象及经费开支等因素来决定。每种类型的宴请均有与之匹配的特定规格及要求。

（1）宴会。指比较正式、隆重的设宴招待，主人盛情邀请贵宾餐饮，宾主在一起饮酒、吃饭的聚会。通常按隆重程度、出席规格，把宴会分为国宴、正式宴会、便宴和家宴。

国宴特指国家元首或政府首脑为国家庆典或为外国元首、政府首脑来访而举行的正式宴会，这是宴会中规格最高的一种形式。宴会厅内应悬挂双方国旗，并安排乐队演奏席间乐，席间主方应有祝酒词。

正式宴会与国宴形式类似，只是这种形式的宴会不挂国旗。

便宴是一种非正式宴会，其最大特点是简便、灵活，有时还以自助餐的形式出现，自由取餐，自由行动，常见的有午宴和晚宴。

家宴指在家中设便宴招待客人，以这种形式待客，更显亲切，烘托友好的气氛。

（2）招待会。指不配备正餐的宴请形式，一般备有食品和酒水，通常不排固定的席位，宾主可以自由活动，不拘形式，常见的有冷餐会和酒会。

冷餐会这种宴请形式不需要排席位，菜肴以冷食为主，连同餐具一起陈设在餐桌上，供客人自取使用；客人可自由活动，站立进餐；地点可设在室内，也可设在较宽敞的室外。冷餐会适合于招待人数众多的宾客。

酒会又称鸡尾酒会，以酒水为主，但不一定都用鸡尾酒，可备置多种酒品、果料及小吃，不设座椅，仅置小桌或茶椅，以便客人随意走动。这种宴请形式较为活泼，便于广泛交谈接触。

（3）茶会。顾名思义就是请客人品茶的宴请形式。这是一种更为简便的招待形式，一般在上午十时左右举行，也有的在下午四时左右进行，即西方人的早、午茶时间。

其地点通常设在客厅，厅内摆茶几、座椅即可。

在营销工作中，营销人员涉及较多的宴请形式就是工作餐和自助餐，所以下面将其单独作为一部分进行讲解。

2. 工作餐与自助餐

（1）工作餐。工作餐，亦称商务聚餐、聚会。指在商务交往中，有业务关系的合作伙伴为进行接触、保持联系、交换信息或洽谈生意，借助用餐的形式所进行的一种商务聚会，是国际交往中常用的一种非正式宴请形式。多采用快餐分食的形式，既简便、快速，又符合卫生，适合于日程紧张的活动。按用餐时间可分为工作早餐、工作午餐和工作晚餐。

工作餐的特点表现为以下几种：

1）重在创造氛围。菜肴和酒水不一定非常丰盛，不需要太多的形式，规模较小，参加人数以不超过十人为佳。宾主之间往往是"醉翁之意不在酒"，重在创造一种和谐、轻松、愉快的氛围，便于双方融洽、友好地接触。

2）目的性强。虽然工作餐在形式上不属于正式宴请，但它也不同于一般的家庭聚会。它是用餐桌来取代会议桌或谈判桌，以另一种形式继续进行的商务活动，商务人员可以借此结交朋友，会晤客户，接触同行，互通信息，洽谈事项。所以它具有极强的商务活动色彩，是为达到某种商务目的服务的。

3）方式灵活。在举行工作餐之前，主人不必向客人发出正式的请柬，客人也不必提前回复主人，当双方感觉有必要坐在一起交换彼此的看法，磋商某些问题时，随时都可以提出举行一次工作聚餐。既可以是由一方提出，也可以是双方共同决定，只要双方都有意参加，工作餐就可以举行。

（2）自助餐。自助餐是一种常见的非正式的宴会形式，如便宴、家宴。自助餐会上，就餐者根据自己的喜好，自行选择食物、饮料，或坐或站，或独自或与他人一起用餐。

相比其他形式的宴会，自助餐不必安排座位，既免除不必要的麻烦，又方便就餐者们自由交流。由于自助餐为就餐者准备了多种多样的食物、酒水、水果、糕点等，所以很好地处理了众口难调的问题。自助餐的用餐时间没有严格的限定，主人宣布可以用餐后，就餐者就可以开始自由取食了，觉得吃好后，就可以向主人告辞，不必等到统一离去。由于接待的客人人数较多，所以自助餐应安排在宽敞的环境宜人的场所，可以是室内，也可以是室外，但要兼顾安全、卫生等问题。

参加自助餐，遵循必要的礼仪规范是非常重要的。

1）遵守"少取原则"。自助餐准备了丰盛的菜肴，就餐者可以根据自己的喜好自由取食，不必担心别人笑话自己。但切忌一次过多取一种食物，不仅可以使他人也能取用，也可防止取用太多造成浪费。

2）遵守"多次原则"。就餐者在遵守"少取原则"的同时，还应遵守"多次原则"。就餐者选取某一种菜肴，每次取用一点点品尝之后，若有继续食用的需要，可以多次重复取用。图一劳永逸，取过量食物，则是失礼之举，会令其他人瞠目结舌。

3）避免"打包"。就餐者在用餐现场可以尽情享用，但不允许在用餐完毕后"打包"携带回家。另外，用餐结束后，应将餐具放入指定位置，不应随手乱丢、任意毁损，更不能因为餐具的精致就偷偷装入自己的口袋，否则会见笑于人的。

3. 宴请礼仪

营销人员在营销工作中，时常会与顾客有相互宴请等必要应酬，无论是应邀赴宴，还是招待宴请顾客，都要注意相应礼仪，体现出修养和风度。

（1）出席宴请的礼节。营销人员接到宴会邀请，无论出席与否均应尽早答复对方，以便主人安排。营销人员接到必须赴约的请柬后，应立即核实宴请的主人、时间、地点、是否邀请了配偶等信息。接受邀请后不宜随意改动，若不能出席，应尽早向主人解释并道歉。

到达宴请地点后，应主动前往迎宾处，向主人问好，听从主人的入座安排，并为邻座的年长者或女士拉开椅子，帮助他们坐下，作自我介绍。席间应热情有礼地与同桌的人交谈，不应只同熟人或身边的一两个人说话。

在主人和主宾致祝酒词时，应暂停进餐，停止交谈，注意倾听，不应借此机会抽烟。与主人、主宾、身份高、年长者碰杯时，应稍欠身点头，杯沿比对方杯沿略低以表示尊敬。

用餐时要文雅，应闭嘴咀嚼，不要发出声响。食物太热时，待稍凉后再吃，切勿用嘴吹。鱼刺、骨头、菜渣不要直接外吐，可用餐巾遮口。

在喝茶或咖啡时，一般应右手拿杯把，左手端盛杯的小碟。茶几或桌上所备的小匙，一般是用来放糖搅拌用的，切勿用它来喝茶、咖啡。一般吃水果后，宴会即告结束。主宾做好离席准备，然后从座位上起立，这是让全体起立的信号。在主宾离席后再告辞，有礼貌地向主人握手道谢。

（2）招待宴请的礼仪。营销人员准备设宴招待顾客时，首先要从工作需要出发，不要搞得太铺张。要尊重顾客的习惯、爱好，使宴请活动在轻松愉快的气氛中进行。

招待顾客的时间、地点最好在宴请前与顾客商定。顾客若是远道而来，宴请地点一般不宜选在顾客投宿的旅社或饭店举办，因为顾客往往会把投宿的旅社当成自己的家，在他所住的地方招待客人，就等于在客人家里招待客人一样，感觉别扭。

较正式的宴请要提前一周左右发请柬。即使已经口头约妥的客人，仍应补送请柬，亦可在请柬发出后用电话询问能否出席。请柬内容包括活动形式、举行时间及地点、主人姓名（如以单位名义邀请，可用单位名称）。请柬行文中所提到的人名、单位名等均用全称。被邀请者的姓名、职务准确地写在请柬信封上，主人姓名放在落款处。

请柬内容可以打印,亦可手写,但手写时字迹要美观、清晰。

营销人员作为主人,在客人到达前,要安排好席位,方便客人入座。席位安排原则为:同一桌上,席位高低以距离主人的座位远近而定,右高左低;也可按职务排列,以便谈话。

营销人员招待顾客进餐,要注意仪表,最好穿正式的服装,整洁大方。女营销人员应适当化妆,表示重视本次宴请。宴会开始之前,营销人员作为主人,应在门口迎接客人,有时还可有少数其他主要人员陪同主人列队欢迎客人。客人抵达后,宾主相互握手问候,随即由工作人员将客人引至休息小厅小憩。在休息厅内应由相应身份者照应客人,并以饮料待客。若无休息厅,可请客人直接进入宴会厅,但不可马上入座。主宾到达后,主人应陪同主宾进入休息厅与其他客人会面,当主人陪同主宾进入宴会厅后,全体人员方可入座,此时宴会即可开始。

主人宣布宴会开始,招呼客人用餐,与客人一一交谈,向客人敬酒但不劝酒。

用餐结束,主人与主宾离座,主人应送客人至门口,热情送别。在比较正式的场合,在门口列队欢迎客人的人们,此时还应当列队于门口,与客人们一一握手话别,表示欢送之意。

【任务实施】

1. 交往礼仪的评价与考核

根据交往礼仪的考核指标,结合自己日常工作、学习环境,同学们可以给自己打一下社交的分数(也可相互之间),考核指标见表 8-3。

表 8-3 服务用语礼仪考核表

考核项目	考核内容		分值	自评分	同学评分	实得分
礼貌用语的使用	掌握语言的分类及要求		10			
	不同场景中如何准确运用语言		10			
	使用礼貌用语时的	态度	5			
		语气	5			
	语言与表情的协调表现		10			
握手	握手动作准确、自然大方		10			
	注重礼仪规范		10			
介绍	仪态端正,手势正确		10			

续表

考核项目	考核内容	分值	自评分	同学评分	实得分
介绍	介绍的次序、原则运用是否正确	10			
递物接物	递、接动作准确	10			
	注重礼仪规范	10			

2. 办公室接待礼仪的考核

根据办公室接待礼仪的考核指标，结合自己日常工作、学习环境，同学们可以给自己打一下社交的分数（也可相互之间），考核指标见表8-4。

表8-4　办公室接待礼仪考核表

考核项目	考核内容		分值	自评分	同学评分	实得分
引领带路	引领带路的位置		10			
	引领带路的手势		10			
乘坐电梯	注重礼仪规范		15			
接打电话	表情大方，仪态规范		10			
	声音清晰明亮，表达准确		10			
	礼貌用语使用得体		10			
奉茶倒水	仪态端正，动作准确		15			
座次	乘坐汽车	座次规范	10			
	会谈	座次妥当	10			

【项目总结】

在现代社会日常生活中，人们礼尚往来，待人接物、使用礼仪时，必须了解、掌握一些具有普遍性、共同性的生活规律，这些规律就是礼仪的原则。现把这些原则归纳为以下几个方面：真诚尊重的原则、平等适度的原则、自信自律的原则、信用宽容的原则。

汽车营销既是一种汽车销售活动，同时又是一种社会交际活动。汽车营销人员每天要和不同的客户和各种类型的人打交道，要应酬各种场面，必须善于交际，懂得社交礼仪。汽车营销人员销售汽车产品的过程，同时也是一个推销自己的过程。在销售过程中，汽车营销人员要接近顾客，引导顾客的消费理念，激发顾客的购买欲望，首先要让顾客对自己产生好感，才能取得顾客信任，取得销售的成功。营销人员需要了解和掌握一些基本的商务礼仪。

对汽车营销人员而言，一般要求在工作岗位按规定穿着统一的职业装。职业装最基本的功能就是便于工作，同时也是企业形象的组成部分。着公司职业装的营销人员既代表公司的经营理念又能让客户感觉到可以信赖。在穿着职业装时，要注意保持整洁、大方得体、饰物协调。

我们说某个人的仪表，就是指他的外部轮廓、表情、容貌、举止、服饰等给别人留下的印象。仪表一般由两部分构成：一部分是静态的，就是指他的某些特征短时间内不会变化，如性别、体形；另一部分则是动态的，如举止、表情。

举止礼仪是自我心态的外在表现，一个人的外在举止行为可直接表明他的态度。对于汽车营销人员的行为举止，要求做到彬彬有礼、落落大方，遵守一般的进退礼节，尽量避免各种不礼貌或不文明的习惯。

与顾客初次相见，打完招呼后，介绍、称呼、握手、互递名片就是最基本的交际礼节了。

电话是一种常见的通信、交际工具。客户可以通过营销人员或接线员的声音、语气、态度等来感受对方的礼仪，这是营销人员个人形象的重要组成部分。接听电话时，应遵循以下原则：及时接听、礼貌应答、分清主次、常规应对。

语言是人际交往中必不可少的工具。语言礼仪是营销人员必须掌握的基本礼仪之一。

访问和接待是社会交往中必不可少的环节。顾客的选择与营销人员、企业的发展有着密切的关联，所以访问就显得非常重要。访问按照时间先后来划分，可以分为售前访问和售后跟踪访问。

营销人员在营销工作中，时常会与顾客有相互宴请等必要应酬，无论是应邀赴宴，还是招待宴请顾客，都要注意相应礼仪，体现出修养和风度。

【项目训练】

一、简答题

1. 礼仪的原则是什么？
2. 如何接电话？
3. 简述握手应注意的细节问题。
4. 使用名片时应注意哪些细节问题？

二、情景模拟训练

一对夫妻欲购买一台卡罗拉车

1. 场面设定

状况：自由来店（首次来店）

时间：星期日下午2点左右

地点：经销店展厅

来店方法：乘用自家车来店

来店者：夫妻二人

展示车：顾客所关注的车辆在本展厅内有展车

提车时间：预定后，需要一个半月以后才能提车

2. 案例模拟

（1）顾客进店（握手礼仪）

销售人员×××站在门旁，李先生李太太走向大门。销售人员×××快步迎上（走姿），并为李先生李太太打开大门（注意开门的要领，先将店门打开，请顾客进入店内。如果经销店不是自动门，则用左手向展厅外方向拉开店门，请顾客先进入展厅，并鞠躬示意）。"您们好！"（握手礼仪），"欢迎光临！"

（2）传递名片（名片的使用）并向顾客介绍自己（自我介绍礼仪）

销售人员×××掏出名片给李先生李太太，"您们好，我是这里的销售顾问×××，叫我小×好了。这是我的名片，请问女士和先生如何称呼？"

李先生自报家门。销售人员×××问"请问李先生可否赐我一张名片呢？"李先生递出名片后，销售人员×××阅读他的名片，"是李××先生吗？请问有什么可以帮到您们吗？"

（3）引导顾客进展厅（引导顾客的礼仪）

李先生："我们想看看卡罗拉。"销售人员×××引导李先生李太太进入展厅时，走在李先生李太太的斜前方，与李先生李太太保持一致的步调，并用手势引导李先生李太太到卡罗拉展示场地。"李太太李先生，这就是丰田的卡罗拉。"

（4）引导顾客参观展车（引导顾客上下车的礼仪）

李先生李太太绕着卡罗拉看。李太太："还是思域漂亮，卡罗拉太普通了！"李先生："先上车看看车内怎样。"

销售人员×××："没问题，您们请到车上感受一下，这样更能体味我们丰田汽车的特点。"随即为李先生李太太打开车门（开车门礼仪）。

李太太坐进驾驶座后，销售人员×××蹲在车门旁（蹲姿）。销售人员×××："请问李太太位置坐得舒服吗？需要调整座位吗？感觉很好吧。"

李太太："感觉还可以，操控还可以，日常保养复杂吗？"销售人员×××："李太太李先生，要不我们到桌子上谈谈，我拿点资料给您们看看好吗？"李先生李太太："好啊。"然后下车。销售人员×××注意保护，并引导李先生李太太到洽谈桌。

（5）请顾客就座（送茶点的礼仪）

销售人员×××引导李先生李太太就座，"李太太李先生，我去给您们准备免费的饮料。我们这里有××、××、××……李太太您想喝点什么呢？……李先生呢？"，"李太太要××，李先生要××，对吗？好的，请稍等"。"让您们久等了。李太太这是您要的××，李先生这是您要的××，请慢用。"（送茶点的礼仪）

销售人员×××："李太太李先生，我可以坐这旁边吗？这样可方便为您们介绍。"（坐姿礼仪）

（6）与顾客寒暄（递送资料的礼仪）

销售人员×××与李先生李太太寒暄，递送丰田卡罗拉的相关资料，并谈论李先生李太太所关心的丰田卡罗拉的情况。

销售人员×××："李先生李太太看来对卡罗拉挺有兴趣的，我刚才看到您们自己开帕萨特过来的，准备再添置一辆车对吗？"李先生："对，想买一辆车给太太用。"

销售人员×××："呵呵，李先生真体贴。李太太一般会用车去什么地方？"李太太："我不用上班，买车就日常使用，只是在市区购物或者去健身。"

销售人员×××："哦，李先生李太太，是打算添置一辆车给太太日常使用的，是不是这样？请问李先生李太太，想买什么价位的车呢？"李先生："买十五万左右的吧，这价钱，也能买到舒适大方的车呢。"

销售人员×××："李先生对车挺了解的。我觉得您们刚才看的卡罗拉挺适合李太太。"李太太："其他倒没什么，就是外形动感不如思域漂亮，思域的内饰更新颖、精致，相比之下卡罗拉也太一般了！"

销售人员×××："李先生李太太，请允许我花2、3分钟时间向您们介绍一下卡罗拉，可以吗？"销售人员×××递送卡罗拉的相关资料（递送资料的礼仪）。"李先生李太太，这是卡罗拉的资料，请您们过目。"

销售人员×××："卡罗拉全部采用了配有双VVT-i的新型发动机，转向系统采用了全新的EPS电动助力转向装置。在安全性能方面，卡罗拉的标准配置包括GOA车身、BA刹车辅助系统，无论从主动安全还是被动安全方面，均采取了诸多安全措施。"

销售人员×××："卡罗拉整体风格保持了丰田追求平和的一贯作风，虽不会让人眼前一亮，但也不乏时代感。其实花哨的配备不一定都实用，就好比精装"二锅头"≠简装"五粮液"一样。现在很多新车在配置上配得很花哨，尺寸也够大，表面看起来性价比很高，于是吸引了很多用户的眼光，但是性价比中"性"字的内在含义不仅仅是配备、规格，它还包括技术含量、产品品质、安全性能、售后服务等综合因素，丰田是性价比最高的汽车。它的故障率低,使用成本极低、残值高、售后服务是同行业中最好的,所以综合比较,丰田汽车不仅物有所值,甚至是物超所值的。"

李先生:"丰田车的性价比是不错,故障率低又省油安全。卡罗拉虽然没有惊艳的感觉,但很耐看,我看不错。"

李太太:"有没有现车?现在买什么时候能提车?"

销售人员×××:"预定后,需要一个半月以后才能提车。"李太太:"再看吧。"

(7)约定顾客下次来店,送顾客出店(行注目礼的规范)

销售人员×××:"李先生李太太,我公司于本月××日进行卡罗拉轿车试乘试驾会,真诚邀请您们参加。我可以请您们再来一趟吗?"

李太太站起来,李先生和销售人员×××也随着站起来。李太太:"这个月××日吗?好,到时先来试试。"销售人员×××:"谢谢李先生李太太光临我店,有需要可随时联系我,我恭候着您们的再次光临。谢谢!"(行注目礼的礼仪)

附录

【项目导读】

附录 A 《汽车贷款管理办法》
附录 B 《缺陷汽车产品召回管理规定》
附录 C 家用汽车产品修理、更换、退货责任规定

附录 A 《汽车贷款管理办法》

第一章 总则

第一条 为规范汽车贷款业务管理，防范汽车贷款风险，促进汽车贷款业务健康发展，根据《中华人民共和国中国人民银行法》《中华人民共和国商业银行法》《中华人民共和国银行业监督管理法》等法律规定，制定本办法。

第二条 本办法所称汽车贷款是指贷款人向借款人发放的用于购买汽车（含二手车）的贷款，包括个人汽车贷款、经销商汽车贷款和机构汽车贷款。

第三条 本办法所称贷款人是指在中华人民共和国境内依法设立的、经中国银行业监督管理委员会及其派出机构批准经营人民币贷款业务的商业银行、城乡信用社及获准经营汽车贷款业务的非银行金融机构。

第四条 本办法所称自用车是指借款人通过汽车贷款购买的、不以盈利为目的的汽车；商用车是指借款人通过汽车贷款购买的、以盈利为目的的汽车；二手车是指从办理完机动车注册登记手续到规定报废年限一年之前进行所有权变更并依法办理过户手续的汽车。

第五条 汽车贷款利率按照中国人民银行公布的贷款利率规定执行，计、结息办法由借款人和贷款人协商确定。

第六条 汽车贷款的贷款期限（含展期）不得超过 5 年，其中，二手车贷款的贷款期限（含展期）不得超过 3 年，经销商汽车贷款的贷款期限不得超过 1 年。

第七条 借贷双方应当遵循平等、自愿、诚实、守信的原则。

第二章 个人汽车贷款

第八条 本办法所称个人汽车贷款，是指贷款人向个人借款人发放的用于购买汽车的贷款。

第九条 借款人申请个人汽车贷款，应当同时符合以下条件：

（一）是中华人民共和国公民，或在中华人民共和国境内连续居住一年以上（含一年）的港、澳、台居民及外国人。

（二）具有有效身份证明、固定和详细住址且具有完全民事行为能力。

（三）具有稳定的合法收入或足够偿还贷款本息的个人合法资产。

（四）个人信用良好。

（五）能够支付本办法规定的首期付款。

（六）贷款人要求的其他条件。

第十条 贷款人发放个人汽车贷款，应综合考虑以下因素，确定贷款金额、期限、利率和还本付息方式等贷款条件：

（一）贷款人对借款人的资信评级情况。

（二）贷款担保情况。

（三）所购汽车的性能及用途。

（四）汽车行业发展和汽车市场供求情况。

第十一条 贷款人应当建立借款人信贷档案。借款人信贷档案应载明以下内容：

（一）借款人姓名、住址、有效身份证明及有效联系方式。

（二）借款人的收入水平及资信状况证明。

（三）所购汽车的购车协议、汽车型号、发动机号、车架号、价格与购车用途。

（四）贷款的金额、期限、利率、还款方式和担保情况。

（五）贷款催收记录。

（六）防范贷款风险所需的其他资料。

第十二条 贷款人发放个人商用车贷款，除本办法第十一条规定的内容外，应在借款人信贷档案中增加商用车运营资格证年检情况、商用车折旧、保险情况等内容。

第三章　经销商汽车贷款

第十三条 本办法所称经销商汽车贷款，是指贷款人向汽车经销商发放的用于采购车辆和（或）零配件的贷款。

第十四条 借款人申请经销商汽车贷款，应当同时符合以下条件：

（一）具有工商行政主管部门核发的企业法人营业执照及年检证明。

（二）具有汽车生产商出具的代理销售汽车证明。

（三）资产负债率不超过80%。

（四）具有稳定的合法收入或足够偿还贷款本息的合法资产。

（五）经销商、经销商高级管理人员及经销商代为受理贷款申请的客户无重大违约行为或信用不良记录。

（六）贷款人要求的其他条件。

第十五条 贷款人应为每个经销商借款人建立独立的信贷档案，并及时更新。经销商信贷档案应载明以下内容：

（一）经销商的名称、法定代表人及营业地址。

（二）各类营业证照复印件。

（三）经销商购买保险、商业信用及财务状况。

（四）中国人民银行核发的贷款卡（号）。
（五）所购汽车及零部件的型号、价格及用途。
（六）贷款担保状况。
（七）防范贷款风险所需的其他资料。

第十六条 贷款人对经销商采购车辆和（或）零配件贷款的贷款金额应以经销商一段期间的平均存货为依据，具体期间应视经销商存货周转情况而定。

第十七条 贷款人应通过定期清点经销商汽车和（或）零配件存货、分析经销商财务报表等方式，定期对经销商进行信用审查，并视审查结果调整经销商资信级别和清点存货的频率。

第四章 机构汽车贷款

第十八条 本办法所称机构汽车贷款，是指贷款人对除经销商以外的法人、其他经济组织（以下简称机构借款人）发放的用于购买汽车的贷款。

第十九条 借款人申请机构汽车贷款，必须同时符合以下条件：
（一）具有企业或事业单位登记管理机关核发的企业法人营业执照或事业单位法人证书等证明借款人具有法人资格的法定文件。
（二）具有合法、稳定的收入或足够偿还贷款本息的合法资产。
（三）能够支付本办法规定的首期付款。
（四）无重大违约行为或信用不良记录。
（五）贷款人要求的其他条件。

第二十条 贷款人应参照本办法第十五条的规定为每个机构借款人建立独立的信贷档案，加强信贷风险跟踪监测。

第二十一条 贷款人对从事汽车租赁业务的机构发放机构商用车贷款，应监测借款人对残值的估算方式，防范残值估计过高给贷款人带来的风险。

第五章 风险管理

第二十二条 贷款人发放自用车贷款的金额不得超过借款人所购汽车价格的80%；发放商用车贷款的金额不得超过借款人所购汽车价格的70%；发放二手车贷款的金额不得超过借款人所购汽车价格的50%。

前款所称汽车价格，对新车是指汽车实际成交价格（不含各类附加税、费及保费等）与汽车生产商公布的价格的较低者，对二手车是指汽车实际成交价格（不含各类附加税、费及保费等）与贷款人评估价格的较低者。

第二十三条 贷款人应建立借款人资信评级系统，审慎确定借款人的资信级别。对个人借款人，应根据其职业、收入状况、还款能力、信用记录等因素确定资信级别；

对经销商及机构借款人，应根据其信贷档案所反映的情况、高级管理人员的资信情况、财务状况、信用记录等因素确定资信级别。

第二十四条　贷款人发放汽车贷款，应要求借款人提供所购汽车抵押或其他有效担保。

第二十五条　贷款人应直接或委托指定经销商受理汽车贷款申请，完善审贷分离制度，加强贷前审查和贷后跟踪催收工作。

第二十六条　贷款人应建立二手车市场信息数据库和二手车残值估算体系。

第二十七条　贷款人应根据贷款金额、贷款地区分布、借款人财务状况、汽车品牌、抵押担保等因素建立汽车贷款分类监控系统，对不同类别的汽车贷款风险进行定期检查、评估。根据检查评估结果，及时调整各类汽车贷款的风险级别。

第二十八条　贷款人应建立汽车贷款预警监测分析系统，制定预警标准；超过预警标准后应采取重新评价贷款审批制度等措施。

第二十九条　贷款人应建立不良贷款分类处理制度和审慎的贷款损失准备制度，计提相应的风险准备。

第三十条　贷款人发放抵押贷款，应审慎评估抵押物价值，充分考虑抵押物价值风险，设定抵押率上限。

第三十一条　贷款人应将汽车贷款的有关信息及时录入信贷登记咨询系统，并建立与其他贷款人的信息交流制度。

第六章　附则

第三十二条　贷款人在从事汽车贷款业务时有违反本办法规定行为的，中国银行业监督管理委员会及其派出机构有权依据《中华人民共和国银行业监督管理法》等法律规定对该贷款人及其相关人员进行处罚。中国人民银行及其分支机构可以建议中国银行业监督管理委员会及其派出机构对从事汽车贷款业务的贷款人违规行为进行监督检查。

第三十三条　贷款人对借款人发放的用于购买推土机、挖掘机、搅拌机、泵机等工程车辆的贷款，比照本办法执行。

第三十四条　本办法由中国人民银行和中国银行业监督管理委员会共同负责解释。

第三十五条　本办法自 2004 年 10 月 1 日起施行，中国人民银行 1998 年颁布的《汽车消费贷款管理办法》自本办法施行之日起废止。

附录B 《缺陷汽车产品召回管理规定》

第一章 总则

第一条 为加强对缺陷汽车产品召回事项的管理，消除缺陷汽车产品对使用者及公众人身、财产安全造成的危险，维护公共安全、公众利益和社会经济秩序，根据《中华人民共和国产品质量法》等法律制定本规定。

第二条 凡在中华人民共和国境内从事汽车产品生产、进口、销售、租赁、修理活动的，适用本规定。

第三条 汽车产品的制造商（进口商）对其生产（进口）的缺陷汽车产品依本规定履行召回义务，并承担消除缺陷的费用和必要的运输费；汽车产品的销售商、租赁商、修理商应当协助制造商履行召回义务。

第四条 售出的汽车产品存在本规定所称缺陷时，制造商应按照本规定中主动召回或指令召回程序的要求，组织实施缺陷汽车产品的召回。

国家根据经济发展需要和汽车产业管理要求，按照汽车产品种类分步骤实施缺陷汽车产品召回制度。

国家鼓励汽车产品制造商参照本办法规定，对缺陷以外的其他汽车产品质量等问题，开展召回活动。

第五条 本规定所称汽车产品，指按照国家标准规定，用于载运人员、货物，由动力驱动或者被牵引的道路车辆。

本规定所称缺陷，是指由于设计、制造等方面的原因而在某一批次、型号或类别的汽车产品中普遍存在的具有同一性的危及人身、财产安全的不合理危险，或者不符合有关汽车安全的国家标准的情形。

本规定所称制造商，指在中国境内注册，制造、组装汽车产品并以其名义颁发产品合格证的企业，以及将制造、组装的汽车产品已经销售到中国境内的外国企业。

本规定所称进口商，指从境外进口汽车产品到中国境内的企业。进口商视同为汽车产品制造商。

本规定所称销售商，指销售汽车产品，并收取货款、开具发票的企业。

本规定所称租赁商，指提供汽车产品为他人使用，收取租金的自然人、法人或其他组织。

本规定所称修理商，指为汽车产品提供维护、修理服务的企业和个人。

本规定所称制造商、进口商、销售商、租赁商、修理商，统称经营者。

本规定所称车主，是指不以转售为目的，依法享有汽车产品所有权或者使用权的自然人、法人或其他组织。

本规定所称召回，指按照本规定要求的程序，由缺陷汽车产品制造商（包括进口商，下同）选择修理、更换、收回等方式消除其产品可能引起人身伤害、财产损失的缺陷的过程。

第二章　缺陷汽车召回的管理

第六条　国家质量监督检验检疫总局（以下称主管部门）负责全国缺陷汽车召回的组织和管理工作。

国家发展和改革委员会、商务部、海关总署等国务院有关部门在各自职责范围内，配合主管部门开展缺陷汽车召回的有关管理工作。

各省、自治区、直辖市质量技术监督部门和各直属检验检疫机构（以下称地方管理机构）负责组织本行政区域内缺陷汽车召回的监督工作。

第七条　缺陷汽车产品召回的期限，整车为自交付第一个车主起，至汽车制造商明示的安全使用期止；汽车制造商未明示安全使用期的，或明示的安全使用期不满10年的，自销售商将汽车产品交付第一个车主之日起10年止。

汽车产品安全性零部件中的易损件，明示的使用期限为其召回时限；汽车轮胎的召回期限为自交付第一个车主之日起3年止。

第八条　判断汽车产品的缺陷包括以下原则：

（一）经检验机构检验安全性能存在不符合有关汽车安全的技术法规和国家标准的。

（二）因设计、制造上的缺陷已给车主或他人造成人身、财产损害的。

（三）虽未造成车主或他人人身、财产损害，但经检测、实验和论证，在特定条件下缺陷仍可能引发人身或财产损害的。

第九条　缺陷汽车产品召回按照制造商主动召回和主管部门指令召回两种程序的规定进行。

制造商自行发现，或者通过企业内部的信息系统，或者通过销售商、修理商和车主等相关各方关于其汽车产品缺陷的报告和投诉，或者通过主管部门的有关通知等方式获知缺陷存在，可以将召回计划在主管部门备案后，按照本规定中主动召回程序的规定，实施缺陷汽车产品召回。

制造商获知缺陷存在而未采取主动召回行动的，或者制造商故意隐瞒产品缺陷的，或者以不当方式处理产品缺陷的，主管部门应当要求制造商按照指令召回程序的规定进行缺陷汽车产品召回。

第十条 主管部门会同国务院有关部门组织建立缺陷汽车产品信息系统，负责收集、分析与处理有关缺陷的信息。经营者应当向主管部门及其设立的信息系统报告与汽车产品缺陷有关的信息。

第十一条 主管部门应当聘请专家组成专家委员会，并由专家委员会实施对汽车产品缺陷的调查和认定。根据专家委员会的建议，主管部门可以委托国家认可的汽车产品质量检验机构，实施有关汽车产品缺陷的技术检测。专家委员会对主管部门负责。

第十二条 主管部门应当对制造商进行的召回过程加以监督，并根据工作需要部署地方管理机构进行有关召回的监督工作。

第十三条 制造商或者主管部门对已经确认的汽车产品存在缺陷的信息及实施召回的有关信息，应当在主管部门指定的媒体上向社会公布。

第十四条 缺陷汽车产品信息系统和指定的媒体发布缺陷汽车产品召回信息，应当客观、公正、完整。

第十五条 从事缺陷汽车召回管理的主管部门及地方机构和专家委员会、检验机构及其工作人员，在调查、认定、检验等过程中应当遵守公正、客观、公平、合法的原则，保守相关企业的技术秘密及相关缺陷调查、检验的秘密；未经主管部门同意，不得擅自泄露相关信息。

第三章 经营者及相关各方的义务

第十六条 制造商应按照国家标准《道路车辆识别代号》（GB/T 16735－16738）中的规定，在每辆出厂车辆上标注永久性车辆识别代码（VIN）；应当建立、保存车辆及车主信息的有关记录档案。对上述资料应当随时在主管部门指定的机构备案（见附件1）。

制造商应当建立收集产品质量问题、分析产品缺陷的管理制度，保存有关记录。

制造商应当建立汽车产品技术服务信息通报制度，载明有关车辆故障排除方法、车辆维护、维修方法，服务于车主、销售商、租赁商、修理商。通报内容应当向主管部门指定机构备案。

制造商应当配合主管部门对其产品可能存在的缺陷进行调查，提供调查所需的有关资料，协助进行必要的技术检测。

制造商应当向主管部门报告其汽车产品存在的缺陷；不得以不当方式处理其汽车产品缺陷。

制造商应当向车主、销售商、租赁商提供本规定附件3和附件4规定的文件，便于其发现汽车产品存在缺陷后提出报告。

第十七条 销售商、租赁商、修理商应当向制造商和主管部门报告所发现的汽车产品可能存在的缺陷的相关信息，配合主管部门进行的相关调查，提供调查需要的有关资料，并配合制造商进行缺陷汽车产品的召回。

第十八条 车主有权向主管部门、有关经营者投诉或反映汽车产品存在的缺陷，并可向主管部门提出开展缺陷产品召回的相关调查的建议。

车主应当积极配合制造商进行缺陷汽车产品召回。

第十九条 任何单位和个人，均有权向主管部门和地方管理机构报告汽车产品可能存在的缺陷。

主管部门针对汽车产品可能存在的缺陷进行调查时，有关单位和个人应当予以配合。

第四章 汽车产品缺陷的报告、调查和确认

第二十条 制造商确认其汽车产品存在缺陷，应当在 5 个工作日内以书面形式向主管部门报告（书面报告格式见附件 2）；制造商在提交上述报告的同时，应当在 10 个工作日内以有效方式通知销售商停止销售所涉及的缺陷汽车产品，并将报告内容通告销售商。境外制造商还应在 10 个工作日内以有效方式通知进口商停止进口缺陷汽车产品，并将报告内容报送商务部并通告进口商。

销售商、租赁商、修理商发现其经营的汽车产品可能存在缺陷，或者接到车主提出的汽车产品可能存在缺陷的投诉，应当及时向制造商和主管部门报告（书面报告格式见附件 3）。

车主发现汽车产品可能存在缺陷，可通过有效方式向销售商或主管部门投诉或报告（书面报告格式见附件 4）。

其他单位和个人发现汽车产品可能存在缺陷应参照上述附件中的内容和格式向主管部门报告。

第二十一条 主管部门接到制造商关于汽车产品存在缺陷并符合附件 2 的报告后，按照第五章缺陷汽车产品主动召回程序处理。

第二十二条 主管部门根据其指定的信息系统提供的分析、处理报告及其建议，认为必要时，可将相关缺陷的信息以书面形式通知制造商，并要求制造商在指定的时间内确认其产品是否存在缺陷及是否需要进行召回。

第二十三条 制造商在接到主管部门依第二十二条规定发出的通知，并确认汽车产品存在缺陷后，应当在 5 个工作日内依附件 2 的书面报告格式向主管部门提交报告，并按照第五章缺陷汽车产品主动召回程序实施召回。

制造商能够证明其产品不需召回的，应向主管部门提供翔实的论证报告，主管部门应当继续跟踪调查。

第二十四条 制造商在第二十三条所称论证报告中不能提供充分的证明材料或其提供的证明材料不足以证明其汽车产品不存在缺陷，又不主动实施召回的，主管部门

应当组织专家委员会进行调查和鉴定，制造商可以派代表说明情况。

主管部门认为必要时，可委托国家认可的汽车质量检验机构对相关汽车产品进行检验。

主管部门根据专家委员会意见和检测结果确认其产品存在缺陷的，应当书面通知制造商实施主动召回，有关缺陷鉴定、检验等费用由制造商承担。如制造商仍拒绝主动召回，主管部门应责令制造商按照第六章的规定实施指令召回程序。

第五章 缺陷汽车产品主动召回程序

第二十五条 制造商确认其生产且已售出的汽车产品存在缺陷决定实施主动召回的，应当按本规定第二十条或者第二十三条的要求向主管部门报告，并应当及时制定包括以下基本内容的召回计划，提交主管部门备案：

（一）有效停止缺陷汽车产品继续生产的措施。

（二）有效通知销售商停止批发和零售缺陷汽车产品的措施。

（三）有效通知相关车主有关缺陷的具体内容和处理缺陷的时间、地点和方法等。

（四）客观公正地预测召回效果。

境外制造商还应提交有效通知进口商停止缺陷汽车产品进口的措施。

第二十六条 制造商在向主管部门备案同时，应当立即将其汽车产品存在的缺陷、可能造成的损害及其预防措施、召回计划等，以有效方式通知有关进口商、销售商、租赁商、修理商和车主，并通知销售商停止销售有关汽车产品，进口商停止进口有关汽车产品。制造商须设置热线电话，解答各方询问，并在主管部门指定的网站上公布缺陷情况供公众查询。

第二十七条 制造商依第二十五条的规定提交附件2的报告之日起1个月内，制定召回通知书（见附件5），向主管部门备案，同时告知销售商、租赁商、修理商和车主，并开始实施召回计划。

第二十八条 制造商按计划完成缺陷汽车产品召回后，应在1个月内向主管部门提交召回总结报告（见附件9）。

第二十九条 主管部门应当对制造商采取的主动召回行动进行监督，对召回效果进行评估，并提出处理意见。

主管部门认为制造商所进行的召回未能取得预期效果，可通知制造商再次进行召回，或依法采取其他补救措施。

第六章 缺陷汽车产品指令召回程序

第三十条 主管部门依第二十四条规定经调查、检验、鉴定确认汽车产品存在缺陷，而制造商又拒不召回的，应当及时向制造商发出指令召回通知书（见附件6）。国家认证认可监督管理部门责令认证机构暂停或收回汽车产品强制性认证证书。对境外生产的汽车产品，主管部门会同商务部和海关总署发布对缺陷汽车产品暂停进口的公告，海关停止办理缺陷汽车产品的进口报关手续。在缺陷汽车产品暂停进口公告发布前，已经运往我国尚在途中的，或业已到达我国尚未办结海关手续的缺陷汽车产品，应由进口商按海关有关规定办理退运手续。

主管部门根据缺陷的严重程度和消除缺陷的紧急程度，决定是否需要立即通报公众有关汽车产品存在的缺陷和避免发生损害的紧急处理方法及其他相关信息。

第三十一条 制造商应当在接到主管部门指令召回的通知书之日起5个工作日内，通知销售商停止销售该缺陷汽车产品，在10个工作日内向销售商、车主发出关于主管部门通知该汽车存在缺陷的信息。境外制造商还应在5个工作日内通知进口商停止进口该缺陷汽车产品。

制造商对主管部门的决定等具体行政行为有异议的，可依法申请行政复议或提起行政诉讼。在行政复议和行政诉讼期间，主管部门通知中关于制造商进行召回的内容暂不实施，但制造商仍须履行前款规定的义务。

第三十二条 制造商接到主管部门关于缺陷汽车产品指令召回通知书之日起10个工作日内，应当向主管部门提交符合本规定第二十五条要求的有关文件。

第三十三条 主管部门应当在收到该缺陷汽车产品召回计划后5个工作日内将审查结果通知制造商。

主管部门批准召回计划的，制造商应当在接到批准通知之日起1个月内，依据批准的召回计划制定缺陷汽车产品召回通知书（见附件5），向销售商、租赁商、修理商和车主发出该召回通知书，并报主管部门备案。召回通知书应当在主管部门指定的报刊上连续刊登3期，召回期间在主管部门指定网站上持续发布。

主管部门未批准召回计划的，制造商应按主管部门提出的意见进行修改，并在接到通知之日起10个工作日内再次向主管部门递交修改后的召回计划，直至主管部门批准为止。

第三十四条 制造商应在发出召回通知书之日起，开始实施召回，并在召回计划时限内完成。

制造商有合理原因未能在此期限内完成召回的，应向主管部门提出延长期限的申请，主管部门可根据制造商申请适当延长召回期限。

第三十五条 制造商应自发出召回通知书之日起，每3个月向主管部门提交符合本规定要求（见附件7）的召回阶段性进展情况的报告；主管部门可根据召回的实际效果，决定制造商是否应采取更为有效的召回措施。

第三十六条 对每一辆完成召回的缺陷汽车，制造商应保存符合本规定要求（见附件8）的召回记录单。召回记录单一式两份，一份交车主保存，另一份由制造商保存。

第三十七条 制造商按计划完成召回后,应在1个月内向主管部门提交召回总结报告(见附件9)。

第三十八条 主管部门应对制造商提交的召回总结报告进行审查,并在15个工作日内书面通知制造商审查结论。审查结论应向社会公布。

主管部门认为制造商所进行的召回未能取得预期的效果,可责令制造商采取补救措施,再次进行召回。

如制造商对审查结论有异议,可依法申请行政复议或提起行政诉讼。在行政复议或行政诉讼期间,主管部门的决定暂不执行。

第三十九条 主管部门应及时公布制造商在中国境内进行的缺陷汽车召回、召回效果审查结论等有关信息,通过指定网站公布,为查询者提供有关资料。

主管部门应向商务部和海关总署通报进口缺陷汽车的召回情况。

第七章 罚则

第四十条 制造商违反本规定第十六条第一、二、三、四款规定,不承担相应义务的,质量监督检验检疫部门应当责令其改正,并予以警告。

第四十一条 销售商、租赁商、修理商违反本规定第十七条有关规定,不承担相应义务的,质量监督检验检疫部门可以酌情处以警告、责令改正等处罚;情节严重的,处以1000元以上5000元以下罚款。

第四十二条 有下列情形之一的,主管部门可责令制造商重新召回,通报批评,并由质量监督检验检疫部门处以10000元以上30000元以下罚款:

(一)制造商故意隐瞒缺陷的严重性的。

(二)试图利用本规定的缺陷汽车产品主动召回程序,规避主管部门监督的。

(三)由于制造商的过错致使召回缺陷产品未达到预期目的,造成损害再度发生的。

第四十三条 从事缺陷汽车管理职能的管理机构及其工作人员,受其委托进行缺陷调查、检验和认定的工作人员,徇私舞弊,违反保密规定的,给予行政处分;直接责任人徇私舞弊,贪赃枉法,构成犯罪的,依法追究刑事责任。

有关专家作伪证,检验人员出具虚假检验报告,或捏造散布虚假信息的,取消其相应资格,造成损害的,承担赔偿责任;构成犯罪的,依法追究刑事责任。

第八章 附则

第四十四条 制造商实施缺陷汽车产品召回,不免除车主及其他受害人因缺陷汽车产品所受损害,要求其承担的其他法律责任。

第四十五条 本规定由国家质量监督检验检疫总局、国家发展和改革委员会、商务部、海关总署在各自职责范围内负责解释。

第四十六条 本规定自 2004 年 10 月 1 日起实施。

附件 1：汽车制造商提交备案材料清单

1. 车辆识别信息
1.1　VIN 编码规则
1.2　每台车辆的 VIN、发动机号、车架号、生产日期及详细配置信息
1.3　整批次车辆配置信息，包括：
1.3.1　发动机类型（汽油或柴油机、汽缸数和排气量等）及型号
1.3.2　变速器类型（手动或自动变速器）及型号
1.3.3　车辆驱动形式（前/后轮，四轮）
1.3.4　制动系统
1.3.5　防抱死制动系统（ABS）和牵引力控制系统
1.3.6　巡航控制系统
1.3.7　气囊和安全带
1.3.8　车轮尺寸、轮胎品牌与型号
1.3.9　车身形式（双门、四门、旅行车、货车、厢式车）
1.3.10　整车质量
1.3.11　车辆尺寸
1.3.12　其他信息
1.4　对于进口或引进车型（含组装和改装车），还应提供该车型在原产地的原型车名称和在世界其他国家销售的车型名称及投放市场时间。提供与该车型同平台生产的其他车辆的名称。

2．车辆技术资料
2.1　车辆规格与技术参数
2.1.1　发动机型号与技术参数
2.1.2　变速器型号与技术参数
2.1.3　其他系统规格与技术参数
2.1.4　整车车辆型号、技术参数
2.2　技术服务信息通报
2.3　维修手册
2.4　配件目录

3．经销和售后服务渠道
3.1　各地经销商及维修站的名称、地址、邮政编码、电子邮件、电话、传真和负责人

3.2 维修站的营业时间和月平均维修能力
3.3 每台车辆所销往地区及经销商名称
4. 车主信息

车主的姓名、身份证号、地址、邮政编码、电话和电子邮件，车辆的 VIN 码，车辆购买时间。

附件2：制造商关于汽车产品缺陷的报告

国家质量监督检验检疫总局：

根据《缺陷汽车产品召回管理规定》的相关规定，_____（制造商名称）决定将本报告中说明的车辆实施召回，以消除安全缺陷。

1. 制造商信息

企业名称			
地　　址			
邮政编码		电子邮件	
电　　话		传　　真	
网　　址			
联系人			
电　　话		传　　真	
电子邮件			

2. 召回车辆信息

2.1 车辆识别信息

厂　　牌			
车　　型			
年　　款			
型　　号			
生产日期	起：		止：
VIN 范围	起：		止：
发动机号范围	起		止
车架号范围	起		止
车辆类型			
车身形式		照片	

/ 268

2.2 车型的特征信息

_____

_____

2.3 召回车辆占该车型总销售量的比例

2.4 涉及召回的车辆的生产年代和车型信息

车　　型	生产日期	可能召回的数量

2.5 可能的召回车辆总数

3. 缺陷描述

3.1 缺陷所属系统及其位置

_____

_____

3.2 缺陷产生的原因

_____

_____

3.3 缺陷可能导致的后果，并须说明可能产生的危险及其严重程度

_____

_____

3.4 缺陷发生前及发生时车辆的预警和警示信息，如异响、报警灯等

_____

_____

3.5 如果缺陷的零部件是从其他制造商处采购的,提供该制造商的详细信息（名称、地址和联系方式等）以及该制造商的负责人或法定代表人

企业名称：_____

地　址：_____

电　话：_____ 传　真：_____

企业法人：_____ 电　话：_____

3.6 缺陷的总结。包括但不仅限于：缺陷报告数量、事故、人员伤亡情况、索赔案件

3.7 缺陷鉴定检测的数据或报告（必要时随附件提供）

4. 缺陷的补救措施

4.1 制造商对缺陷的消除方法（必要时随附件提供）

4.2 用于维修的零部件与被召回的零部件的主要区别

4.3 正在生产的涉及召回的产品的缺陷是如何及何时修正的

5. 召回日程
说明召回的时间安排，注意说明召回执行过程中可能出现的问题

企业名称（签章）
日期

附件 3：销售商、租赁商和修理商关于汽车产品缺陷的报告

国家质量监督检验检疫总局：

　　根据《缺陷汽车产品召回管理规定》的相关规定，_____（销售商/租赁商/修理商名称）发现报告中说明的车型可能存在安全缺陷。

1. 销售商/进口商/租赁商/修理商信息

企业名称			
地　　址			
邮政编码		电子邮件	
电　　话		传　　真	
联系人			
电　　话		传　　真	
电子邮件			

2. 车辆信息

2.1 车辆识别信息

厂　　牌	
车　　型	
年　　款	
型　　号	
车辆类型	
车身形式	

2.2 车型的特征信息

_____

2.3 缺陷车辆档案

生产日期	VIN 编码	发动机号	车架号

3. 缺陷描述

3.1 缺陷的详细信息，所属系统及其位置

_____

3.2 可能导致缺陷的原因

_____

3.3 缺陷导致的后果，包括发生缺陷车辆的数量、事故、人员伤亡情况、索赔案件，说明可能产生的不合理危险及其严重程度

_____

3.4 缺陷发生前及发生时车辆的预警和警示信息，如异响，报警灯等

_____

企业名称（签章）

日　　期

附件 4：车主关于汽车产品缺陷的报告

1. 车主信息

姓名（企业名称）			
证件号码		联系人*	
地址			
邮政编码		电子邮件	
电话		传真	

注：*车主为自然人在证件号码栏中填写身份证号或护照号；车主为企事业单位的填写企业代码或法人代码。

2. 车辆信息

厂牌			
车型			
年款		型号	
发动机号		车架号	
VIN 编码			
车辆类型*		车身形式*	
生产日期		购买日期	
行驶里程		是否为二手车	A. 是 B. 否
发动机排量*		汽缸数*	
驱动形式*		是否安装 ABS *	A. 是 B. 否
安全带形式*		安全气囊形式*	

注：*可以不填写；
　　车身形式指：双门、四门、旅行车、货车、厢式车等；
　　驱动形式指：前/后、四轮。

3. 销售商信息

企业名称			
地　址			
邮政编码		电子邮件	
电　话		传真	

4．缺陷描述

缺陷所在的系统（如制动系统、转向系统等）及相关描述

_____

_____

5．发现缺陷的状态

时间：

　　车辆里程：

　　车速：

其他：

_____

6．是否与制造厂或我国管理召回的主管部门有过接触

　　A．是　　　　　B．否

7．交通事故描述

　　是否发生碰撞或起火：_____

　　哪个气囊膨开：_____

　　伤亡人数：_____

　　估计的直接经济损失：_____

　　其他：_____

8．轮胎问题描述（如果存在）

_____

车主（签章）
日期

附件 5：缺陷汽车产品召回通知书的内容

（销售商 / 租赁商 / 修理商 / 车主）：

　　经确认，_____（制造商名称）生产的部分车型存在缺陷。根据《缺陷汽车产品召回管理规定》的相关规定，我公司决定将本通知中说明的车辆实施召回，以消除安全缺陷。

1．召回车辆信息

1.1　车辆识别信息

厂　牌	
车　型	

年　款			
型　号			
生产日期	起：		止：
VIN 范围	起：		止：
发动机号范围	起：		止：
车架号范围	起：		止：
车辆类型			
车身形式		照片	

1.2　车型的特征信息

_____

1.3　涉及召回的车辆的生产年代和车型信息

车型	生产日期	可能召回的数量

2．缺陷描述

_____

2.1　缺陷可能导致的后果，可能产生的危险及其严重程度

_____

2.2　缺陷发生前及发生时车辆的预警和警示信息，如异响、报警灯等

_____

2.3　应注意的可能引致危险的操作及其他情况

_____

2.4　在召回之前为避免缺陷引致的危险建议车主应采取的预防措施

_____

3．召回措施的具体内容

3.1　消除缺陷所采取的具体措施

通过修理、更换等方式消除相关缺陷，并说明上述召回措施对车主是免费的；

3.2 召回措施的实施计划

如召回开始和结束日期，修理、更换或者收回地点，制造商指定或者推荐的维修商等。

3.3 消除缺陷所需的工作量和时间

3.4 其他信息

包括：在采用修理措施消除缺陷时，应向指定或推荐的修理商提供所需修理的零部件名称、型号和数量及其他技术资料的获取途径；采用更换措施消除缺陷时，对汽车及零部件的更换加以说明；采用退货措施时，对退还价格的说明。

召回企业（签章）
日期

附件6：缺陷汽车产品政府指令召回通知书

缺陷汽车产品政府指令召回通知书

编号〔200 〕号

（一）（制造商名称、国别）

你公司制造的　　　车型（生产年份）经判别，存在缺陷，根据《缺陷汽车产品召回管理规定》第六章第三十一条的规定，责令你公司立即采取召回行动，并立即通知有关销售商停止销售该型号汽车产品。请于　　年　月　日前将该车型的召回计划报国家质量监督检验检疫总局。如果有异议，可依法申请行政复议或提起行政诉讼。

（二）（缺陷描述）

签发人：　　　　　　　　　　　签发日期：

附件7：缺陷汽车产品召回阶段性进展报告

国家质量监督检验检疫总局：

根据《缺陷汽车产品召回管理规定》的相关规定，＿＿＿＿＿＿＿＿＿＿＿＿（制造商名称）现提交本次召回阶段性进展报告。

1. 已召回车辆数量
2. 已召回车辆占应召回车辆比例
3. 已召回车辆地区分布
4. 是否已经发生事故
5. 后期召回计划（如有变更）

6. 其他情况

企业名称（签章）
日期

附件8：缺陷汽车产品召回记录单

召回编号：

召回记录单编号：

召回日期：

序号：

车辆信息	制造商	
	车型	
	VIN	
	发动机号	
	车架号	
车主信息	车主姓名	
	身份证号	
	联系电话	
	通信地址	
	购买时间	
缺陷处理	企业名称	
	处理方式	A．维修　B．零件更换　C．整车回收
	备注	

车主（签字）：　　　　　　　　　　召回企业（签章）：

附件9：缺陷汽车产品召回总结报告

（一）缺陷汽车产品产生的原因。

（二）召回计划实施的详细情况，包括召回的具体技术措施和方法。

（三）缺陷产品的销售范围和数量。

（四）召回效果，包括已召回并消除缺陷的和仍未召回的产品数量。

（五）对尚未召回的缺陷汽车产品的原因的说明，及所要采取的针对性措施。

（六）对防止同样缺陷产品再次发生和对召回行动改进的建议。

附录 C 家用汽车产品修理、更换、退货责任规定

第一章 总则

第一条 为了保护家用汽车产品消费者的合法权益,明确家用汽车产品修理、更换、退货(以下简称三包)责任,根据有关法律法规,制定本规定。

第二条 在中华人民共和国境内生产、销售的家用汽车产品的三包,适用本规定。

第三条 本规定是家用汽车产品三包责任的基本要求。鼓励家用汽车产品经营者做出更有利于维护消费者合法权益的严于本规定的三包责任承诺;承诺一经做出,应当依法履行。

第四条 本规定所称三包责任由销售者依法承担。销售者依照规定承担三包责任后,属于生产者的责任或者属于其他经营者的责任的,销售者有权向生产者、其他经营者追偿。

家用汽车产品经营者之间可以订立合同约定三包责任的承担,但不得侵害消费者的合法权益,不得免除本规定所规定的三包责任和质量义务。

第五条 家用汽车产品消费者、经营者行使权利、履行义务或承担责任,应当遵循诚实信用原则,不得恶意欺诈。

家用汽车产品经营者不得故意拖延或者无正当理由拒绝消费者提出的符合本规定的三包责任要求。

第六条 国家质量监督检验检疫总局(以下简称国家质检总局)负责本规定实施的协调指导和监督管理;组织建立家用汽车产品三包信息公开制度,并可以依法委托相关机构建立家用汽车产品三包信息系统,承担有关信息管理等工作。

地方各级质量技术监督部门负责本行政区域内本规定实施的协调指导和监督管理。

第七条 各有关部门、机构及其工作人员对履行规定职责所知悉的商业秘密和个人信息依法负有保密义务。

第二章 生产者义务

第八条 生产者应当严格执行出厂检验制度;未经检验合格的家用汽车产品,不得出厂销售。

第九条 生产者应当向国家质检总局备案生产者基本信息、车型信息、约定的销售和修理网点资料、产品使用说明书、三包凭证、维修保养手册、三包责任争议处理

和退换车信息等家用汽车产品三包有关信息，并在信息发生变化时及时更新备案。

第十条 家用汽车产品应当具有中文的产品合格证或相关证明以及产品使用说明书、三包凭证、维修保养手册等随车文件。

产品使用说明书应当符合消费品使用说明等国家标准规定的要求。家用汽车产品所具有的使用性能、安全性能在相关标准中没有规定的，其性能指标、工作条件、工作环境等要求应当在产品使用说明书中明示。

三包凭证应当包括以下内容：产品品牌、型号、车辆类型规格、车辆识别代号（VIN）、生产日期；生产者名称、地址、邮政编码、客服电话；销售者名称、地址、邮政编码、电话等销售网点资料、销售日期；修理者名称、地址、邮政编码、电话等修理网点资料或者相关查询方式；家用汽车产品三包条款、包修期和三包有效期以及按照规定要求应当明示的其他内容。

维修保养手册应当格式规范、内容实用。

随车提供工具、备件等物品的，应附有随车物品清单。

第三章 销售者义务

第十一条 销售者应当建立并执行进货检查验收制度，验明家用汽车产品合格证等相关证明和其他标识。

第十二条 销售者销售家用汽车产品，应当符合下列要求：

（一）向消费者交付合格的家用汽车产品以及发票；

（二）按照随车物品清单等随车文件向消费者交付随车工具、备件等物品；

（三）当面查验家用汽车产品的外观、内饰等现场可查验的质量状况；

（四）明示并交付产品使用说明书、三包凭证、维修保养手册等随车文件；

（五）明示家用汽车产品三包条款、包修期和三包有效期；

（六）明示由生产者约定的修理者名称、地址和联系电话等修理网点资料，但不得限制消费者在上述修理网点中自主选择修理者；

（七）在三包凭证上填写有关销售信息；

（八）提醒消费者阅读安全注意事项、按产品使用说明书的要求进行使用和维护保养。

对于进口家用汽车产品，销售者还应当明示并交付海关出具的货物进口证明和出入境检验检疫机构出具的进口机动车辆检验证明等资料。

第四章 修理者义务

第十三条 修理者应当建立并执行修理记录存档制度。书面修理记录应当一式两份，一份存档，一份提供给消费者。

修理记录内容应当包括送修时间、行驶里程、送修问题、检查结果、修理项目、更换的零部件名称和编号、材料费、工时和工时费、拖运费、提供备用车的信息或者交通费用补偿金额、交车时间、修理者和消费者签名或盖章等。

修理记录应当便于消费者查阅或复制。

第十四条 修理者应当保持修理所需要的零部件的合理储备，确保修理工作的正常进行，避免因缺少零部件而延误修理时间。

第十五条 用于家用汽车产品修理的零部件应当是生产者提供或者认可的合格零部件，且其质量不低于家用汽车产品生产装配线上的产品。

第十六条 在家用汽车产品包修期和三包有效期内，家用汽车产品出现产品质量问题或严重安全性能故障而不能安全行驶或者无法行驶的，应当提供电话咨询修理服务；电话咨询服务无法解决的，应当开展现场修理服务，并承担合理的车辆拖运费。

第五章　三包责任

第十七条 家用汽车产品包修期限不低于3年或者行驶里程60000公里，以先到者为准；家用汽车产品三包有效期限不低于2年或者行驶里程50000公里，以先到者为准。家用汽车产品包修期和三包有效期自销售者开具购车发票之日起计算。

第十八条 在家用汽车产品包修期内，家用汽车产品出现产品质量问题，消费者凭三包凭证由修理者免费修理（包括工时费和材料费）。

家用汽车产品自销售者开具购车发票之日起60日内或者行驶里程3000公里之内（以先到者为准），发动机、变速器的主要零件出现产品质量问题的，消费者可以选择免费更换发动机、变速器。发动机、变速器的主要零件的种类范围由生产者明示在三包凭证上，其种类范围应当符合国家相关标准或规定，具体要求由国家质检总局另行规定。

家用汽车产品的易损耗零部件在其质量保证期内出现产品质量问题的，消费者可以选择免费更换易损耗零部件。易损耗零部件的种类范围及其质量保证期由生产者明示在三包凭证上。生产者明示的易损耗零部件的种类范围应当符合国家相关标准或规定，具体要求由国家质检总局另行规定。

第十九条 在家用汽车产品包修期内，因产品质量问题每次修理时间（包括等待修理备用件时间）超过5日的，应当为消费者提供备用车，或者给予合理的交通费用补偿。

修理时间自消费者与修理者确定修理之时起，至完成修理之时止。一次修理占用时间不足24小时的，以1日计。

第二十条 在家用汽车产品三包有效期内，符合本规定更换、退货条件的，消费者凭三包凭证、购车发票等由销售者更换、退货。

家用汽车产品自销售者开具购车发票之日起60日内或者行驶里程3000公里之内（以先到者为准），家用汽车产品出现转向系统失效、制动系统失效、车身开裂或燃油泄漏，消费者选择更换家用汽车产品或退货的，销售者应当负责免费更换或退货。

在家用汽车产品三包有效期内，发生下列情况之一，消费者选择更换或退货的，销售者应当负责更换或退货：

（一）因严重安全性能故障累计进行了2次修理，严重安全性能故障仍未排除或者又出现新的严重安全性能故障的；

（二）发动机、变速器累计更换2次后，或者发动机、变速器的同一主要零件因其质量问题，累计更换2次后，仍不能正常使用的，发动机、变速器与其主要零件更换次数不重复计算；

（三）转向系统、制动系统、悬架系统、前/后桥、车身的同一主要零件因其质量问题，累计更换2次后，仍不能正常使用的；

转向系统、制动系统、悬架系统、前/后桥、车身的主要零件由生产者明示在三包凭证上，其种类范围应当符合国家相关标准或规定，具体要求由国家质检总局另行规定。

第二十一条 在家用汽车产品三包有效期内，因产品质量问题修理时间累计超过35日的，或者因同一产品质量问题累计修理超过5次的，消费者可以凭三包凭证、购车发票，由销售者负责更换。

下列情形所占用的时间不计入前款规定的修理时间：

（一）需要根据车辆识别代号（VIN）等定制的防盗系统、全车线束等特殊零部件的运输时间；特殊零部件的种类范围由生产者明示在三包凭证上；

（二）外出救援路途所占用的时间。

第二十二条 在家用汽车产品三包有效期内，符合更换条件的，销售者应当及时向消费者更换新的合格的同品牌同型号家用汽车产品；无同品牌同型号家用汽车产品更换的，销售者应当及时向消费者更换不低于原车配置的家用汽车产品。

第二十三条 在家用汽车产品三包有效期内，符合更换条件，销售者无同品牌同型号家用汽车产品，也无不低于原车配置的家用汽车产品向消费者更换的，消费者可以选择退货，销售者应当负责为消费者退货。

第二十四条 在家用汽车产品三包有效期内，符合更换条件的，销售者应当自消费者要求换货之日起15个工作日内向消费者出具更换家用汽车产品证明。

在家用汽车产品三包有效期内，符合退货条件的，销售者应当自消费者要求退货之日起15个工作日内向消费者出具退车证明，并负责为消费者按发票价格一次性退清货款。

家用汽车产品更换或退货的，应当按照有关法律法规规定办理车辆登记等相关手续。

第二十五条 按照本规定更换或者退货的,消费者应当支付因使用家用汽车产品所产生的合理使用补偿,销售者依照本规定应当免费更换、退货的除外。

合理使用补偿费用的计算公式为:[(车价款(元)×行驶里程(km))/1000]×n。使用补偿系数 n 由生产者根据家用汽车产品使用时间、使用状况等因素在 0.5% 至 0.8% 之间确定,并在三包凭证中明示。

家用汽车产品更换或者退货的,发生的税费按照国家有关规定执行。

第二十六条 在家用汽车产品三包有效期内,消费者书面要求更换、退货的,销售者应当自收到消费者书面要求更换、退货之日起 10 个工作日内,作出书面答复。逾期未答复或者未按本规定负责更换、退货的,视为故意拖延或者无正当理由拒绝。

第二十七条 消费者遗失家用汽车产品三包凭证的,销售者、生产者应当在接到消费者申请后 10 个工作日内予以补办。消费者向销售者、生产者申请补办三包凭证后,可以依照本规定继续享有相应权利。

按照本规定更换家用汽车产品后,销售者、生产者应当向消费者提供新的三包凭证,家用汽车产品包修期和三包有效期自更换之日起重新计算。

在家用汽车产品包修期和三包有效期内发生家用汽车产品所有权转移的,三包凭证应当随车转移,三包责任不因汽车所有权转移而改变。

第二十八条 经营者破产、合并、分立、变更的,其三包责任按照有关法律法规规定执行。

第六章 三包责任免除

第二十九条 易损耗零部件超出生产者明示的质量保证期出现产品质量问题的,经营者可以不承担本规定所规定的家用汽车产品三包责任。

第三十条 在家用汽车产品包修期和三包有效期内,存在下列情形之一的,经营者对所涉及产品质量问题,可以不承担本规定所规定的三包责任:

(一)消费者所购家用汽车产品已被书面告知存在瑕疵的;

(二)家用汽车产品用于出租或者其他营运目的的;

(三)使用说明书中明示不得改装、调整、拆卸,但消费者自行改装、调整、拆卸而造成损坏的;

(四)发生产品质量问题,消费者自行处置不当而造成损坏的;

(五)因消费者未按照使用说明书要求正确使用、维护、修理产品,而造成损坏的;

(六)因不可抗力造成损坏的。

第三十一条 在家用汽车产品包修期和三包有效期内,无有效发票和三包凭证的,经营者可以不承担本规定所规定的三包责任。

第七章 争议的处理

第三十二条 家用汽车产品三包责任发生争议的,消费者可以与经营者协商解决;可以依法向各级消费者权益保护组织等第三方社会中介机构请求调解解决;可以依法向质量技术监督部门等有关行政部门申诉进行处理。

家用汽车产品三包责任争议双方不愿通过协商、调解解决或者协商、调解无法达成一致的,可以根据协议申请仲裁,也可以依法向人民法院起诉。

第三十三条 经营者应当妥善处理消费者对家用汽车产品三包问题的咨询、查询和投诉。

经营者和消费者应积极配合质量技术监督部门等有关行政部门、有关机构等对家用汽车产品三包责任争议的处理。

第三十四条 省级以上质量技术监督部门可以组织建立家用汽车产品三包责任争议处理技术咨询人员库,为争议处理提供技术咨询;经争议双方同意,可以选择技术咨询人员参与争议处理,技术咨询人员咨询费用由双方协商解决。

经营者和消费者应当配合质量技术监督部门家用汽车产品三包责任争议处理技术咨询人员库建设,推荐技术咨询人员,提供必要的技术咨询。

第三十五条 质量技术监督部门处理家用汽车产品三包责任争议,按照产品质量申诉处理有关规定执行。

第三十六条 处理家用汽车产品三包责任争议,需要对相关产品进行检验和鉴定的,按照产品质量仲裁检验和产品质量鉴定有关规定执行。

第八章 罚则

第三十七条 违反本规定第九条规定的,予以警告,责令限期改正,处1万元以上3万元以下罚款。

第三十八条 违反本规定第十条规定,构成有关法律法规规定的违法行为的,依法予以处罚;未构成有关法律法规规定的违法行为的,予以警告,责令限期改正;情节严重的,处1万元以上3万元以下罚款。

第三十九条 违反本规定第十二条规定,构成有关法律法规规定的违法行为的,依法予以处罚;未构成有关法律法规规定的违法行为的,予以警告,责令限期改正;情节严重的,处3万元以下罚款。

第四十条 违反本规定第十三条、第十四条、第十五条或第十六条规定的,予以警告,责令限期改正;情节严重的,处3万元以下罚款。

第四十一条 未按本规定承担三包责任的,责令改正,并依法向社会公布。

第四十二条 本规定所规定的行政处罚,由县级以上质量技术监督部门等部门在职权范围内依法实施，并将违法行为记入质量信用档案。

第九章 附则

第四十三条 本规定下列用语的含义：

家用汽车产品，是指消费者为生活消费需要而购买和使用的乘用车。

乘用车，是指相关国家标准规定的除专用乘用车之外的乘用车。

生产者，是指在中华人民共和国境内依法设立的生产家用汽车产品并以其名义颁发产品合格证的单位。从中华人民共和国境外进口家用汽车产品到境内销售的单位视同生产者。

销售者，是指以自己的名义向消费者直接销售、交付家用汽车产品并收取货款、开具发票的单位或者个人。

修理者，是指与生产者或销售者订立代理修理合同，依照约定为消费者提供家用汽车产品修理服务的单位或者个人。

经营者，包括生产者、销售者、向销售者提供产品的其他销售者、修理者等。

产品质量问题，是指家用汽车产品出现影响正常使用、无法正常使用或者产品质量与法规、标准、企业明示的质量状况不符合的情况。

严重安全性能故障，是指家用汽车产品存在危及人身、财产安全的产品质量问题，致使消费者无法安全使用家用汽车产品，包括出现安全装置不能起到应有的保护作用或者存在起火等危险情况。

第四十四条 按照本规定更换、退货的家用汽车产品再次销售的，应当经检验合格并明示该车是"三包换退车"以及更换、退货的原因。

"三包换退车"的三包责任按合同约定执行。

第四十五条 本规定涉及的有关信息系统以及信息公开和管理、生产者信息备案、三包责任争议处理技术咨询人员库管理等具体要求由国家质检总局另行规定。

第四十六条 有关法律、行政法规对家用汽车产品的修理、更换、退货等另有规定的，从其规定。

第四十七条 本规定由国家质量监督检验检疫总局负责解释。

第四十八条 本规定自 2013 年 10 月 1 日起施行。

参考文献

[1] [美]菲利普·科特勒. 营销管理（第9版）. 梅汝和等译. 上海：上海人民出版社，1999.
[2] 赵培全. 汽车营销理论与实务（第二版）. 北京：中国水利水电出版社，2016
[3] 段钟礼. 汽车营销实用教程. 北京：机械工业出版社，2006.
[4] 王信东，杭建平. 市场营销学. 北京：社会科学文献出版社，2006.
[5] 栾志强. 汽车营销管理. 北京：清华大学出版社，2005.
[6] 李江天. 汽车营销实务. 北京：电子工业出版社，2005.
[7] 栾志强. 汽车营销师. 北京：北京理工大学出版社，2007.
[8] 王怡民. 汽车营销技术，北京：人民交通出版社，2003.
[9] 栾志强，张红. 汽车营销管理. 北京：清华大学出版社，2005.
[10] 叶志斌. 汽车营销原理与实务. 北京：机械工业出版社，2007.
[11] 陈文革. 汽车市场营销. 北京：高等教育出版社，2008.
[12] 张国方. 汽车营销学. 北京：人民交通出版社，2008.
[13] 赵培全. 汽车营销实务. 成都：西南交通大学出版社，2009.
[14] [美]A·佩恩. 服务营销. 郑薇译. 北京：中信出版社，1998.